L'Étreinte du Kalahari

L'AVENTURE AUX EDITIONS OUEST-FRANCE

Collection « Voyage jusqu'au bout »
dirigée par Jean-Claude Guilbert

OUVRAGES PARUS :
Les Ailes de l'aventure, Ray Béguin
De l'Orénoque à l'Amazone, Jean Fichter
L'Etreinte du Kalahari, François Balsan
La Grande Porte, Paul Ribeaud
La Hache de pierre, Gérard Delloye
Monseigneur du Grand Nord, Claude Roche

PROCHAIN OUVRAGE :
La Terre en rond, Jean-Claude Baudot et Jacques Séguéla

François Balsan

L'Étreinte du Kalahari

1948 : première expédition française au désert Rouge
(Sud-Ouest africain, Rhodésie, Union sud-africaine) ;
par celui que l'on a appelé
« le dernier des explorateurs »

ÉDITIONS OUEST-FRANCE

Les expéditions relatées dans ce volume ont reçu la grande médaille de la Fondation Duchesne-Fournet 1950, de la Société de Géographie.

Mes expéditions ont eu pour base Mafeking,
où Baden Powell, devenu le père du scoutisme
mondial, soutint en 1900 son grand siège contre
douze mille Boers et conçut son pur idéal.

Je dédie donc ces aventures aux Scouts,
à la Jeunesse ardente, à celle qui aime
l'action, le risque, le sacrifice, et qui,
avant tout, veut être généreuse.

François Balsan

A Monsieur Christian Portal,
déjà africaniste du nord,
ce prolongement vers le sud de ses
curiosités ! Un fief bantou intact
... et les rares, valeureux Bushmen.
Cordialement

LE CAPRICORNE NOIR

François Balsan, en bivouac, dans le bush du Kalahari.

MA RENCONTRE UNIQUE AVEC FRANÇOIS BALSAN

par

CHRISTIAN PORTAL

Comme bon nombre de gens de ma génération, je dois beaucoup aux grands voyageurs et explorateurs contemporains ; par leurs récits vivants et chaleureux, j'ai pu, pendant toute mon adolescence, m'imprégner, voire même m'enivrer, de leur découverte d'autres lieux. Il ne fait aucun doute que ces hommes ont largement contribué au développement de mon goût naissant pour l'Aventure, pour l'Ailleurs. Je leur en serai à jamais reconnaissant.

Parmi ces grands voyageurs se trouve François Balsan, qui occupe en mon esprit une place prépondérante. Certes, pour le grand public, il n'est pas le plus connu des membres du « Club des Explorateurs ». Il n'en est pas moins, à mes yeux, l'un des plus attachants personnages qui soient, à plus d'un titre, ne serait-ce que parce qu'il est l'archétype de l'explorateur : bûcheur, entêté, courageux, poète à ses heures, curieux de tout et remplissant ses carnets de route avec une grande conscience et une éthique de chercheur totalement désintéressé, ne recherchant ni la gloire, ni la fortune, ni l'exploit. Parcourant inlassablement depuis des années des milliers de kilomètres à pied, à dos d'âne ou de chameau des steppes d'Afghanistan aux confins du désert du Kalahari, il fait preuve de sa discrétion et de sa détermination en quelques lignes : « *Mes expériences personnelles renforcèrent ma conviction qu'il n'est pas deux méthodes pour "découvrir" le Kalahari : dans ces halliers hermétiques, royaume du petit peuple constamment sur ses gardes et en voie d'extinction, seule une marche patiente, avec des moyens discrets et non spectaculaires, permet, d'abord, l'approche, puis crée la confiance* » [1].

C'est en avril 1972 que j'ai eu le privilège de rencontrer François Balsan, lors d'un « Forum de l'Aventure » se tenant dans la fabuleuse salle Pleyel. S'y trouvaient, pour la soirée du livre d'Aventure, les plus prestigieux noms du voyage, un plateau remarquable où l'on pouvait reconnaître Roger Frison-Roche, Henry de Monfreid, Bertrand Flornoy, Alain Bombard et bien d'autres encore, parmi lesquels François Balsan. C'est ce dernier que je souhaitais ardemment approcher ; cependant, j'hésitai un long moment, passant et repassant devant le stand où les auteurs signaient leurs ouvrages. Je ne savais trop comment m'y prendre pour aborder un tel personnage. Je manquais d'assurance non seulement en raison de ma timidité, mais également parce que j'étais le novice qui doit le plus grand respect au maître. Et puis, il me faut le reconnaître, je craignais le désenchantement, redoutant que l'explorateur ne ressemblât à ces grands voyageurs bardés de palmes académiques et de croix de la Légion d'honneur, professoraux et poussiéreux. Mes craintes n'étaient pas fondées.

Me décidant enfin à aborder cette « idole », je fus immédiatement surpris par son regard vif et pénétrant ; c'était le même regard que celui qu'il portait aux hommes rencontrés lors de ses expéditions et qu'il relatait avec une grande simplicité : « *Vient à moi un grand Brahoui d'une loyauté bouleversante. Il a la trempe de ceux que j'ai toujours jugés du premier regard et qui jamais ne m'ont trompé* », note-t-il en novembre 1971 [2].

C'est bien cela que je redoutais : son jugement. Notre prise de contact fut très courtoise, mais banale. Je me sentais simple lecteur face à son auteur favori. Une telle situation ne me convenait guère, car ma présence était motivée par le désir d'un dialogue avec cet homme que j'admirais depuis si longtemps. Je me permis alors de lui dire que j'avais réalisé, quelques années auparavant, une traversée de l'Afrique et que ce voyage avait fait naître en moi une véritable passion pour les zones désertiques. Dès que je lui eus posé mes questions (préparées longtemps à l'avance en vue de cette rencontre), ses yeux brillèrent d'un éclat nouveau et il devint intarissable. Notre conversation se fit

---

1 In *Geographia,* janvier 1955.
2 In *Science et Voyage.*

amicale et nous évoquâmes l'Afghanistan, l'un de ses terrains privilégiés, où il m'avait été donné de séjourner...

Le moment vint de nous séparer. Il me serra chaleureusement la main et me souhaita « bonne chance » pour mon prochain périple africain.

« Nous aurons bien à l'avenir l'occasion de nous revoir », me dit-il avec un large sourire.

Je partis sur la pointe des pieds, le cœur rempli de joie et d'enthousiasme, la tête pleine d'itinéraires et de bons conseils, et sous le bras son livre *Le Capricorne noir.*

Je ne revis jamais François Balsan, homme de cœur dont j'eusse rêvé être le compagnon de voyage. Il était égal à cet homme dont il écrivait, en 1971 : « *Il a cuit entre deux couches de braises un pain ignoble — mais le pain de la Fraternité. Nous avons bu avec délices un mauvais thé. Il parlait le langage simple des Hommes de la Nature* » [3]...

C'est âgé de près de soixante-dix ans qu'il effectua l'une de ses dernières expéditions, à pied et à dos de chameau, qu'il définit avec sa modestie coutumière : « *L'essentiel de ces prospections peut se résumer ainsi. Etude géographique du Registan proprement dit et des Brahoui qui l'ont maîtrisé. Relevé des ruines de la Lora et de l'étonnant Qala Haouz, égaré au nord-ouest. Mais cette « zone blanche » n'est pas la dernière de l'Afghanistan : j'en ai situé d'autres, et j'écris donc : "à suivre"...* » [4].

Deux ans après avoir écrit ces lignes, François Balsan s'éteignait. Le monde du voyage et de l'exploration était en deuil.

Il reste de son gigantesque travail une grande quantité d'ouvrages qui, aujourd'hui encore, font référence ; après *L'Etreinte du Kalahari* couronnée par la Société de Géographie et *Terre vierge du Mozambique* couronné par l'Académie française, c'est l'ensemble de son œuvre qui a reçu le prix de l'Académie des Sciences d'Outre-Mer. Une récompense hautement méritée pour ce grand voyageur que mon grand regret aura été de ne pas l'avoir connu plus tôt.

Sur l'un de ses ouvrages me restent quelques lignes écrites de sa main il y a presque vingt ans. Une dédicace simple mais chargée d'émotion, quelques mots serrés qui ont pour moi une grande valeur : « A Monsieur Christian Portal, déjà africaniste du nord, ce prolongement vers le sud de ses curiosités ! Un fief bantou intact... et les rares, valeureux Bushmen. Cordialement. François Balsan. »

C. P.

---

3 In *Science et Voyage.*

4 *Idem.*

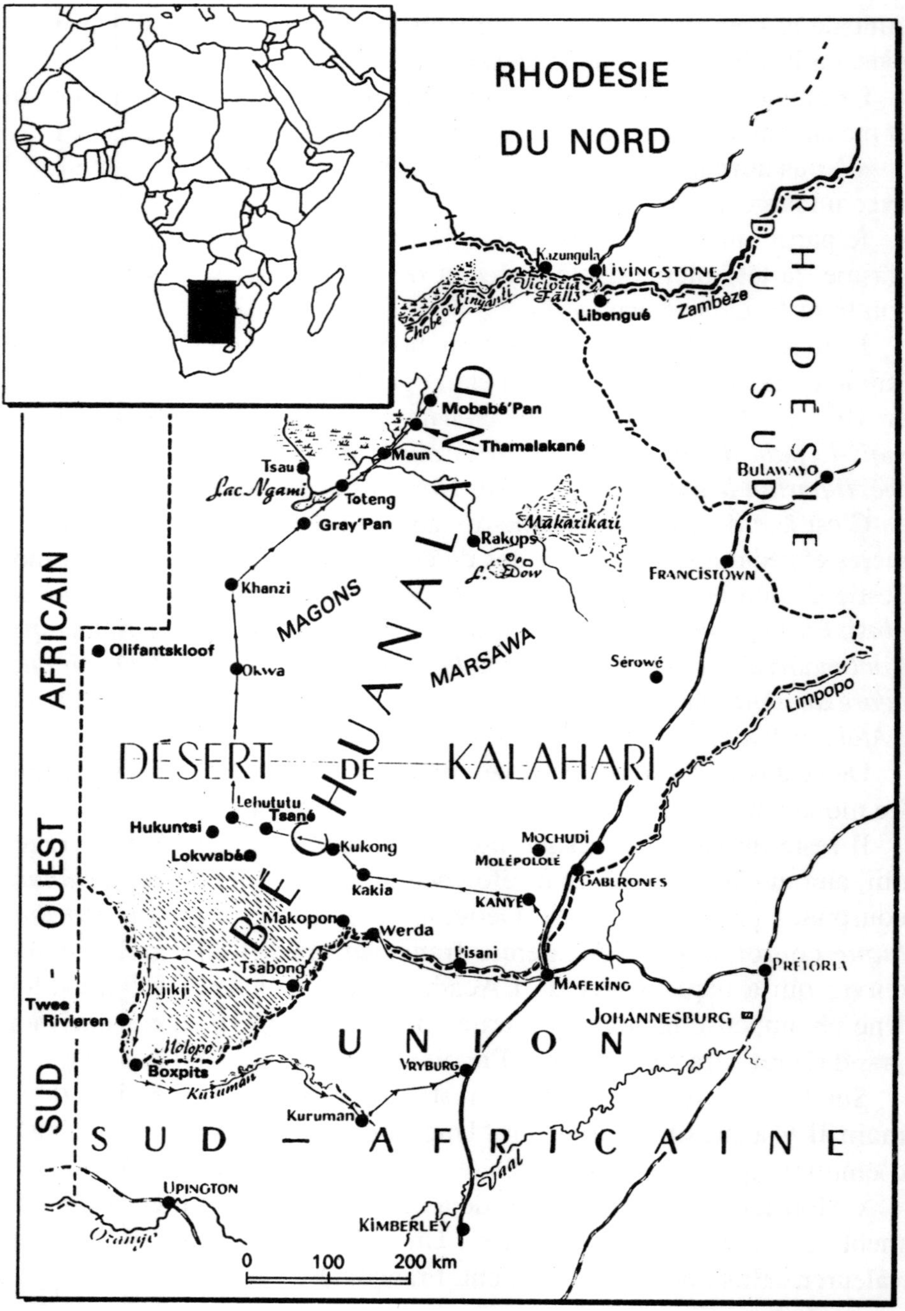
RHODESIE
DU NORD
RHODESIE
DU SUD
SUD - OUEST AFRICAIN
BECHUANALAND
DESERT DE KALAHARI
UNION SUD - AFRICAINE
MAGONS
MARSAWA
Kazungula
Livingstone
Victoria Falls
Chobe
Linyanti
Libengué
Zambèze
Mobabé'Pan
Thamalakané
Maun
Tsau
Lac Ngami
Toteng
Gray'Pan
Rakops
Makarikari
L. Dow
Bulawayo
Francistown
Khanzi
Olifantskloof
Okwa
Sérowé
Limpopo
Lehututu
Tsané
Hukuntsi
Lokwabé
Kukong
Mochudi
Molépololé
Kakia
Gaberones
Kanyé
Makopon
Werda
Pisani
Tsabong
Mafeking
Pretoria
Kjikji
Twee Rivieren
Johannesburg
Molopo
Boxpits
Kuruman
Vryburg
Vaal
Upington
Orange
Kimberley
0 100 200 km

L'OBJECTIF

On a tellement pris l'habitude de voir la civilisation se répandre partout dans le monde, qu'on en vient à ne plus croire qu'il puisse encore exister des lieux ayant échappé à son expansion. C'est une erreur. Certes, l'homme blanc ne cesse de gagner du terrain. Il occupe de larges zones. Au-delà, il pousse des pointes ; au-delà, il met des noms sur les cartes : mais quelques-uns des territoires qu'on y voit figurer, quoique déjà baptisés, ne représentent encore que la grande tache blanche de l'Inconnu. Et l'on confond trop vite le stade de la reconnaissance avec celui de la connaissance.

Des étendues complètement inexplorées subsistent même entre les méandres de notre infiltration. Est-ce un fait dû au manque de temps ? De moyens ? A l'oubli ? A la négligence ? On en compte au Brésil, en Arabie, dans de vastes parties du Tibet et des déserts intérieurs asiatiques.

L'Afrique, elle, pourrait paraître sans secrets, tant elle est pénétrée par les exploitants et les chercheurs. Mais qui a parcouru le Congo belge, ou l'Angola, peut y évaluer la superficie des forêts demeurées encore vierges jusqu'à ce jour !

C'est au sud-est de l'Angola que s'étend le Kalahari, dont les lignes qui vont suivre révéleront le caractère à la fois prenant et sauvage.

*
* *

Malgré la pauvreté des cartes, les meilleures et les plus récentes, je voulus douter du mystère et me mis à la recherche d'une documenta-

tion. Mais mon enquête m'apporta peu de lumière. Entre le Zambèze et le Molopo, le Limpopo et le Sud-Ouest africain, s'affirmait une région délaissée.

Des gens du Cap me déclarèrent qu'elle était extérieure à tous courants vitaux : une sorte de centre mort de l'Afrique du Sud. Du chemin de fer qui en longe la face est, on ne voyait que d'ennuyeux troupeaux, précédant une désolation.

Un grand chasseur colon de Windhoek, en Sud-Ouest africain, ancienne colonie allemande, avec qui je correspondis, opposa à mon projet une montagne de difficultés. Il parla de formidables précautions, de la nécessité d'engins mécaniques spécialement conçus pour le désert, d'un petit avion éclaireur, et aligna un budget écrasant. J'en conclus qu'il n'y connaissait rien, et que, dans le doute, il se mettait à couvert ou qu'il avait l'appétit vorace...

Mais en dehors des renseignements que je pus tenir d'informateurs bénévoles, je disposais des comptes rendus faits par les peu nombreuses missions qui atteignirent le Kalahari.

Farini, un Italien, chasseur de fauves, sans esprit scientifique, a laissé le curieux récit — daté de 1896 — d'un aller-retour en chars à bœufs au long de la rivière Nosop, jusqu'au-delà de Lehututu.

Le comte de Montmort, en 1901, dans les pourtours kalahariens, fit une intelligente randonnée, simplement périphérique.

Les études de Passarge et Schultze, de 1907, traitent des bushmen [1].

Le volume d'Arnold W. Hodson publié en 1912, « Au Pays de la Grande Soif », *retrace un voyage dans le centre et le nord du Kalahari.*

On doit d'assez bons renseignements généraux à Schwartz (1921), *sous le titre :* « Pays de la Soif ».

Enfin, dans un article du Geographical Journal *de Londres, d'octobre 1932, C. F. Rey relate un dur itinéraire de Tsabong à Lehututu, avec retour à Mafeking par la piste centrale.*

Mais il convient de ne pas oublier non plus le compte rendu d'une fort fructueuse mission ornithologique du museum de Philadelphie au lac Ngami.

C'était tout. C'était quelque chose. C'était peu... Et cela demandait au moins à être relié, car il ne s'agissait que d'incursions partielles, sans cohésion.

---

1. Hommes de la brousse.

Traits communs. Les explorateurs du Kalahari avaient infailliblement suivi les grandes pistes indigènes reportées sur les cartes. Sans exception, ils avaient été impressionnés par la sauvagerie du pays, sa flore, ses animaux, sa siccité. Mais ils ne s'étaient pas écartés de leurs axes de marche respectifs. En tout cas, aucun n'était entré dans la large poche existante dans le sud, entre les rivières Nosop et Molopo, reconnues par les expéditions de Farini et de Rey. Ce secteur demeurait en blanc sur la carte. Il ne portait pas de nom. Et on en ignorait tout.

Un mystère aussi complet galvanisa non seulement mon désir de faire progresser l'exploration, mais décida de mon expédition.

En effet, n'étant ni ethnographe, ni zoologiste, ni botaniste de profession, je me dois, pour faire œuvre utile, de choisir les contrées vierges. Là, un œil attentif et une bonne observation suffisent à recueillir les premiers éléments que la science exploitera plus tard. Quand tout est neuf, tout est à prendre.

Un éminent africaniste a dit que les savants n'ont plus besoin d'être des explorateurs, parce que les données déjà mises au jour sont assez riches pour occuper aujourd'hui leur science pendant dix ou quinze ans. L'exploration proprement dite, c'est-à-dire la découverte, peut donc échoir à d'autres. Je me suis depuis longtemps incorporé avec fougue à cette petite phalange de coureurs de risques. Nos buts se résument ainsi : « Voir le plus possible en éclaireurs sans "œillères", et rapporter le maximum d'indications pour orienter les études futures. » Puisque les spécialistes ont tendance à s'isoler, et mésestiment l'aventure, nous, nous retournons allègrement aux temps où les René Caillié s'y lançaient sans formation — ni déformation... *— particulières, et nous renouvelons leur tâche en la poursuivant sur des étendues évidemment réduites en importance.*

Ajouterai-je que nous y pousse aussi un mobile d'ordre sentimental : la poésie des lieux intacts — j'en parle en homme qui les connaît —, enrichit l'âme des plus précieuses, des plus rares, des plus nobles émotions qui soient.

*
* *

L'heure de la réalisation était arrivée. L'accès du Kalahari, englobé dans le protectorat du Bechuanaland, devait être demandé aux

Anglais. A ma joie, Londres se déclara incompétent, me priant de me mettre en contact direct avec les autorités locales, et soulignant bien, de la sorte, qu'il s'agissait d'une situation spéciale. Je correspondis avec Mafeking, où résidait le commandement de l'organisation, extrêmement rudimentaire, que la Couronne britannique accorda aux tribus bechuanas, en récompense de leur neutralité durant la guerre Boer. (Les tribus ne réclamaient peut-être pas cela !...) Mafeking me répondit par une autorisation de principe, mais liée à la nécessité d'une conversation préalable sur place.

Je partis fin juillet 1948, en plein été français et plein hiver sud-africain, peu différent des étés européens.

Les grandes lignes aériennes, suivant leurs parcours, déposent le voyageur à Johannesburg en deux ou trois jours. Je résistai aux curiosités de cette ville-lumière, construite sur les mines d'or qui lui valurent son éclosion et son développement prodigieux, remettant au lendemain d'un succès que j'espérais prochain et assuré un repos bien gagné dans cette Capoue sud-africaine. Je passai presque de l'aéroport à la gare. Un petit train pacifique, s'arrêtant dans des stations ornées de cactus, d'aloès, de faux poivriers, où attendaient des camions chargés de citrons et d'oranges, me transporta en une journée à Mafeking, terminus de son itinéraire.

La ville donnait assez bien l'idée que nous nous faisons d'une antenne européenne avancée. Il y régnait une ambiance particulière. Les rues bien tracées, à angles droits, plantées de faux poivriers — dentelle fine — étaient bordées de shops *ou boutiques munies de tout le nécessaire colonial, et de bungalows. Isolée à un demi-mile de là, avec ses paillotes nichées dans la verdure, la capitale des Barolongs, une des nombreuses tribus béchuanas, campait sa fresque abyssine.*

*On n'entre dans le Bechuanaland et le Kalahari qu'après avoir dépassé Mafeking : la ville appartient encore à l'Union sud-africaine. Pourtant j'y trouvai, enclavé comme pour se raccrocher à la civilisation, le siège du Protectorat britannique, qui occupait une concession de quelques hectares, entourés de barbelés : l'*Imperial Reserve, *infime « P. C. ». En me dirigeant vers cet îlot anglais, dès le lendemain de mon arrivée, je méditais sur l'extraordinaire exception coloniale que constitue cette vigie placée hors des frontières. Et je tenais une preuve de plus, si c'était nécessaire, que « mon désert » devait être bien rebutant, et certainement peu banal...*

*
* *

Avant de commencer ce récit, je préciserai qu'il s'adresse particulièrement aux hommes jeunes et vigoureux qui veulent fermement ce qu'ils souhaitent et ne s'arrêtent pas aux difficultés, ni même à l'impossible. L'idée l'emporte. Mieux vaut échouer que s'abstenir.

On dit tantôt que les Français rêvent, tantôt qu'ils foncent tête baissée : or le côté sentimental et passionné qu'ils introduisent dans leurs entreprises ne leur est pas nuisible, si, au contraire, comme ils en sont capables, ils ont aussi su les préparer. C'est quand les préparatifs, même les plus accomplis, n'ont pas créé la certitude, que le facteur moral entre dans le jeu avec bonheur. Car le succès peut résulter d'un éclair d'intuition qui n'apparaît que pendant le déroulement de l'action : les événements le provoquent. C'est pourquoi il faut se risquer.

Dans ce monde qui, collectivement, et individuellement devient trop sage, et qui se mécanise, l'audace est de plus en plus rare. Ce n'est d'ailleurs que l'audace préalablement raisonnée que je recommande.

PREMIERE PARTIE

RAID AU SUD

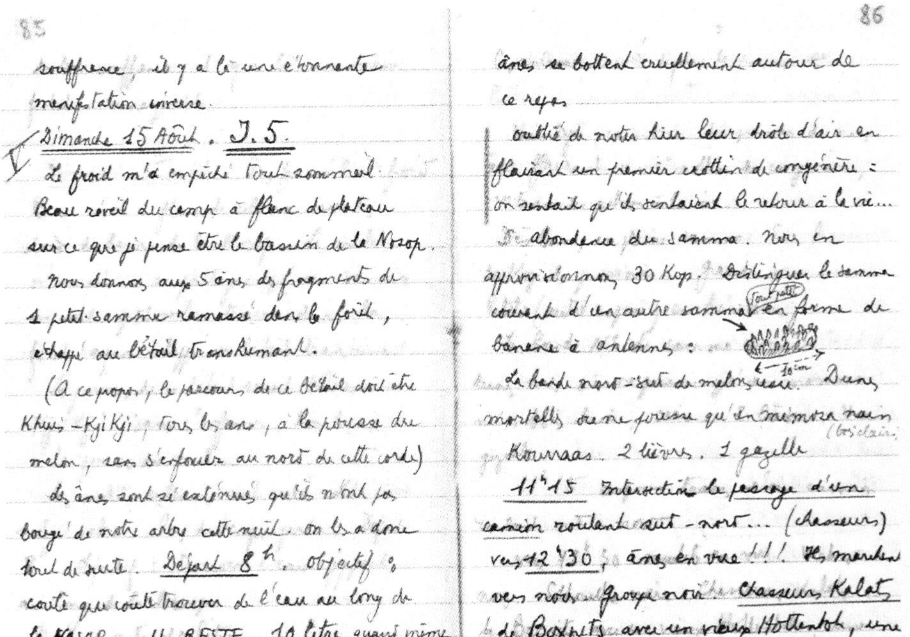

85

souffrance, il y a là une étonnante
manifestation inverse.
Dimanche 15 Août. J. 5.
Le froid m'a empêché tout sommeil.
Beau réveil du camp à flanc de plateau
sur ce que je pense être le bassin de la Nosop.
Nous donnons aux 5 ânes des fragments de
1 petit samma ramassé dans la forêt,
échappé au bétail transhumant.
(A ce propos, le parcours de ce bétail doit être
Khuis-Kyi Kyi, tous les ans, à la pousse du
melon, sans s'enfoncer au nord de cette corde)
Les ânes sont si exténués qu'ils n'ont pas
bougé de notre arbre cette nuit. On les a donc
tout de suite. Départ 8h. Objectif :
coûte que coûte trouver de l'eau au long de
la NOSOP. IL RESTE 10 litres quand même.
8h30 Apparition de petits sammas. A
la suite, champ de gros... Orgie ! Les

86

ânes se battent cruellement autour de
ce repas
oublié de noter hier leur drôle d'air en
flairant un premier crottin de congénère :
on sentait qu'ils sentaient le retour à la vie...
Abondance du samma. Nous en
approvisionnons 30 Kop. Distinguer le samma
courant d'un autre samma (tout petit) en forme de
banane à antennes :
10 cm
La bande nord-sud de melons cesse. Dunes
mortelles où ne pousse qu'un mimosa nain (bois clair)
Kounaas. 2 lièvres. 1 gazelle
11h15 Intersection le passage d'un
camion roulant sud-nord... (chasseurs)
vers 12h30, ânes en vue !!! Ils marchent
vers nous. Groupe noir. Chasseurs Kalat
de Boxpets avec un vieux Hottentot, une
femme à sauvage allure et une adolescente
séduisante et se sachant telle. Armemen

« Pendant ce temps, je m'instruis activement en consultant la carte murale. Je repère dans le bush — blanc parce qu'il ne porte presque pas de noms — les Postes à leurs petits drapeaux : j'en compte une dizaine, fort écartés les uns des autres, en frontière, ou sur les deux seules pistes transversales. »

CHAPITRE PREMIER

« IMPERIAL RESERVE » ET... RESERVES IMPERIALES

Un major fair play, mais réticent — Le délicat problème des armes — Coups de tampons — A demain !

— Et par où comptez-vous vous engager dans le Kalahari, Mr. Balsan ?

— Voici mon projet de parcours, Major.

L'immense carte murale au 1/500 000, par morceaux accolés, facilite mon exposé. L'entrevue a lieu dans un des bungalows du camp anglais. Le soleil, déjà brûlant à 10 heures du matin, enflamme les raies des volets. Une voiture qui arrive de Mafeking fait doucement crisser le sable aux abords du bâtiment. Des voix claires s'interpellent. J'ai pris le stick de l'officier :

— D'ici, je vais gagner en auto le Poste de Tsabong, en longeant la rivière Molopo...

— Non, mais continuez.

— A Tsabong, j'organise mon expédition, probablement non motorisée, en utilisant comme moyens de transport les animaux que je trouverai. Et, plein ouest, j'attaque la Poche de Kalahari, pour atteindre la rivière Nosop : tenez, là, aux parages nommés Kji-Kji. Première partie de mon plan.

— Non plus, je vous dirai pourquoi. Ensuite ?

— Une fois la Nosop atteinte, de deux choses l'une. Si je rencontre une zone de vie : villages, ou camps, je me reconstitue en aliments et animaux, et m'engage alors de nouveau dans le Kalahari vers le nord-ouest, en direction de Lehututu (par l'itinéraire de Farini, en 1896), puis d'Okwa, de Ghanzi, du lac Ngami, de la Rhodésie. Si, au contraire, je ne trouve que la désolation, je me rabats au sud vers l'Union sud-africaine, reviens à Mafeking, et m'y réorganise pour gagner Lehututu par la piste centrale du Kalahari, et de là, les autres lieux énumérés. Je crois que la piste en question est celle que suivirent Hodson en 1912, Rey en 1932, et qu'elle est praticable ?

— Oui, tout à fait d'accord sur ce point et pour cette voie-là. Lancée de Mafeking, votre seconde expédition est réalisable. Mais vous vous trompez quant au reste de votre plan. Asseyez-vous, et écoutez-moi. Cigarette ?

Le Major Langley est mince, élégant, souriant, bien sanglé dans un uniforme de fine toile grège qui sied à son regard d'acier bleuté. A cet homme sympathique incombe la responsabilité et le contrôle d'un territoire grand comme la France, de ce Bechuanaland qui étale ses premiers sables le long du cours de la rivière Molopo.

J'ai pris un des sièges de rotin. Nous nous regardons. Un ordonnance d'ébène apporte le thé blond de la mi-matinée. Dans la pièce contiguë, crépite la machine de la dactylographe, parfois interrompue par les propos des sous-officiers. Langley s'exprime posément :

— Vous avez dit d'abord : je vais à Tsabong en auto. On ne va pas ainsi à Tsabong. La piste est très dure, ce qui veut dire très molle : sableuse, et la moitié du temps en plein lit sec du Molopo. On ne peut l'affronter qu'en *truck* [1] avec un outillage spécial, et surtout un excellent mécanicien. Or vous ne trouverez rien de cela à Mafeking.

— Permettez-moi de passer sur les détails d'ordre matériel, Major, et de me borner à vous rassurer d'un mot : j'ai ce qu'il faut.

— Ce n'est pas vrai, mais je suis confiant dans ma chance, et j'y crois : est-ce dès lors mentir que d'anticiper la vérité ?

— Ah... dans ces conditions, c'est bien. Prenons la seconde objection. A ma connaissance — je rectifie : d'après *ce que je suppose* — il est impossible d'aller de Tsabong-Post à la Nosop par le milieu de la Poche méridionale du Kalahari. Vous savez vous-même que

1. Les *trucks* sont des camions équipés pour la brousse.

Farini, comme Rey plus tard, n'ont fait que la longer ? Elle ne comporte aucun point d'eau, et de ce fait n'est habitée ni des Bechuanas, ni même des Bushmen ; de plus, on n'en possède point de données.

— Même pas des indications de survol ?

— Pourquoi survolerait-on le vide complet ?

— Mais en est-on certain de ce vide, si on ne l'a point vérifié ?

— A quoi bon ? Notre poste de Tsabong lui fait face depuis des années et n'a jamais vu un bushman en sortir ou y pénétrer, ni un chasseur hottentot s'y aventurer. La réputation en est établie. Et dans ces contrées sauvages, la légende ne trompe pas, reposant sur des faits immémoriaux. Bref, je considère comme aussi périlleux que sans objet de vouloir explorer cette partie du Kalahari.

Je tire une longue bouffée de ma Craven, et j'insinue :

— Voyez-vous, Major, c'est cela justement qui fortifie et consolide mes intentions. On n'ose plus croire, de nos jours, qu'il existe des régions inexplorées : en trouver est passionnant... Et je suis presque reconnaissant au Camel Corps, qui aurait pu seul déflorer mon plan, de s'en être abstenu !

Rien de souple comme un Anglais, ni de plus *fair play*. Il a libéré sa conscience professionnelle. Les réserves « impériales » sont formulées. J'insiste. Il n'insistera point. Cependant, encore une petite remarque, avec une nuance d'hésitation :

— D'armes, vous n'avez point parlé ? Je préfère vous avertir que leur obtention soulèvera un problème important.

— Oui ?

— Un des droits que notre Protectorat accorde aux indigènes est celui de la chasse : permettre à un Européen d'emporter des fusils est donc délicat.

— Même dans ce no man's land, d'après vous périlleux, où je vais m'engager ?

— Que voulez-vous, il s'incorpore au Bechuanaland... En tout cas, l'examen d'une demande vous retarderait longtemps.

— Aussi bien n'en déposerai-je pas. Je ne veux d'autre arme que mes mains...

— *All right !* Vous prenez vos risques. Je vais faire établir dès maintenant les permis dont vous avez besoin. Je vous demande seulement de ne rien décider de définitif avant d'avoir vu le lieutenant Owens. Il arrive demain de Goberones. Des trois officiers qui ont la charge du Kalahari, il en a la meilleure connaissance. Son avis vous est indispensable. Où habitez-vous ?

— Pension Crewes.

— Nous y passerons.

Un secrétaire en short, qui claque des talons à chaque apparition, va et vient entre le bureau du major et celui de la dactylographe : c'est le cérémonial classique qui accompagne la délivrance des visas ou des autorisations, dans les Postes impériaux dignes de ce nom.

Le patronage que la Société de Géographie a donné à ma mission a certainement facilité mes démarches dès les premières correspondances échangées et lors de cette entrevue.

Il fait de plus en plus chaud. Nous sommes aujourd'hui le 3 août. C'est pourtant ici le plein hiver, mais il ne fait froid que la nuit. Que sera le printemps ? Devant les fenêtres batifolent en liberté deux chevaux de selle. On distingue dans la verdure la tente festonnée que l'on prépare pour la réception annuelle des chefs béchuanas. Un planton coiffé du feutre à larges bords du *Camel Corps,* les mollets bandés de kaki, passe en traînant une caisse. C'est l'atmosphère de camp.

On a achevé d'apposer les tampons officiels sur mes papiers, dans la pièce voisine. Le Major les signe maintenant. Voici *fifth annexure* — un *temporary permit of studying flora and fauna,* etc. dans tout le Protectorat du Bechuanaland. Du bungalow d'en face, celui du *Government Secretary,* revient un magnifique permis des services civils, m'autorisant à filmer avec mon appareil photographique et ma camera des « scènes de la vie indigène ». La griffe de Nettelton, secrétaire du Gouvernement du Bechuanaland, figure au bas du document : c'est Nettelton qui me reçut le premier, lorsque je me présentai ce matin à l'*Imperial Reserve,* et me conduisit lui-même au major Langley, dont dépendait l'essentiel de mon plan. Le gouverneur était en voyage en Rhodésie.

Pendant ce temps, je m'instruis activement en consultant la carte murale. Je repère dans le *bush* [2] — blanc parce qu'il ne porte presque pas de noms — les Postes à leurs petits drapeaux : j'en compte une dizaine, fort écartés les uns des autres, en frontière, ou sur les deux seules pistes transversales.

---

2. Ce terme, qui reviendra à chaque instant dans ce récit, désigne la végétation désertique sous ses formes diverses : buissons, taillis ou savane ; c'est ce terme qui a donné son nom à la population : les *Bushmen.*

— Et tous n'ont pas de radio, m'explique Langley. A ceux qui en sont munis, nous transmettons un communiqué chaque matin à 9 heures. Il n'y a d'officier blanc qu'à Maun, de sous-officiers blancs qu'à Werda, Ghanzi, Rakops et Kasane. Ailleurs, des gradés noirs ont le commandement... de cinq ou six hommes, avec autant de chameaux.

— J'imagine que vos cadres civils sont encore moins fournis que ceux de l'armée ?

— Nous n'avons que quatre *District-commissionners*. L'un d'eux, le pauvre, réside au Poste de Tsabong, parmi les soldats : il est heureusement célibataire, car vous verrez ce domaine de sables ! C'est Michel Fairlie, un jeune Ecossais. Mais il quittera ses fonctions au moment même où vous arriverez. Vous connaîtrez la solitude. Allons, à demain ?

« — Alors, Innis ? Vieux colonial ?
— Oui : Tanganyika, Rhodésie, Sud-Ouest africain, même les confins de l'Angola, et ailleurs. J'avais fait la guerre en 1914 : à la dernière, on m'a envoyé à Benghazi, à Tobrouk. Bref, j'ai bourlingué partout, pour finir ici. »

CHAPITRE II

LE PHENOMENE DE WERDA

Départ en Pontiac — Quelques sujets du roi Kamerini — Chiens de garde — Boussole contre Hottentot — Saucisses en boîte.

En fait, je n'ai pas de *truck,* et ne me suis pas préoccupé de me fournir en lourds moyens mécaniques de ce genre, parce que j'ai supposé, et continue de supposer, que la poche de sable où je veux d'abord m'engager, inexplorée, incertaine, appelle plutôt une caravane d'animaux. J'ai dit toute ma pensée au major : ma seule intention nette pour l'instant est de gagner Tsabong, et, là, de voir que faire. Or le major m'a informé que pour me rendre à Tsabong, un *truck* était lui-même nécessaire...

Le bel aspect de ma voiture — une Pontiac neuve — m'encourage à ne pas tenir compte de ce pronostic. J'ai un mécanicien de premier ordre en la personne d'Albert O'Reilly, un Irlandais installé à Mafeking ; et O'Reilly est lui-même accompagné d'un industrieux boy-graisseur-cuisinier, Jeffries, qui est originaire de Windhoeck. Nous allons prendre le départ. Les pelles, les pioches, les vivres, le carburant, s'entassent dans la voiture : il faut, en effet, côtoyer pendant 500 km le lit sec du Molopo, et cela peut être dur et long.

Owens est venu hier soir avec Langley me rendre visite. Nous nous sommes entretenus librement et abondamment. Owens a été aussi formel que Langley. Je résume ses indications.

Personne n'a franchi l'espace qui s'étend entre Molopo et Nosop. Seuls les chasseurs hottentots auraient réussi à le faire, s'ils ne s'en abstenaient. Les chameaux seraient l'unique moyen de déplacement utilisable dans cette aventure pleine de risques, mais le Poste, qui est seul à en posséder, n'en a là-bas que cinq, hors d'état d'ailleurs de se lancer dans une pareille entreprise. Avis, en somme, plus détaillé, plus expérimenté, et aussi plus ouvert à la controverse que celui de Langley, mais non moins défavorable. L'un et l'autre ont pourtant conclu de la même manière :

— Vous êtes explorateur, vous agissez sous l'égide d'une société géographique : vous gardez la liberté de vos tentatives. Nous vous laissons faire.

Et je pars donc.

*
* *

Le début de mon voyage semble contredire les indications de mes amis. Sur le grand manteau de sable rouge, de la couleur des langoustes ébouillantées, la Pontiac est souple et marche à merveille.

J'ai trouvé le Molopo près de ses sources et encore en eau, dans l'oasis barolong de Mafeking. Là, sous un fouillis de verdure, parmi les huttes, les caprins, les bovins et les cochons noirs, s'ébattent les bons sujets du roitelet Kamerini, dont les terres, tout en formant enclave dans l'Union sud-africaine, jouissent d'un statut spécial et dépendent du Protectorat des Bechuanas à la faveur de conventions intervenues entre Londres et Capetown. Ses ressortissants constituent une des tribus de cette grande famille noire. On peut même dire que c'est à leur attitude, en 1900, que l'octroi de la charte à tous a été dû ; car leur abstention durant le siège de Mafeking permit à Baden Powell et Vivyan Gabriel de tenir contre les 12 000 Boers qui les encerclèrent de longs mois. Il a fallu l'ironie des commissions de frontières pour les placer à l'extérieur de la limite tracée ensuite entre les terres britannique et sud-africaine.

En quittant ces pacifiques citadins, leur poésie, leurs fumées odorantes, leurs jolis *kraals* [1] de cactus et d'aloès découpés dans la futaie, nous prenons un raccourci à travers leurs « réserves » environnantes :

1. Parcs à bestiaux, du vieux mot portugais *corral*.

ces étendues désertiques sont abandonnées aux Barolongs pour l'élevage. De place en place, surgissent des paillottes flanquées de ronds épineux où le bétail rumine et mugit. Le village de Sedila Molomo, au fond d'une dépression sableuse, ne manque pas de caractère. Un frêle taillis recouvre les teintes sanglantes de la terre. Nous avons laissé le Molopo sur notre droite.

Quand nous le retrouvons, il n'a plus d'eau : c'est un lit d'herbes blanches. Les réserves indigènes franchies, nous entrons, aux parages de Bossuk, sur les terres avancées qui appartiennent aux colons des marches septentrionales de l'Union sud-africaine : une sorte de Far-West, ou plus exactement de Far-North. La piste sert de jonction usuelle. Elle est donc assez bonne et longe le Molopo sans y pénétrer. Nous continuons à être surpris de voyager aussi facilement.

Le taillis, resserré, s'est empli d'oiseaux : *hornbills* [2] à gros becs ; corbeaux mi-blancs, mi-noirs ; merles multicolores. Les rats-écureuils, dits *meercats,* zigzaguent de tous côtés et plongent dans leurs trous.

Une herbe jaune tapisse le sous-bois : les grands troupeaux la laissent intacte derrière eux, comme si elle était venimeuse. Et elle l'est en effet : c'est le *karroobush,* dont les femmes indigènes connaissent la vertu stérilisante. Elle permet, employée à certaines doses, de limiter la progéniture. On voit ici combien l'animal respecte la vie plus que nous et s'écarte d'instinct de ce qui pourrait enfreindre ses lois saintes.

Trois ou quatre grosses fermes sont installées au bord de la piste. Le bétail est parqué, près de l'éolienne, dans de vastes *kraals* palissés de troncs d'arbres. Le maître, toujours aimable avec ses rares visiteurs et coiffé d'un large sombrero, quémande des nouvelles : mais les siennes ont plus de saveur que ce qu'on peut lui apprendre...

Langley m'avait recommandé de faire halte au Poste de Werda, accroché au bord sud du Kalahari : un indigène me donne l'espoir d'y arriver avant la nuit.

Mais nous interrogeons en vain des yeux l'escarpement de la rive opposée. La végétation y est absolument vierge. L'obscurité tombe. C'est un berger, rencontré par un heureux hasard qui nous montrera l'endroit précis mais inrepérable, où il fallait traverser le Molopo pour attaquer le Kalahari.

---

2. Ces oiseaux, cousins des *bucorves* d'Abyssinie et des *calaos* indiens, appartiennent au groupe des bucérotidés ; ils habitent les troncs creux et y barricadent leur femelle au nid, tant que les petits ne sont pas en âge de voler.

Nuit noire. La Pontiac s'essouffle, car la pente est raide et brutale. Le bush nous égratigne. Un dernier effort, et nos phares balaient de nouveau l'étendue plane. Une bordure d'épineux barre la végétation à quelques centaines de mètres : des baraquements, quelques huttes, c'est le camp.

Une large esplanade a été débroussaillée : nous roulons paisiblement sur un terrain dur et plat comme une plage. Personne. Albert arrête la voiture devant la plus grande des cases.

Aboiements à l'intérieur. Patientons.

C'est dans notre dos que l'on vient ! Un soldat, que nous n'avons pas entendu courir sur le sol ouaté, s'arrête, haletant et mal éveillé, devant la case du commandement. Il s'exclame, tambourine sur la porte. Les chiens ne contiennent plus leur fureur. Nous risquons, s'ils sortent, d'être mis en pièces. Mais une voix tonitruante hurle soudain quelque chose, probablement : « Ça va ! Je me lève! »

On ouvre enfin. Une stature colossale se découpe sur le rectangle lumineux. Une robe de chambre recouvre un pyjama. A contre-jour les traits sont indiscernables.

— Qui est là ? demande ce spectre, dans un *afrikander* [3] fortement corsé d'accent germanique.

Je m'amuse un instant à la pensée qu'en allemand la question se traduirait par : « *Wer da ?* »... juste le nom du lieu !

— François Balsan, explorateur français, avec un message du major Langley.

— Sergent Innis. Entrez.

Le ton s'est adouci, sans excès. Ne serait-ce que pour voir le visage du sergent, entrons. Mais les chiens ? Ils ont eu garde de bondir... Je les trouve frétillants, grimaçants, gras à point : deux bouledogues allemands café au lait. Et voilà que ces animaux incroyables qui, derrière une porte, ne songeaient qu'à nous dévorer, nous lèchent maintenant les pieds... Je ne puis me retenir de penser que beaucoup d'hommes agissent ainsi...

Nous traversons une cuisine-lavatory munie d'une baignoire en zinc, puis entrons dans la pièce principale, toute encombrée et éclairée par une lampe à pétrole. Innis ne nous fait pas asseoir, peut-être parce qu'il n'y a qu'un siège : les solitaires sont à l'unité pour tout,

---

3. L'*afrikander* est un langage dont usent en Afrique du Sud les nombreux descendants des Boers. Il consiste en un hollandais un peu déformé et vieillot.

n'est-ce pas ? Il me dévisage curieusement. Je lui rends son attention.

C'est un homme imposant — d'au moins 100 kg — dont le puissant thorax pour cible à canon se soulève et s'abaisse lentement. Sa tête est ronde, couperosée. Il est rasé. Ses lourds yeux bleus ont une gênante fixité. Il n'a pas l'air content. A la ville, les importuns qui vous tirent du lit sont les malvenus : qu'en dire au désert ?

Il faut tout de même — et j'use de l'expression sans mauvaise intention pour ses dogues —, rompre les chiens. Allons-y ! Avec assurance, je déclare que je fais route vers Tsabong, que je désire manger, dormir et repartir dès demain matin, afin de ne pas perdre un jour dans mes préparatifs d'expédition au Kalahari.

Soupçon de soulagement. Il avait dû imaginer que j'allais m'installer chez lui. Mais il se renfrogne aussitôt :

— Montrez-moi vos papiers d'identité et vos autorisations : je ne m'en rapporte qu'aux écrits *(sic).*

En voilà un que le bled n'a pas assoupli. Je me garde d'en faire la remarque, et déballe tout mon dossier. Innis se détend au fur et à mesure de sa lecture. Est-ce même un sourire qu'il esquisse ? Je peux offrir une cigarette. Elle est acceptée.

— Bien, bien. Vous pouvez descendre vos colis.

Avec ce phénomène, inutile de compter sur un coup de main, ni seulement sur un mouvement du petit doigt. Jeffries se débrouille : sacs, outils, caisses de vivres, literie, tout est débarqué. D'Innis, je ne m'occupe absolument plus. Il reste planté là comme un pachyderme, fumant ma cigarette et scrutant mes bagages. Je déploie mon matelas de caoutchouc et me mets à le gonfler. Albert choisit des conserves. Jeffries attise le fourneau. Nous créons une ruche à Werda.

Les bouledogues, surexcités par l'odeur du *bolton* [4] apporté par Albert, agitent la queue. Mais ce sont mes poignards qui dérideront leur maître. Je traîne toujours une coutellerie avec moi ! Ma pièce de choix est une arme tchécoslovaque à déclic. Innis tombe en arrêt devant elle. Il s'assoit (sur l'unique chaise), la manipule, l'essaye sur le *bolton.* Ce faisant, le fumet de la viande lui chatouille l'odorat...

— Je vais faire du thé ! déclare-t-il subitement.

Il est à nous... Un quart d'heure après, un grand bruit de fourchettes emplit la carrée. Les chiens happent les reliefs. Dans la cuisine-lava-

---

4. Viande boucanée.

tory, Jeffries gobelotte avec les soldats. Notre amitié se forme dans les arômes du thé.

*
* *

— Alors, Innis ? Vieux colonial ?

— Oui : Tanganyika, Rhodésie, Sud-Ouest africain, même les confins de l'Angola, et ailleurs. J'avais fait la guerre en 1914 : à la dernière, on m'a envoyé à Benghazi, à Tobrouk. Bref, j'ai bourlingué partout, pour finir ici.

— Finir ?

— Ma retraite approche.

— En fait de « retraite »... vous êtes déjà servi, à Werda, séparé par plus de 300 kilomètres du moindre semblant de ville, Mafeking, Vryburg ou Kuruman ! Etes-vous marié ?

Il hésite, et répond que non. Aussi inexplicable que ce soit, il s'exprime mal en anglais ; mais comme il sait très bien l'allemand, moi aussi, nous en usons pour converser, et nous nous comprenons aisément. Albert et lui s'entretiennent en afrikander. Il en résulte une double et pittoresque conversation où les décalages sont fréquents.

— Eh bien ! le célibat doit être sévère, par ici ?...

— Bah ! L'amour n'est qu'une source d'ennuis. Quand il me manque trop, je vais en chercher « à l'arrière » (il parle comme s'il était au front). Le reste du temps, c'est-à-dire presque tout le temps, je préfère mes deux chiens. Venez mes enfants, là ! là ! Tout beaux !

Et notre bolton de voler en chiquettes vers les gueules entrebâillées, et d'être attrapé goulûment.

— Je suis très bien ici, et en paix : sauf lorsque des types comme vous viennent me déranger. Car on m'enverra certainement à votre recherche, quand vous serez en perdition ! Je n'y tiens pas. Croyez-moi, vous feriez mieux de vous en retourner : le Kalahari est méchant, et sans intérêt.

— C'est gai ! Et moi qui vais tenter d'établir une liaison entre Tsabong et la Nosop !

— Impossible. Pas d'eau.

— En effet, on me l'a déjà dit.

— Ecoutez donc ceux qui sont au courant.

— Ah ? Vous êtes allé là-bas ?

— Non. Mais je le sais. La seule chose susceptible de vous sauver serait le *samma,* le melon du désert, or...

— Vous voyez !

— ... Or, il n'en pousse pas en cette saison de ce côté-ci du Kalahari.

— C'est pourquoi je me félicite d'avoir prévu d'emporter mon liquide dans mon expédition.

— Comment le transportez-vous ? Sur votre dos ? Ne comptez pas sur les chameaux du Poste.

— Je suis averti : ils sont militarisés, ont coûté cher, et sont en mauvais état. Mais je m'arrangerai autrement.

— De toutes façons, personne ne vous guidera.

— Et à quoi sert donc une boussole, mon vieux ?

Je lui montre le mienne : un bel objet. Il en rit : s'il devait choisir dans ma collection, il préférerait le couteau tchèque. Une cigarette de plus ne l'amadoue pas : je l'énerve ; mon obstination lui déplaît, car elle semble faire fi de ses leçons. Il boit, rajoute du sucre, reboit à grand vacarme. Et de rattaquer :

— Une boussole ! Je vous demande un peu. De quoi se tuer ! Il n'y a de valable au désert qu'un Hottentot.

— Eh bien ? Voilà un excellent renseignement ! Y a-t-il des Hottentots à Tsabong ?

— Je n'en sais rien, je ne le crois pas, et s'il y en a, je gage qu'ils se récuseront.

Il martèle son affirmation à grands coups de cuiller sur ma main. Ne le fâchons pas davantage. Il faut nous reposer. Il interprète mon silence comme une capitulation, et repart de plus belle :

— Ecoutez-moi bien. Voici ce que vous ferez. Vous avez une bonne Pontiac : si vous tenez absolument à visiter le Kalahari, allez d'ici à Lehututu. La piste est possible.

— Merci.

C'est d'ailleurs l'existence de cette piste qui justifie la position de Werda. Les caravanes indigènes l'utilisent, trouvant ici un point d'appui... et de contrôle.

J'ai commencé mes préparatifs de nuit. Mon lit est prêt, mais la chienne s'y est installée à notre insu, et refuse de l'évacuer. Innis est obligé de la gronder, tout en jetant sur mon lit pneumatique un regard de mépris :

— Vous allez bien dormir, là-dessus ! Pouah ! Venez visiter ma chambre.

C'est la troisième pièce. Drôle, et touchante aussi... L'âme de l'éternel errant, qui transporte son *home* avec soi, est dans cette bibliothèque volante, dans cette écritoire astiquée, dans ces lithogravures, dans ces malhabiles aquarelles, dons d'un copain taquiné par la couleur — et la taquinant outrageusement. Sur la toilette, des objets de vieux garçon un peu maniaque.

Mais quelques belles armes relèvent ce cadre. Des peaux servent de tapis : les chiens y sont déjà allongés.

— C'est bien, n'est-ce pas ?

— Epatant.

Je n'irai pas lui reprocher de considérer cet humble confort comme une chose si précieuse qu'elle ne saurait être partagée. Il me souhaite bonne nuit. Je vais m'étendre au sol sur mon lit de caoutchouc. Albert a préféré la Pontiac : il va y geler.

Je gèle, moi aussi. A minuit, je me rhabille et me recouche tout vêtu. A une heure, j'entasse sur moi linges et couvertures. A deux heures, il me semble que ma protection s'est alourdie, mais j'ai enfin chaud : c'est la chienne qui est revenue s'installer sur mon lit... et sur moi.

De la chambre d'Innis me parviennent les ronflements du chien. Ils alternent avec ceux de son maître. Par moments, ils coïncident : c'est alors un grand bruit...

*
* *

Beau réveil. Un peu de brise allège l'air, déjà plein de lumière rosée. Je baguenaude pieds nus dans le sable carmin, en regardant les exquises scènes matinales du camp.

Cuisine des huttes, où logent les cinq soldats et leur famille. Abreuvoir des animaux. Je n'avais encore jamais vu d'âne blanc : il en passe un, neigeux, immaculé ; il me fallait venir en pays noir pour découvrir ce pur motif de peintures persanes, cet ange de la race asine... S'il m'intrigue, je l'intrigue autant, car son conducteur est obligé de lui déchirer les naseaux pour l'arracher à ma contemplation.

Une jolie Barolong tient les fourneaux du sergent. Hé ? L'idylle est-elle si loin qu'il voulait me le faire croire ? Mais le voici surgissant, barbouillé de savon à barbe et manipulant son blaireau :

— Eh bien ? me crie-t-il. Etes-vous revenu à la raison ?

— Parfaitement : si j'ai pu hésiter, je n'hésite plus. Je continue.

— Hein ?

Il est furieux : méfions-nous. Pendant que je lui succède à la toilette, je le vois sortir suivi de ses chiens.

Je hâte mes ablutions, et à demi essuyé et rhabillé, je me mets à sa recherche. Les énormes empreintes de ses pieds, encadrés de trous de pattes, me conduisent vers la bâtisse de la radio.

Dieu, que le panorama est beau ! Sous l'*Union Jack* frissonnant, et l'antenne de la T.S.F., la vue s'étend au sud, par-dessus l'à-pic du Molopo, vers la futaie ondulante et clairsemée de l'Union sud-africaine. L'intense lumière du ciel absorbe les horizons lointains.

Mais dans le minuscule bâtiment, la voix d'Innis retentit. Il radiotéléphone avec Mafeking. Je l'entends très bien demander que le major l'appelle. Et j'entre, comme chez moi.

Un splendide soldat d'ébène manipule des manettes. Le sergent, assis, me toise sans me dire ni me cacher qu'il ne souhaite point me voir là. Je me juche sur ma table et lui offre de photographier ses chiens. Je les prends isolés, assemblés, sans lui, avec lui. Une série... Mafeking rappelle.

Quelle belle scène de discipline que cet entretien d'un sous-officier coriace avec un major distingué et lointain ! Sur un ton de déférence laconique, Innis rend compte de mon passage, de mes plans. Tout cela pour s'assurer que je n'ai rien exprimé ici que le major n'ait su là-bas. Le nombre de mes cartes, de mes documents, de mes carnets, de mes appareils, l'a inquiété autant que mon aplomb souriant. Mon but lui paraît bizarre et insolite. En homme méticuleux, privé d'occasions de servir, il grossit le cas et cherche à se couvrir.

Langley, qu'on entend comme s'il était à ses côtés, lui confirme mes dires en termes apaisants. La conversation achevée, Innis se retourne vers moi :

— Le Major me l'a répété : les chameaux de l'armée ne sont pas pour vous.

— Naturellement.

— Allons, ne persistez pas.

— Mais si !

— A votre aise. Mais vous êtes fou.

— Et même, comme la Pontiac est prête, je vais vous dire adieu.

De petit déjeuner, il n'a pas été question. Quand donc Innis songe-t-il à alimenter son quintal de corps humain ? Il a une cuisinière, pourtant. Je commande à Jeffries de faire le café. Albert ayant terminé de graisser la voiture revient en s'essuyant les mains après un linge maculé. Il me crie sa faim d'ogre. Innis, lent en tout, se pique enfin d'amabilité :

— Nous ne nous quitterons pas sans que je confectionne un morceau à ma façon.

Il va chercher une énorme boîte de saucisses en conserves et la jette, fermée, dans une marmite en ébullition. Sa servante doit connaître cette fantaisie, car elle met le couvert aussitôt. Les chiens se lèchent les babines. Nous regardons tous le miracle s'opérer. La belle étiquette en couleurs se détache et flotte, boursouflée. La boîte gargouille. Les yeux de faïence d'Innis suivent la cuisson et la règlent sur sa montre, qu'il tient en main.

— Ça y est !

Jeffries se brûle en ouvrant la boîte, d'où coule une chaude et odorante pâtée. Notre hôte jubile. Il continue à me traiter de fou, mais en plaisantant, maintenant. Il met les bouchées doubles. En me pinçant le nez j'ai trouvé le plat excellent...

Le Poste au complet assiste à notre départ. Il est près de midi.

— Alors, direction Mafeking... ou Tsabong ? me lance Innis.

— Tsabong.

— Entêté de Français !

Mais il agite une monumentale main amie.

Avec mille précautions, nous redescendons vers le lit sec et surchauffé du Molopo. J'interpelle Albert :

— Un type, tout de même, ce vieux garçon endurci et bourru !

— Il n'est pas vieux garçon, me répond-il en contournant une souche avec application. Il n'a pas osé vous l'avouer, mais il me l'a dit : il a été marié dans le temps. Sa femme l'a quitté. Au fond, il ne s'en est jamais remis...

« Et comme nous ne remontons dans la voiture que lorsqu'elle est en route, au pas de course — tout arrêt nous exposant à un nouvel ensevelissement —, nos cœurs battent à se rompre. C'est un sport très reposant ! »

CHAPITRE III

LE SAUT DES *SPRINGBOKS*

Un sport très reposant — Deux soldats du *Camel Corps* —
Deux grands porcs-épics en liberté — Les *springboks*.

De longues heures de route à travers bétails et moutons en liberté nous mènent en fin de journée dans un nouveau décor, et devant nos premières difficultés. La piste emprunte à présent le lit même de la rivière, et la Pontiac opère, suivant les passages, en faucheuse d'herbes folles ou en laboureuse de sable sans fond... Son manque de hauteur sur roues freine notre marche.

Le taillis s'est éclairci dénudant de longues étendues orangées, qui contrastent avec l'intense couleur bleue du ciel. Nous ne rencontrons presque plus de colons, entre le minuscule centre de Bray — où j'ai pu me réapprovisionner en essence — et celui de Makopon.

Le *korhahn,* sorte d'oie à tête ronde, est devenu notre plus fréquent compagnon. Il décolle comme s'il était lancé par ball-trap : vertigineusement. Son poids l'oblige à battre des ailes dans une cadence accélérée. Et son furieux cri de crécelle retentit à jet continu : une rageuse rengaine mécanique qu'on jurerait embrayée sur le mouvement des abatis...

Le jour est déjà fort bas quand, par bonheur dans cette solitude, nous rencontrons un vieux pasteur du Griqualand, qui accepte de nous conduire à l'endroit où la piste militaire de Tsabong quitte le lit du Molopo pour pénétrer assez loin dans le Kalahari jusqu'au Poste anglais.

Il nous assure qu'une fois engagés sur cette piste étroite nous ne nous perdrons plus, qu'elle est la seule voie, mince, découpée dans le bush hostile et inhabité et que nous aurions beau le vouloir, nous ne saurions nous en écarter : elle est comme un unique trait de vie.

Mais aurions-nous découvert sans son aide le point de départ camouflé par les ronces et les éboulis, au pied d'une berge inclinée de 45° ? L'ascension est courte, mais terrible. Les pneus patinent, et se liment. Nous sommes enfin dans le Kalahari... Le Griqualandais nous quitte. La nuit est tombée. C'est maintenant que la Pontiac devra faire ses preuves. Nous diminuons d'un cinquième la pression de nos pneus.

Mais nous nous ensablons sans cesse. Nous nous dégageons à coups de pelle, et poussons la voiture, Jeffries et moi, en nous époumonant. Il nous faut soutenir longtemps notre effort, car même en première, Albert ne vainc que lentement l'adhérence. Nos pieds sont sans prise dans le sol fondant. Et comme nous ne remontons dans la voiture que lorsqu'elle est en route, au pas de course — tout arrêt nous exposant à un nouvel ensevelissement —, nos cœurs battent à se rompre. C'est un sport très reposant !

La piste, plus que rudimentaire, est étroitement prisonnière du bush, qui tend au-dessus d'elle ses branches acérées. La ronce écorche notre carrosserie et entre par les fenêtres, dont il faut relever les glaces. Nous avançons à 10 kilomètres à l'heure dans une chaleur étouffante.

Un choc violent : ma portière est emboutie par un tronc d'arbre renversé. Nous descendons pour écarter l'obstacle à la lueur de notre torche. Quand nous voulons repartir, ensablement...

Albert abaisse encore la pression des pneus. Les pelles rentrent en action. Un tapis d'herbes et de branchages est glissé sous les roues. Nous nous en tirons cahin-caha et ne rencontrons plus d'ennuis avant d'aborder un petit *pan,* dont la surface rase et laiteuse resplendit sous nos feux.

Les *pans* sont les aires collectrices des rares pluies du Kalahari. Ils rassemblent les eaux de ruissellement et d'infiltration. Ces dernières déposent en s'évaporant les sels qu'elles avaient dissous et laissent une couche blanche, contrastant avec le sable rouge du désert. Des herbes très fines croissent sur ce terrain ; le sol y est ferme. L'auto y roule à 20 kilomètres à l'heure. Hélas ! là où le *pan* se soude au bush opposé, c'est un sable fuyant et mou qui nous engloutit de nouveau.

Nous nous concertons, en buvant du café. Le froid nocturne s'est abattu sur nous. Jeffries, mal couvert, est transi. Je lui dis qu'il ferait mieux d'arborer une moins belle casquette — il est fièrement coiffé d'un vieux képi d'officier —, et de se vêtir plus chaudement. Qu'il se mette au travail pour se réchauffer !

Mais notre situation est fâcheuse. La pente sur laquelle nous sommes immobilisés remonte fortement à partir du *pan*. Nous prévoyons déjà de dormir dans l'auto. A ce moment, de rauques interjections se font entendre.

Deux formes armées sortent du maquis et s'avancent dans l'aire de nos lanternes. Ce sont deux soldats, ayant la plaque du *Camel Corps* à leur ceinturon. Je n'ai aucune raison de les craindre, et me porte à leur rencontre. Avant qu'ils n'interrogent, c'est moi qui leur demande ce qu'ils font à cette heure, en ces lieux. Mais ils ne savent pas l'anglais, et Jeffries doit me servir d'interprète... chevrotant, car le froid le fait claquer des dents.

Nous sommes en présence d'une patrouille de Tsabong, chargée de veiller aux règlements de la chasse : certains gibiers sont en effet interdits aux Bechuanas, par exemple l'élan. Mais l'heure n'est pas au code cynégétique ! Je déclare :

— Nous venons du Molopo. Nous n'avons vu aucun maraudeur. La nuit est avancée et le travail des gardes pratiquement fini : qu'ils se joignent donc à nous et nous mènent à leur camp.

L'offre est tentante. Ils sont fatigués. Je leur donne à manger et du café à boire. Pris entre le devoir d'une mission presque achevée et le respect pour le « personnage » que je dois paraître à leurs yeux, ils optent pour une moyenne : l'un d'eux continuera, l'autre m'accompagnera.

Aussitôt dit, aussitôt fait. Notre nouveau compagnon a pris une pelle et travaille avec Jeffries. Le sable vole. Nous en avons plein les yeux... En dix minutes, deux sillons sont creusés et garnis d'herbes sous les roues. Ensemble, nous poussons la voiture, et réussissons à la dégager. De nouveau nous roulons.

*
* *

Comme la piste est sinueuse, nos phares ne balayent que le bush, dont les bêtes sont terrorisées. Deux porcs-épics de grande taille ont sauté devant l'auto, et pris dans le faisceau des feux n'arrivent plus à s'en échapper. Le layon a juste la largeur de la Pontiac : si nous n'écrasons pas ces animaux, ils nous précéderont jusqu'à Tsabong !

Mais je retiens encore Albert ; puis-je espérer une meilleure occasion d'étudier des porcs-épics en liberté, et d'aussi près ? Car ce ne sont pas des promeneurs diurnes, et, la nuit, on ne les a pas toujours dans le champ des lanternes pour les observer à satiété...

Les pauvres animaux sont affolés. Mauvais coureurs, ils s'efforcent gauchement. Je saute à terre et me tiens entre eux et l'auto pour mieux les observer. Leurs bonds redoublent.

— Non ! Attention ! hurle Albert.

Il m'ennuie. Je continue. Les aiguilles dorsales des animaux se sont étrangement hérissées.

— Non ! Non ! s'acharne Albert, comme si je risquais un danger.

Ne l'exaspérons pas : j'en ai assez vu, et je n'espère tout de même pas les capturer, à la main. Je remonte en voiture. Albert « charge », en écrase un, tandis que l'autre se sauve. Nous nous arrêtons devant les restes pantelants de la victime. L'Irlandais me dit :

— Ce que vous avez fait est très imprudent. Les porcs-épics menacés décochent leurs piquants par une brusque tension de leur dos, où ils sont à peine enfoncés : regardez...

Il en tire quelques-uns avec une incroyable facilité. Je continue l'épilation, et je jette, en souvenir, une jolie poignée d'aiguilles dans l'auto.

*

* *

La nature est vierge autour de nous. Le contraste est net avec les confins septentrionaux de l'Union sud-africaine : l'homme est absent d'ici, s'étant arrêté au Molopo. Je respire avec volupté les senteurs de cette nuit sauvage.

Approchons-nous ? Oui, dit le soldat. Je me demande à quoi il le juge ... La forêt ne se modifie, ni ne s'interrompt. Nous fumons pour résister au sommeil, mais nos yeux ne voient plus : secousses, dérapages, coups de volant, chocs des branches nous ont plongés en léthargie.

Subitement, nous nous ressaisissons...

La piste débouche sur une immense étendue nue, au sol blanc. Un brouillard glacé recouvre tout. La lumière de nos phares s'y disperse.

A gauche, à droite, comme s'ils étaient catapultés, surgissent et bondissent des animaux gracieux.

— Les *springboks !* s'écrie Albert.

C'est une explosion ! Une prodigieuse détente de jarrets d'acier. Vivants, aériens, ils sautent, ils quittent le sol, genoux pliés sous le poitrail, comme s'ils ne devaient plus atterrir.

— Le *pan* de Tsabong, annonce le soldat.

Les douces antilopes y broutaient en paix la courte herbe savoureuse, quand la Pontiac émergea des fourrés environnants. Leur mobile féerie nous accompagne, tandis que nous traversons le *pan,* à grande vitesse, sur terrain consistant. Leur troupe est devant nous, autour de nous. Nous la pourfendons. C'est un tableau presque irréel, d'une très rare beauté.

Tsabong va m'apparaître ainsi au bout d'un décor enchanté.

Bientôt le brouillard disparaît : il ne tapissait que le *pan,* dont la surface fraîche fixait les condensations. Les ténèbres s'étendent de nouveau devant nous et à faible distance un point lumineux y scintille : le Poste. Le matin n'est plus loin de poindre.

« Nos meilleurs instants communs s'écoulent en pas perdus au grand air. Le camp est vaste. Les constructions y sont disséminées. Entre notre bungalow — situé à l'est, au bord du pan qu'il domine — le bureau du Poste au sud, et les cases des hommes à l'ouest, des chapelets de pierres marquent les parcours à suivre et protègent de la profanation un sable lisse et amoureusement entretenu... »

CHAPITRE IV

LE DEPART DE FAIRLIE

Le sortant et son remplaçant — Supplice de Tantale — « Identités » — Un pionnier à l'ancienne — Amitié interalliée — Seul Blanc à Tsabong.

Au désert, on devient amis ou ennemis du premier coup : c'est amis que nous sommes, Fairlie, Atkins et moi. Je ne parle plus du cher Albert O'Reilly, que pour me couper les ponts j'ai renvoyé à Mafeking.

Fairlie est le *District Commissioner* sortant. Il y a deux ans qu'il occupe Tsabong. Il s'en va. Et avant de quitter ces lieux, où toute erreur due à l'inexpérience serait grave, il met au courant son successeur, Atkins. Mais Atkins ne prendra ses fonctions que dans six mois. Demain, ils regagneront Mafeking ensemble, et Tsabong demeurera, dans l'intérim, sous le commandement du sergent noir Noké.

Fairlie et Atkins sont deux hommes de caractère très différent. Fairlie est écossais, petit, mince, roux, nerveux, et de surcroît célibataire. Sous la sécheresse de son premier abord, se dissimule — comme une surprise — un esprit fin et follement malicieux. Il se montre ravi quand je lui raconte que j'ai découvert un ours au Kalahari : à Werda... Innis est bien connu !

Atkins, lui, est marié et a deux enfants. Les siens le rejoindront plus tard à Tsabong. Il est partisan du confort, et tout en ayant fait ses preuves à la guerre, il estime qu'il faut s'installer à l'aise tant qu'on le peut, partout où on le peut. Il parle déjà de « civiliser » le camp, d'y dessiner un court de tennis, d'aménager comme ceci et comme cela le bungalow. Et le sourire de ce bel homme blond aux yeux clairs est la garantie qu'il prendra les choses du bon côté, ce qui est la meilleure façon de les obliger à bien tourner.

Si on les interrogeait à présent sur moi, ils s'accorderaient probablement pour me peindre sous les traits d'un illuminé, d'un énergumène assez fou pour venir spontanément visiter des « bleds » auxquels, dans l'armée anglaise, on ne se condamne qu'en service commandé... Mais un énergumène assez sympathique, si j'en juge leur affabilité.

Nos meilleurs instants communs s'écoulent en pas perdus au grand air. Le camp est vaste. Les constructions y sont disséminées. Entre notre bungalow — situé à l'est, au bord du *pan* qu'il domine — le bureau du Poste au sud, et les cases des hommes à l'ouest, des chapelets de pierres marquent les parcours à suivre et protègent de la profanation un sable lisse et amoureusement entretenu...

*
* *

Le matin, les troupeaux viennent aux puits, sous la garde d'enfants agiles. J'apprends beaucoup en allant m'installer de ce côté-là. Un homme du Poste, qui sait un peu d'anglais, me dit en effet que *les ânes peuvent se passer de boire, s'il le faut, quatre à cinq jours durant ;* ce serait là la limite de leur résistance à la soif. Quelle résistance ! C'est pour moi une indication de premier ordre : dans la Poche du Kalahari, les bourricots feraient merveille. Voilà une idée à méditer... Et à méditer d'autant plus que les quelques tournées que j'ai effectuées aux alentours de Tsabong m'ont confirmé dans la nécessité de renoncer aux moyens mécaniques : ce qui fut aussi l'une des raisons du renvoi d'O'Reilly. Non, plus j'y pense, plus je me persuade que si les ânes sont humbles, ils sont du moins « inusables » : pourquoi donc ne pas me risquer avec eux ?

Les indigènes les utilisent et les manient d'une façon singulière et cocasse. Un gamin chevauche l'un, assis sur les reins de l'animal, non sur son dos. Il le fait avancer à tour de mollets, tout en pressant les autres de la voix, du geste, de la gaule : il les cerne, les charge, les bat, les bouscule. Le bataillon aux longues oreilles flotte, se resserre, obéit... De loin : une troupe de lièvres. Joli ?

Les chameaux du Poste sont au pacage toute la journée. Ce n'est qu'en fin d'après-midi qu'on les voit reparaître. Belle rentrée : ils ont l'air de sortir du néant. Leurs pâturages sont en effet séparés du camp par des zones stériles ou déjà tondues : et c'est du strict désert de sable qu'ils rentrent, sous la conduite de leur gardien hottentot.

Je les attendais ce soir avec Fairlie, en jouissant des ors du crépuscule, au moment où le sable reste encore brûlant, tandis que l'air s'est adouci. Les cinq nobles animaux passent devant nous, avec une lente démarche de duègnes boudeuses.

J'éprouve à les voir le supplice de Tantale. Car il est évident que si j'en avais seulement trois à ma disposition, je ne me rabattrais pas sur les ânes. A sobriété égale avec ces derniers, les chameaux iraient deux fois plus vite, vraisemblablement, et mes chances se multiplieraient par deux. Et j'ai conduit Fairlie jusqu'à leur kraal sous des prétextes artistiques, mais, en réalité, pour le solliciter une dernière fois.

— Alors, aucun moyen d'en prendre trois ou quatre, même pour une reconnaissance qui serait utile au Gouvernement ?

— Hélas, non ! D'ailleurs, regardez leurs paturons crevassés, leurs flancs plats. Le printemps kalaharien est proche : il nous faut les refaire pour les liaisons de l'été.

— Tant pis ! Et rien à faire pour en trouver d'autres dans les parages ?

— Il vous faudrait aller à Vley, loin dans le sud-ouest. Mais vous semblez oublier qu'il vous est d'abord indispensable d'avoir un guide ?

— Oui, et c'est pourquoi vous avez bien voulu faire mander le chasseur Lukas Kartsee, je crois ?

— Il viendra demain. Ce soir, je voudrais vous donner une vue d'ensemble instructive des lieux.

Il m'entraîne du côté de l'éminence pierreuse qui se dresse au-dessus de ce désert où j'espère m'enfoncer. La roche est un grès violet, piqué de plantes grasses qui s'écrasent sous nos pieds en rendant un suc orangé, d'une couleur identique à celle des souliers de Fairlie. Les indigènes en extraient la teinture qui leur sert à brunir leur fruste maroquinerie. Elle donne aux peaux un bel effet fauve, et se montre d'une solidité remarquable. Mais nous sommes arrivés au faîte du piton et je jouis pleinement du panorama.

Nous ne surplombons le Kalahari que de 200 mètres, mais par rapport au désert nous avons l'impression d'être sur une montagne. Et de cette modeste élévation en altitude résulte une grande élévation de l'âme.

— Maintenant regardez bien, Balsan.

Le maigre bush aux abords de Tsabong règne sur une faible étendue : au-delà, c'est la désolation, et jusqu'à l'horizon sanglant court cet impressionnant no man's land... Je commence à comprendre ce qu'entendait me montrer l'Anglais : mon itinéraire tout entier se déroule vers l'ouest, sous mes yeux, balayé en plein dans son axe par le couchant. Et cette coulée de lumière et de mort, cette tragique splendeur empourprée, c'est ce qui m'attend...

— Nous croyez-vous, à présent ? *Il ne faut pas aller par là. A aucun prix !*

— Est-ce si évident ? La vue est limitée à vingt miles, soit un jour de marche : la suite peut être meilleure ?

— Non, elle ne peut pas être différente de ce que nous voyons.

Mais nous cessons de parler. Devant la gloire du soleil qui croule, Fairlie ne veut être qu'artiste. Et il l'est : j'ai vu ses aquarelles, il peint bien, il est donc sensible. Et ce tableau peut l'inspirer... Une dune a fait brusquement écran à l'éclairage du camp, qui devient une tache sombre, où ne surnage plus que la blancheur des baraquements. Dans le grand silence, montent jusqu'à nous les grognements des chameaux enfermés dans le *kraal*. Paix du désert loin des cités...

*
* *

Dès l'arrivée de Lukas Kartsee, un « Conseil » est tenu au bureau du Poste, tapissé de grandes cartes. Notre homme est minuscule, loucheur et terrorisé. Il accuse quarante-cinq ans. C'est un ancien policier, ayant servi à Tsabong et à Lehututu. Mais le désert l'a repris, et ce Hottentot — car c'est est un, de la tribu Mokgothu, originaire du Sud-Ouest africain — est revenu à sa vocation primitive de chasseur de fourrures et de peaux. Il a les traits malais assez fins, les yeux bridés de ceux de sa race. Le grand chapeau, la chemise et le pantalon kaki rappellent qu'ayant porté l'uniforme, il met un point d'honneur à garder une allure militaire. Ses souliers en croupon de *hartebeest* [1], à semelle large, sont les mêmes que ceux que porte Fairlie.

1. Un bubale.

Un autre Hottentot l'a rejoint : Petrus Kartsee. C'est le *headman,* sorte de chef de file et répondant du clan : le clan des Kartsee. Les prénoms, par désir d'imiter les Européens, sont anglais : Lukas, Petrus, et ce sont ces « identités » fabriquées qu'on donne fièrement au recensement. Flairant quelque grosse affaire, peut-être grave, le headman a tenu à être présent.

La scène ne manque ni d'attrait ni de cachet. Nous sommes suspendus aux lèvres du *District Commissioner.* Ce dernier s'exprime froidement. Et je m'inquiète de le voir réduire aussi laconiquement un problème que j'aurais voulu colorer et rendre séduisant : un tel langage pourra-t-il emporter l'adhésion ? Il y a des interventions d'Atkins, du sergent Noké, de Moggi Bêdi, le secrétaire du camp. Kartsee comprend très mal l'anglais, un peu mieux le bechuana, et comme personne ne parle le hottentot, c'est le bechuana qui sert le plus souvent. Voici le « résumé » de l'audience, conduite par Fairlie.

— Lukas Kartsee est-il déjà allé entre le Molopo et la Nosop ?

— Jamais.

— Accepte-t-il d'y guider le Français ?

— Non.

— Vraiment non ?

— Non (farouche).

L'homme est si intimidé qu'il s'étrangle en parlant et pousse de petits cris. Cet humble mercenaire n'a jamais évidemment fait l'objet d'une consultation devant trois grands chefs Blancs ! Son headman ne cesse lui-même d'approuver ses dénégations.

— Vous voyez ? conclut Fairlie.

— Je vois.

J'évite de paraître affecté et de prolonger cette entrevue : l'atmosphère n'y est pas. Nous sortons.

Le cabanon de la génératrice de T. S. F. est à côté du bureau : Fairlie en profite pour faire sa description à Atkins, et les voici absorbés dans les fils, les compteurs, causant technique et s'entretenant d'une si petite question avec la plus grande attention ! On ne peut qu'admirer la méticuleuse conscience des cadres britanniques. Je leur offre des cigarettes et leur propose à brûle-pourpoint :

— Que diriez-vous si nous demandions un avis à Brown pour moi ?

— A Brown... Oh ! Ah ! répond Fairlie, décontenancé. Soit ! Allons ! C'est en tout cas la seule heure où nous aurons une chance de le trouver chez lui.

Au soleil couchant, avec tous les lascars du Poste sur nos talons, nous nous dirigeons vers une baraque nichée dans les ronciers, à la sortie sud du camp.

*
* *

Si je n'ai pas encore parlé de Brown, c'est que je ne l'ai pas vu. J'ai su simplement que, près de cette cellule perdue, habitait un vieillard étonnant. Il a là un *store,* un établissement de brousse, où il vend aux indigènes le sucre, le sel, le riz, la farine, le tabac, les munitions, et leur achète, pour rien, du bétail qu'il envoie par caravanes se vendre fort bien en Union sud-africaine. C'est un aventurier constamment mobile malgré son grand âge, un rusé. On l'admire et on le craint. Les Anglais, eux, s'en méfient presque ouvertement, et je n'ai pas manqué d'audace en me faisant conduire par eux auprès de lui.

Or, il est là. Accoudé à sa barrière, flanqué des siens, il nous a vus, et nous attend.

Je me frotte les yeux : Brown porte, au Kalahari, redingote, gilet et pantalons noirs, brodequins montants à boutons ! C'est l'image daguerréotypée d'un pionnier du temps de Kruger. Dans la barbe blanche, le visage est sanguin. L'homme doit être octogénaire... Quel type !

On ne s'est pas salué, et l'on s'est observé réciproquement : de la vraie guerre de positions !

— Mr. Brown, dit Fairlie, Mr. Balsan, ici présent, a l'intention de gagner la Nosop à travers la Poche du Kalahari, et vient vous consulter.

— C'est simple : qu'il ne fasse pas cela.

— Nous avons pressenti Kartsee, qui se récuse.

— Kartsee ? Ah, pas celui-là, en tout cas ! Il n'est bon à rien. Il est incapable de se risquer dans un trajet pareil.

Kartsee est parmi ceux qui nous entourent : heureusement qu'il ne comprend pas ! Les filles, rentrant des puits, grossissent l'attroupement. Apoplectique, exaspéré contre Fairlie, contre moi, Brown crie :

— Avec Adam Cooper à la rigueur, on aurait pu voir, mais on n'a pas idée de consulter un Kartsee.

Je prends la parole :

— Vous le connaissez, vous, Adam Cooper ?

— Si je le connais ? C'est le plus audacieux chasseur. Il est le seul à sortir des pistes battues, et serait donc le seul à avoir quelques chances de se reconnaître dans cette région où personne ne s'est aventuré, faute d'eau. Mais il chasse en ce moment, et vous ne le joindrez pas.

— J'enverrai à sa hutte, dit Fairlie. Merci. Bonsoir.

— Bonsoir.

La barrière restée close n'a cessé de séparer les deux camps. Cette hostilité entre Blancs réunis dans l'exil a quelque chose de poignant. Je ne connais peut-être pas les raisons qui l'ont à ce point avivée ? Et je n'éluciderai pas le mystère Brown...

Tandis que nous nous en retournons, Fairlie commande à Noké d'expédier l'estafette à la hutte de Cooper.

*
* *

C'est notre dernier dîner. Ils s'en vont demain. Il y a des bouteilles à liquider. Le cuistot, du Nyassaland, a rôti un gigot. On me demande des histoires drôles : des histoires de Français... Ce qui est drôle, c'est surtout de m'entendre les conter dans mon anglais ! Je dispose en tout de 150 à 200 mots : cela suffit, quand on a bu comme il faut — auditoire y compris...

La lampe à vapeur d'essence, fraîchement rechargée, répand une clarté crue. Le feu flambe dans la cheminée, et nous le supportons. Pendant nos rares silences, nous entendons passer les frissons des eucalyptus et des seringas plantés autour du bungalow. Bonne soirée d'hiver au coin de l'âtre. Nous revenons aux thèmes sérieux.

Fairlie parle métier, et tribus. Son secteur compte des Batlaharos à Tsabong, et des Bakalaharis à Lehututu, où il se rend une fois par mois, par la piste que suivit Rey ; les Hottentots sont éparpillés. 6 000 ressortissants en tout. La taxe que leur impose le Protectorat est de une livre sterling et demie par foyer, c'est-à-dire par chef de famille. Les 6 000 « têtes » citées s'entendant dans cette acception, le revenu de la perception est de 8 000 livres par an. Il faut avec cela payer cette rudimentaire mais coûteuse occupation : les Postes, les soldats, les chameaux.

Son rôle : collecter l'impôt, arbitrer les différends, prononcer certains jugements. Son verdict est sans appel en matière de chasse et de criminalité. Il a réussi avec fougue là où Atkins réussira sûrement lui aussi, par d'autres méthodes. L'Angleterre est ainsi riche de natures diverses, qui réalisent pourtant l'œuvre cohérente et solide dont elle s'enorgueillit justement.

— Et quelle est la tâche des soldats ?

— Vous avez pu vous en faire une idée quand ils vous interceptèrent entre le Molopo et Tsabong : la surveillance. Ils ont aussi à capturer les meurtriers, et parfois à se mettre en campagne contre les bushmen, quand ces derniers s'attaquent au gibier protégé : élans, *gemsboks, kudus,* et, dans le Nord, girafes et éléphants, ou quand la trêve de chasse de deux mois est violée.

— Les Bushmen échappent bien à tout contrôle régulier ?

— Absolument. Nous ne les recensons même pas. Ce serait impossible : ils sont insaisissables. D'ailleurs dans ce secteur sud-ouest, ils sont en nombre infime : 500, au plus. Mais je vous souhaite de faire leur connaissance dans les régions de Lehututu et du lac Ngami — où, entre parenthèses, vous feriez mieux de vous rendre directement, sans insister par ici. Vous serez impressionné par cette étrange, mystérieuse, et très ancienne humanité.

Et Fairlie de me conter quelques souvenirs de camps, de bush, de chasse, usant d'un français presque excellent afin de mieux m'intéresser.

— Où donc, mon cher, avez-vous si bien appris ma langue ?

— Dans les *stalags*.

— Où avez-vous été fait prisonnier ?

— En Crète.

Atkins s'agite en entendant parler de guerre, et se mêle à la conversation... en allemand. Il a fait la campagne d'Ethiopie. Ses histoires alternent avec celles des parachutages de Fairlie. J'y ajoute mes souvenirs de volontaire en Finlande. Tous les fronts interfèrent. C'est un beau moment d'amitié interalliée. Un dernier verre est levé à nos deux pays. Et nous allons gagner eux leurs lits, moi mon *bedding* [2], déplié devant la cheminée, quand du bruit retentit dans la cuisine.

— Que me veut-on ? crie Fairlie.

C'est l'estafette envoyée chez Cooper, à quatre miles du camp, qui revient. Rigide garde-à-vous de l'homme, aux yeux givrés par le froid.

— Je t'écoute.

2. Matériel de couchage.

— Cooper est à la chasse depuis quatre jours. Sa femme ne peut rien dire : il lui arrive de s'absenter longuement.

Fairlie se tourne vers moi :

— Que décidez-vous ?

— De l'attendre.

— Vous n'y gagnerez rien : il refusera.

— Eh bien... en ce cas, je me passerai de lui.

— Vous, on ne vous contestera pas de savoir ce que vous voulez, et de n'en pas démordre... Et votre solitude complète à Tsabong, une fois que — demain matin — nous vous aurons quitté, ne vous effraye pas ?

— J'aurai Brown...

Joie...

— Ah ? Vous croyez ? Vous aimez les « ours », depuis Werda ? Eh bien, celui-là est irréductible, et je vous garantis que vous ne l'aurez pas !

*
* *

Le temps est en fête pour leur départ. Le rougeoiement du sable et le saphir du ciel ont un éclat insupportable pour les yeux. Les chargements s'achèvent dans ce bain lumineux.

Autour du *truck* Ford, flambant neuf, courent les soldats. Leurs feutres enrubannés d'écarlate conviennent à merveille à leur noirceur bronzée. On fait la chaîne pour charger les colis et les provisions. S'en allant pour de bon, Fairlie emporte tout. C'est à peine si sa laveuse nyassalandaise — l'épouse de son cuisinier — n'est pas empoignée dans le tas... On s'interrompt pour la laisser grimper. Elle a le type des lourdes négresses du grand lac de son pays, avec de doux yeux pleins de charme et d'énormes seins ballottants.

Et voici pour le *District Commissioner* le moment des adieux. Il ne trahit pas d'émotion. Il est droit, digne. Il n'accomplit qu'un rite établi. Le petit Poste fait cercle autour de lui : Noké, les *corporals,* les soldats, Moggi Bêdi, une douzaine d'hommes en tout. Fairlie serre les mains, distribue quelques présents : chocolat, conserves. Déjà inquiet pour mon approvisionnement, si je dois temporiser, je me dis à chaque cadeau : autant de moins qui me restera...

Après le garde-à-vous général, et le salut rendu, Fairlie se dirige enfin vers moi. Je le sens ému. Mon projet, qu'il devine fermement décidé, lui crée un souci. Il ne sera pas là quand je me jetterai en avant, dans ce qu'il a appelé une folie. Et j'avoue que de lui, de son expérience, de sa sportive jeunesse, un avis aussi catégorique devrait s'imposer à l'attention...

Sa poignée de main se prolonge. Nos yeux mettent du temps à se quitter. Il monte lentement dans la cabine et prend le volant, à côté d'Atkins. Grande « roulade » des cylindres. Les hornbills de l'eucalyptus voisin fuient avec des cris courroucés. Noké ouvre la barrière : le *truck* s'engage dans le pan blanc, et s'éloigne rapidement. Un mouchoir s'agite à mon intention.

Je mesure d'un seul coup ma solitude. Seul. Je suis seul. Mais seul blanc à Tsabong Post, je vais pouvoir jouir de l'autorité que me donne ma race. Le gain de la partie ne dépend plus que de moi.

Un chien hurle au bout d'une corde, devant la hutte du cuisinier nyassalandais, près du bungalow. Pauvre bête ! On l'a laissée. Elle fut l'amie de cet homme deux ans durant, et elle l'aimait... Dureté de notre cœur à côté d'un cœur de bête.

La famille batlaharo de mon boy John à Tsabong.

« L'implantation de ces Noirs sédentaires est très stable : les Bamangwatos à Serowe (Tribu de Noké). Les Batlokwas à Goberones. Les Bakgatlas à Mochudi. Les Bakwenas à Molopolole. Les Bamaletes à Ramoutsa. Les Bangwaketsés à Kanye. Les Bakalaharis à Lehututu. Les Barolongs à Mafeking et au centre. Les Batlhapings à Taungs. Les Batlaharos à Kuruman et jusqu'ici. »

CHAPITRE V

JOURS FIEVREUX

La loyauté d'un regard — Attendre et filmer - Un morceau de roi — Atmosphère de garde-à-vous — La cavalerie est constituée.

Dimanche 8 août : Enquêtes.

Fairlie et Atkins viennent donc de partir. Autour de moi, sous la surveillance de Noké, on nettoie les saletés consécutives à tous les départs. Noké m'ignore respectueusement. Il sera pour moi ce que je saurai le faire devenir. Mais j'ai remarqué un corporal, un *coloured* [1], pour la loyauté de son regard, et la force dévouée qui en émane. Il me regarde comme s'il attendait, lui, que je lui parle. Pourquoi ne pas le faire ?

— Toi, Mackenzie, dis-je, que penses-tu de ce que je vais proposer à Adam Cooper ?

— Morena *(seigneur)*, votre projet est réalisable parce qu'en ce moment je crois cette partie du désert pleine de melons.

— Qu'est-ce qui te le fait admettre ?

— Le *samma* pousse assez tardivement dans le sud du Kalahari ; il doit donc subsister forcément dans ces parages où ni les bêtes, ni surtout les hommes ne le recherchent. Et puis j'ai entendu parler les bergers de Khuis, de Boxpits, des autres villages de la rivière.

---

1. On appelle ainsi les métis divers.

— Et que disent-ils?

— Qu'une veine de melons part du fond de la boucle du Molopo, en direction du nord. Qu'ils essayent chaque année d'en profiter en s'enfonçant prudemment, un peu, et sans oser s'en écarter, afin de mener paître leurs troupeaux. Vous ne trouverez certainement pas d'eau, mais je crois que vous pouvez compter sur les *sammas,* au moins vers le milieu de votre trajet.

De telles révélations me transportent et excitent mon désir d'en savoir davantage :

— Je te remercie sincèrement, Mackenzie. Connaîtrais-tu alors un homme capable de m'accompagner ?

— Je pense que Lukas Kartsee, qui est venu l'autre jour, serait suffisant.

Tout cela est inespéré. Qu'est-ce qui m'a valu l'alliance de ce Mackenzie ? Son désir de m'être utile ? Un impondérable, probablement : un regard qui lui aura plu, ou la fougue de nos caractères à nous, Français, qui aura séduit ce métis plus évolué — Noké mis à part — que le reste de l'effectif du camp. Ayant parlé, il s'est avec simplicité remis à la besogne qui l'occupait. Il est le premier partisan positif que je trouve : je lui dois mon premier encouragement.

Les hurlements persistants du chien abandonné par le cuisinier me redonneraient, eux, le spleen. Je vais le détacher. M'adoptera-t-il ? Aurai-je un compagnon ? Non...

La pauvre bête refuse de quitter les abords de la hutte où elle mangea, veilla, aima... Couchée en boule près de sa corde dénouée, elle reprend ses lamentations. Elle s'élancerait à la poursuite de son maître, si elle ne sentait qu'il a été emporté par une machine, et qu'il est trop loin, à présent. Reste donc à t'égosiller, imbécile, si tu préfères la solitude à l'amitié que je t'offre !...

*
* *

Je veux revoir Brown... Je me figure qu'il s'amadouera sans les Anglais. Mes sandales s'emplissent de sable tandis que je me dirige vers ses baraques. En passant auprès des puits à cette heure matinale, j'admire le désordre somptueux des troupeaux qui ont quitté de nuit leurs herbages pour y venir boire. Les pelages rouges dominent les rares pelages noirs. Les chèvres se faufilent en courant parmi le gros bétail. Les chaînes des seaux grincent. L'eau clapote. Le soleil joue dans ses éclaboussements. Pâtres et bergères, heureux de se rencontrer, bavardent.

L'inscription *Brown, general dealer,* décore le fronton du magasin. Le tenancier métis est déjà aux prises avec des clients. Dans un enclos de branchages, où fume un feu, une vieille femme bushman, nue sous une pelisse de peaux brutes, fait cuire des œufs. C'est la cuisinière de Brown, en train de lui préparer son petit déjeuner. Il l'a recueillie, m'a-t-on raconté, par calcul économique plus que par philanthropie : évidemment, elle ne doit rien lui coûter...

Un peu plus loin, la présence du *truck* noir, grosse bête fidèle de Brown, m'atteste que le patron n'a pas décampé dans la nuit. Le métis va me le chercher.

Brown semble plutôt content de ma visite : il me grimacerait presque un sourire. Je commence par le laisser parler. Nous sommes entrés nous asseoir dans son repaire ; pas une baraque : un musée... C'est un bric-à-brac de meubles modernes, courageusement transportés jusqu'à Tsabong, et de produits du cru : peaux, cuirs, étranges menuiseries. Le lit, resté ouvert, semble être le « creuset » où se forment les réflexions astucieuses du vieux sanglier : il doit y mûrir, à paupières closes, des spéculations rusées.

Probablement parce qu'il suppose qu'on a médit de lui devant moi, il s'attache à se camper flatteusement. Je m'amuse et m'instruis. Sans reproduire une autobiographie décousue qu'il étale complaisamment, disons seulement que la route est aventureuse et longue depuis la Pologne jusqu'en Sud-Afrique ! Il arriva en 1900. De bled en bled, de commerce en commerce, il aboutit ici, où ses achats de bétail, de peaux de *hartebeests* (bubales), de *cheetahs* (sorte de léopards), de chats sauvages, de chacals, et de plumes d'autruche, font prospérer ses affaires.

J'ai l'air très impressionné. Brown en vient alors à mon cas.

— Je connais aussi la France, dit-il, car j'ai visité Paris en 1893, et je connais les explorateurs : c'est chez moi, à Tsabong, que vint en 1938 le géologue allemand Kayser, de Berlin.

— Pas pour traverser la Poche du Kalahari, au moins ?

— Non ! Lui, il a été raisonnable. Votre programme ne l'est pas. Pénétrez-vous de ce que je vais vous en dire. C'est cette traversée d'une région où il n'y a pas la moindre trace d'eau qui est hors de question. Elle a beau n'être pas longue, elle est surhumaine. Evidemment, une fois sur la Nosop, vous seriez sauvé... si vous y arriviez : car à Kji-Kji, il y a de l'eau. Mais il n'y a pas d'habitants, et l'on n'en trouve qu'un peu plus au nord, à Kameelsleep, avec la possibilité de changer les bêtes et d'enrôler un guide pour Lehututu — où mène une piste indigène. J'y suis allé il y a trente ans, mais pas d'ici, bien sûr : je remontais de Boxpits, confluent du Molopo et de la Nosop, et nous voyagions dans le lit de la Nosop avec des chars à bœufs.

— Les chars *boers ?*

— On n'avait que cela, à l'époque : c'était lent — 10 kilomètres par jour — mais sûr.

— En somme, pour moi, toute la difficulté est dans ce saut de Tsabong à Kji-Kji ? Après ?...

— Mais je vous répète que ce saut est impossible ! Etes-vous sourd ? Le seul homme qui pourrait le risquer — s'il le voulait — ce serait Adam Cooper. L'avez-vous joint ?

— On a envoyé hier à sa hutte. Il n'était pas de retour. Noké doit se renseigner de nouveau aujourd'hui.

— Ne faites rien sans Adam ! Ne vous lancez pas à la légère ! Et s'il se récuse, renoncez ! Renoncez ! M'entendez-vous ?

Le voici qui se congestionne et hurle. Il est près de se fâcher. Les vieilles gens sont irascibles : je l'assure de ne rien décider sans le revoir, et je lui promets une nouvelle visite, ne serait-ce que pour venir compléter, dans son comptoir, mes provisions par trop entamées.

C'est la vérité : après le « déménagement » de l'excellent Fairlie, il n'est resté au bungalow que quelques boîtes de *beans* (haricots), oubliées sous des papiers gras, quelques patates sous les tables, et je vis sur ma réserve, que j'ampute, alors qu'elle n'était calculée que pour mon expédition. En quittant le vieux Brown, je me demande quel sera le menu de mon déjeuner, et je parie que c'est la question que veut me poser mon boy, qui accourt à ma rencontre.

Ce boy fut déniché chez les Batlaharos, dont les huttes sont voisines du camp. C'est même le fils de leur headman, Seleto-Kgoboitsélé. Il a servi à Johannesburg, emmené par un ancien résident anglais, et de ce stage lui est resté le nom de John, et un chapeau tyrolien. C'est un svelte garçon d'une vingtaine d'années, aux yeux brillant d'intelligence. Je lui reproche seulement un peu de fatuité. Il mériterait un traitement amical, mais son aplomb exige qu'on le tienne en main. Il n'a d'ailleurs été engagé que pour me servir ici, jusqu'à mon départ.

— *Lunch is ready, Sir : eggs, milk, and tea.*

Des œufs ? Du lait ? Il se sera ravitaillé aux huttes. Il est peut-être prétentieux : il se débrouille... A table.

La journée se traîne. Le messager est encore revenu bredouille de chez Cooper : il faut attendre demain. Je m'énerve. Le chien refuse toujours mes avances. Je me retourne vers les hornbills, aux becs en serpes jaunes, peuplant mes seringas, et m'occupe à filmer tous leurs ébats.

A la nuit, je reprends le chemin qui mène chez Brown, mais son camion noir n'est plus là... Il a l'habitude de s'en aller comme cela, brusquement. Où est-il ? A Khuis ? Peut-être. Peut-être a-t-il poussé jusqu'en Union sud-africaine, à Kuruman ? Curieux bonhomme.

Je rentre me coucher dans la grande, dans l'immense solitude. Tout le camp dort.

9 août : Ethnographie.

On est reparti chez Cooper. Noké m'observe. Il sent que la lassitude va me gagner. Pour donner le change, j'interroge toute la journée Moggi Bêdi, le secrétaire indigène, sur les tribus bechuanas. L'implantation de ces Noirs sédentaires est très stable :

Les Bamangwatos à Serowe (Tribu de Noké). Les Batlokwas à Goberones. Les Bakgatlas à Mochudi. Les Bakwenas à Molopolole. Les Bamaletes à Ramoutsa. Les Bangwaketsés à Kanye. Les Bakalaharis à Lehututu. Les Barolongs à Mafeking et au centre. Les Batlhapings à Taungs. Les Batlaharos à Kuruman et jusqu'ici.

Enfin, au nord, dans les marais de l'Okovango, la tribu de transition des Batawanas [2], que je visiterai à la fin de mon second parcours, si Dieu me le permet.

A quelques nuances près, tous ces clans ont la même langue. Ils ont une unité de race. Au contraire, les Hottentots s'en distinguent foncièrement, par leur faciès asiatique comme par leur parler rauque. Une théorie fait d'eux des descendants de Chinois émigrés en Afrique à la recherche de l'or : nous la mentionnons sous toutes réserves ! Une autre les tient pour issus d'un croisement entre les Bantous, venus

2. Le préfixe *Ba* signifie homme ou fils. Par exemple, les Bakgatlas sont les fils du babouin, les Bakwenas les fils du crocodile, les Bathlapings les fils du poisson. Quant aux Bakalaharis... le désert ne peut les renier.

d'Afrique Centrale et les Bushmen autochtones. Ces deux thèses ont des chances d'être fausses : dans ces parages, l'ethnographie débute.

En fin d'après-midi, l'agent de liaison n'a pas reparu. J'ai le temps de me baigner avant le dîner.

Ce bain n'est pas une farce ! Il existe derrière le bungalow une bouilloire calorifugée en pisé de 100 litres, que remplit la corvée de camp, à six bœufs rouges : un feu de bois la réchauffe, et elle fait thermos. Un tuyau la relie à la baignoire de campagne intra-muros.

Je prolonge béatement ma trempette. La vapeur dégagée se mêle au nuage de ma cigarette. Et quand j'actionne la vidange, l'eau s'écoulant directement sur le sable extérieur, c'est au dehors un concert, un récital de sifflements... Je me glisse sur la pointe des pieds jusqu'à la croisée : un essaim d'amours d'oiselets, à tête orange et ventre bis, se battent autour du filet savonneux. Evidemment, quand l'eau est rare, ou souterraine, comme au Kalahari, un baigneur est une aubaine ! Le bout de tuyau gargouillant est une touffe d'ailes multicolores qui s'agitent.

John m'arrache à mon attendrissement en m'annonçant sans ménagements : *primo* qu'Adam Cooper demeure absent, *secundo* qu'il n'y a plus moyen de trouver ni œufs ni lait aux huttes.

Mais j'aperçois la silhouette de la douce Enderina, la lavandière, une Damara, qui sort de la cuisine : les commérages doivent aller bon train ; le camp et ses alentours doivent se dire que les Anglais n'ayant pas soutenu mon projet, ils m'ont peut-être laissé seul exprès ? On me croit désaxé, on se réserve. La disparition des vivres frais est symptomatique. Attendez, mes amis !

Seul avec Mackenzie, Boutilho'iin, le mécanicien du camp, me joue encore gagnant. A point nommé, il m'apporte un morceau de roi : un coq noir athlétique ! Il était temps. Le jeûne ne vaut rien pour les nerfs, à la veille d'une rude équipée possible. Le vieux gallinacé me contemple d'un œil sans indulgence. « Tue-moi donc, semble-t-il dire, ma chair te cassera les dents. » Menace exacte ! J'entends sa colère sous le couteau de John, qui l'exécute. Puis je l'entends bouillir dans la marmite. Et puis, toute la force de ma mâchoire m'est nécessaire pour l'attaquer... Mais j'ai l'appétit terrible, et pour l'arroser, le concours d'une bouteille de *Old Château Brandy 5 étoiles, distilled, blended, matured at Capetown,* retrouvée dans un placard...

Je ne me rappelle plus comment ni quand je me suis couché, ni si la lune était ou non poétique : s'étourdir est un bienfait magique...

10 août : Action.

C'est le cinquième jour que je marque le pas depuis mon arrivée à Tsabong. Fini de temporiser. Je cesse de compter sur Cooper. D'un ton de commandement, je donne l'ordre à Noké — qui me regarde, surpris — d'envoyer chercher Lukas Kartsee.

— Mais, *Morena,* vous l'avez déjà vu ?

— Je veux le revoir. Ah ! Sergent, dis également aux indigènes que je vais commencer mes achats d'ânes.

Il n'en revient pas, mais s'exécute. D'un seul coup, le doute est levé quant à mes intentions. Vite, la nouvelle se répand. Dès lors, mes moindres gestes sont suivis avec une déférente attention.

Je passe la matinée à consulter les thermomètres, les baromètres et les cartes du camp. A 10 heures, le Hottentot est dans la salle du P. C.

Je désigne Noké comme traducteur unique. L'entretien débute.

— Lukas, écoute-moi bien. Je vais entrer dans le désert plein ouest, suivant cette ligne (que je trace de la canne sur la grande carte). J'évalue mon raid à cinq journées de course à vive allure, avec des ânes bien choisis. Dix heures de marche et 25 miles par jour. L'eau sera contenue dans des *thanikas* (il connaît ces bidons anglais d'essence, d'un volume de 4 gallons, soit 16 litres) accrochés aux bâts, dans des poches de toile. J'ai bien calculé la quantité nécessaire. Je suis sûr d'arriver. Nous trouverons des *sammas* à mi-route, et, Mr. Brown l'affirme, des puits dans la Nosop, à Kji-Kji, et en tout cas à Kameelsleep. Mais il me faut un homme expérimenté et courageux pour s'occuper des ânes et des camps : Lukas, tu vas m'accompagner.

La détermination qui force ma voix le décontenance. Elle le reporte aux temps où il recevait des ordres de ses chefs Blancs, sous l'uniforme du *Camel Corps.* L'atmosphère de garde-à-vous qui se forme autour de moi, et qui, dans toute armée, surtout coloniale, résulte du seul fait de marteler ses paroles, l'impressionne aussi. Il rétorque cependant, mais avec faiblesse :

— Je ne peux vous guider, je ne peux prendre cette responsabilité.

— Est-ce que je te le demande ? J'ai des appareils pour me diriger, ma boussole. La responsabilité, c'est moi qui la prends. Il t'est seulement demandé d'assurer le service de la caravane.

Mais la peur le tient toujours : peur de se perdre, peur de la soif, peur des lions. Respectueusement, Moggi Bêdi s'entremet :

— *Morena,* il y a de grandes quantités de fauves, à l'ouest : leur danger est considérable !

— Oui, nous ne pourrons passer, renchérit alors Lukas, soutenu. Et le sable est traître de ce côté-là.

— Qu'en sait-on, puisque personne n'y est allé ? Ce sont des fables !

Je conserve la supériorité, mais il faut l'emporter sur-le-champ, car toute hésitation, toute remise au lendemain seraient fatales : tout au plus une concession est-elle nécessaire comme un ultime argument. Après avoir laissé à dessein peser un silence de quelques secondes, je lâche :

— Si, au bout de deux jours, nous n'en finissons pas du mauvais sable et du désert vide, j'accepte que nous fassions demi-tour : il nous resterait alors en eau exactement de quoi rentrer. Et maintenant, Lukas, voici les conditions auxquelles je t'engage.

Le petit Hottentot s'est soumis. Il est redevenu le loyal policier monté d'antan. Il remplira la mission prescrite.

Qu'on n'imagine pas que ses dérobades aient résulté d'une intention de marchandage : ces tribus en sont encore au stade où l'on ne cherche d'argent que juste de quoi s'assurer une aisance paresseuse. Sans parler de désintéressement, ce qui serait exagéré, mes gages ne seront pour Lukas qu'un appoint, bien accueilli, à ses modestes revenus de traqueur. Il n'a pas de besoins ! Et si quelque chose pouvait l'influencer, ce serait la fierté d'être mis en vedette dans ce camp, où la réputation de Cooper était écrasante, et l'espoir aussi, si nous réussissions, d'une vraie petite célébrité.

*
* *

La nouvelle se propage. Déjà deux Batlaharos ont amené des ânes. J'en achète un pour 2 livres. Les autres ne valent rien. Il faut se montrer difficile.

Lukas reste au Poste. Je ne le lâche plus. Je le charge aussitôt de l'approvisionnement en eau. Noké me laisse prendre des bidons vides et de vieilles saches. Avec le remplissage, l'obturation par des bouchons en toile de jute, que l'imprégnation gonfle, en assurant une étanchéité parfaite, avec le découpage et la couture des poches destinées à recevoir ces récipients, mon Hottentot en a pour sa journée. Au bureau, la timidité lui étranglait le gosier, mais au travail il retrouve l'usage de la parole, et même de mots anglais — bien rares ! — datant de son mercenariat.

Il a une monture de chasse endurante, dit-il : il l'emmènera. Mon boy John, entraîné dans le mouvement, veut me suivre et me promet trois bons ânes de son père. Ma cavalerie est constituée... Je me suis, en effet, limité à cinq bêtes : cette équipée n'a toutes les chances de réussir que si elle est traitée en raid, avec le minimum d'encombrement et le maximum de souplesse.

J'arrête notre réserve liquide à huit thanikas, soit 128 litres.

Le rythme de l'activité ne se relâche point jusqu'au soir. Le va-et-vient ne s'interrompt pas entre le camp et le bungalow, entre le bungalow et le *store* de Brown. Un soldat m'apporte un renfort de couvertures. Le sergent m'offre une selle anglaise. Les scrupules comptables auxquels on obéissait au début, par habitude ancrée de la discipline anglaise, disparaissent devant les risques de ma tentative. On a nié le premier jour. Et puis on a douté. Maintenant l'on se passionne.

Vers 18 heures, la radio appelle : c'est Fairlie, qui, de Mafeking, s'informe à mon sujet. Moggi Bêdi lui donne « la » nouvelle.

Et voici la nuit. L'agitation tombe, les hommes ont rejoint les feux de leur famille : l'obscurité conditionne ici le repos. Ayant épuisé mes cigarettes, je me confectionne une pipe avec un raccord de pompe en caoutchouc et une capsule de fer-blanc... Le métis du *store* m'a vendu un sachet de tabac, fort comme de la poudre noire : le « *Springbok* ». Je fume cette horreur en méditant, tandis que dans la cuisine John accommode les restes du coq.

Une bougie m'éclaire. Mes sacs sont composés pour le bled. J'ai chargé mes appareils photographique et cinématographique. Tous les moindres détails, dont il faut soigneusement se préoccuper avant l'action, sont à présent au point. Mais cette action elle-même, l'ai-je examinée d'assez près, pendant que, coûte que coûte, je bataillais pour l'atteindre ? Je l'ai tellement voulue, j'ai tellement couru après elle, que maintenant je me demande si je l'ai bien considérée pour ce qu'elle promet d'être.

Le calme qui me revient m'ouvre les yeux : je vois la situation en face, telle qu'elle est. A force de nier les dangers devant les autres, je me les suis masqués à moi-même, et je me trouve acculé à un défi formidable. Au fond, il est vrai que ce que je vais tenter est une folie — et je me connais, quand je dis tenter : cela s'entend jusqu'à bout de forces, car il n'est pas question de l'éventuel demi-tour fallacieusement concédé. Au bas mot, 200 kilomètres à vol d'oiseau en terrain absolument inconnu, et volontairement délaissé par les hommes. *En fait, 300 kilomètres, avec deux serviteurs, cinq ânes, et 128 litres d'eau.*

Et je me répète indéfiniment mon estimation téméraire :

- Cinq jours de vitesse forcenée.

- Quatre litres par homme et par jour : soit 60 litres à nous trois.

- Restent 68 litres en tout et pour tout pour les cinq ânes, dans cette course à la mort à laquelle nous allons les contraindre. Les ultimes ressources de leur endurance leur seront nécessaires pour rendre possible le miracle. Mon poignard saurait, dans le pire, abréger leurs souffrances.

Les jeux sont faits. Il faut marcher et gagner, quand on porte le pavillon français en terre noire britannique.

Cependant, avec la claire conscience du péril, je sens toute la gravité de mon entreprise. Je prolonge ma veillée d'armes devant le bungalow, marchant à pas perdus dans la grande nuit argentée et pacifique, si pacifique.

Que Dieu m'aide !

« Je n'ai qu'une idée, en ce premier jour : gagner du terrain, forcer l'allure. Les bêtes sont fraîches, et leurs charges largement réparties, peu considérables. La fatigue est pour nous, qui allons à pied. Malgré mon entraînement, je livre, là, une partie sévère. Le sable envahit mes souliers et me lime les pieds, formant des tapons, que je dois vider, pour rattraper ensuite la caravane à la course. »

CHAPITRE VI

RAID LANCE DANS LE *NO'MAN'S LAND*...

En file indienne — Rien qui retienne le regard — Fièvre.

11 août. — Dès l'aube, l'animation est grande devant le bungalow. Mes ânes arrivent, aux mains de John et de Lukas. Des soldats viennent nous offrir leur aide. J'inspecte nos animaux.

Celui de Lukas est bai, râblé, avec l'œil calme. Son long poil rouge descend au long de ses pattes robustes.

Mon âne gris — mon achat — semble avoir plus de sang, plus de finesse en tout cas ; cependant Lukas lui réserve une moue dubitative.

Le père de John a envoyé un puissant isabelle, deux ânesses noires, au tendre regard. J'accorde une caresse à l'une d'elles, qui se retourne incontinent et me décoche une ruade dans la cuisse droite. Oignez vilaine... Traitées par les Noirs, ces bêtes ignorent la douceur, et ne recevant de l'homme que des marques de violence, prennent tous ses gestes en mauvaise part. Je boite. Mais un prochain coup de botte dans l'autre cuisse viendra, peut-être, rétablir mon équilibre ?

Mes ordres sont : ménagement des ânes dans la première étape, que je veux enfoncer le plus loin possible ; par conséquent, charges réparties entre tous, et marche à pied jusqu'au soir.

Des lanières de cuir brut ceinturent les colis et scient le ventre des animaux. Mais la moitié des liens casse ; on les raboute en nœuds énormes, qui causeront autant de meurtrissures. Quelles plaies purulentes cela nous prépare ! Je me félicite d'avoir emporté ma pharmacie vétérinaire ! Enfin, l'opération est achevée : les ânes sont devenus des saucissons à pattes...

Pour combattre l'évaporation, j'ai fait couvrir les bidons avec les couvertures de laine, le meilleur isolant. Comme nous allons marcher plein ouest, avec le soleil constamment à notre droite, au nord (car nous sommes dans l'hémisphère sud), j'ai fait disposer mes films, surtout les cinématographiques en couleur, contre le flanc gauche d'un âne; ils resteront ainsi constamment à l'ombre.

Noké, Moggi Bêdi sont déjà là pour les adieux. Ils sont bien persuadés de me revoir dans trois ou quatre jours... et me recommandent de tourner bride dès demain si le désert s'avère impraticable, comme ils le pensent. J'ai garde de répliquer que j'ai exactement le contraire en tête, sans quoi la défection de Lukas et de John serait immédiate. Je vais donner le signal, lorsque, des huttes batlaharos, accourt un petit peloton à ânes.

— C'est mon père, annonce John.

Effectivement, Seleto Kgoboitselé arrive, chevauchant les reins de son âne. Il est entouré de jockeys de même style, et soulève un nuage de sable. Il me donne la main à la béchuana ; la droite est tendue, et, pour solidariser avec elle dans l'hommage l'autre côté du corps, la gauche se place au creux du coude droit. L'excellent chef est essoufflé. Il a voulu s'assurer que ses bêtes étaient correctement chargées.

— Mon fils, dit-il à John, je veux que tu emmènes aussi un de nos chiens : il te sera utile pour mettre l'ordre dans la caravane.

Son cabot café au lait, par une compréhension étrange, se range à nos côtés au simple appel de langue de John : il sait qu'il « passe » chez nous... Belle acquisition ! Et je ne pense pas si bien pronostiquer...

Nous nous ébranlons en file indienne.

Nous avons laissé à gauche le piton de grès mauve d'où Fairlie me fit contempler « mon parcours ». Nous abordons le glacis de sable. Les arbres sont déchaussés par le vent au point de paraître dressés sur l'ossature de leurs racines, qui plongent verticalement à la recherche de l'humidité lointaine.

Les chargements tombent : c'est excellent. Cela fait partie du démarrage des caravanes et permet de distinguer les animaux charognards et les points faibles des sangles. Autant d'ennuis économisés pour la suite.

Tandis que nous passons auprès de huttes misérables, un vieillard édenté qui suce une pipe éteinte, devant des poulets squelettiques, s'écrie :

— Où allez-vous ?

— A la Nosop ! répond Kartsee, enchanté — pour m'effrayer — des cris qu'il provoque chez le vieux.

Déroute des poules, et rage du coq.

— Il a dit, *Morena,* me traduit John, que personne n'a dépassé les pâtures entourant ces cabanes, et qu'au-delà commence la plaine des herbes désertes.

— Avance toujours pour voir !

Le cabot batlaharo est idiot. Je l'ai baptisé Alip, parce que ce mot signifie chien en hottentot — dixit Lukas. Il nous passe entre les jambes, se fait piétiner par les ânes, et charge tous les lézards.

Le bush pacagé des Batlaharos s'étend sur quatre ou cinq kilomètres. Des arbres hauts de cinq à sept mètres s'y mêlent aux buissons d'épines. Soudain, une lisière d'or flamboie. Là, cesse la végétation forestière. *Aucune transition : nous entrons dans le néant.*

Les pâles herbes flexibles ondulent dans la savane démesurée, sous un ciel uni dont la douceur cache des vertus incendiaires.

*
* *

Friselis des herbes. Aveuglement. Solitude. Pas un animal sauvage. Tout au plus, mais rarement, l'envol d'une sorte de caille.

J'ai mille difficultés à découvrir au loin un bout d'arbuste pour fixer ma direction à la boussole. Souvent, là où passe l'axe de marche, aucun repère n'est discernable, ce qui me force alors à ne me guider que sur le soleil.

Sous les flammes célestes, nos ânes avancent serrés, abrutis, tête basse. John les pousse en serre-file. Sous l'herbe sèche, le sol est remarquablement ferme. Nous nous déplaçons à une vitesse régulière de cinq kilomètres à l'heure.

Je n'ai qu'une idée, en ce premier jour : gagner du terrain, forcer l'allure. Les bêtes sont fraîches, et leurs charges largement réparties, peu considérables. La fatigue est pour nous, qui allons à pied. Malgré mon entraînement, je livre, là, une partie sévère. Le sable envahit mes souliers et me lime les pieds, formant des tapons, que je dois vider, pour rattraper ensuite la caravane à la course.

J'ai l'impression d'abattre du chemin, mais je sais bien qu'à cinq à l'heure, le total sera maigre ! Et les écarts de direction, inévitables, soustraient encore des kilomètres du compte de notre avance !

Vers 15 heures, des îlots broussailleux se regroupent. J'y trouve des crottins. On est donc venu jusque-là à la chasse. Vers 15 h 30, trois cônes sombres émergent d'un peu de végétation.

— Des abris de bushmen, juge Lukas.

Je fais un crochet jusqu'à eux. Ils sont abandonnés depuis longtemps. Des branchages finement entrecroisés leur donnent une forme ovoïde. On ne peut se tenir là-dessous qu'accroupi, ou couché recroquevillé. L'entrée, béante, découvre un sol jonché des misérables reliefs de cette humanité primitive : squelettes de lézards qui furent grillés, une coquille de tortue, des graines sauvages... Au-dehors, on distingue encore les emplacements des foyers.

Si ce sont des chasseurs hottentots, associés à des bushmen, qui ont atteint ces parages, ils ont dû les quitter bredouilles, car j'ai beau interroger la savane, aucun gibier n'est visible.

Et nous ne rencontrons plus d'autres traces humaines.

Le vide dans lequel nous progressons m'oppresse. Les îlots broussailleux se sont disloqués. L'herbe seule s'étend de nouveau devant nous. Une brise s'est levée du nord, qui coupe la chaleur. J'ai dans ces conditions moins de peine à faire appel au courage, et nous ne relâchons pas notre course. La journée entière s'écoule sans haltes, dans une tension sans distractions : rien qui retienne le regard.

Mon dos est scié par les courroies de ma camera, et même par celle de mon petit Léïca. Mais le mouvement me dissimulait la courbature en la dominant, et il faut, pour me la révéler, la pause à laquelle nous oblige, vers 18 heures, la chute d'une thanika.

A ce moment, nous passons à proximité d'une paire, exceptionnelle en ces lieux, d'arbres presque beaux : deux *kameeldoorns,* les « arbres à girafes », du mot afrikander « *kameel* » désignant ces grandes bêtes. En béchuana, on les appelle *mokhallas*. Leur écorce torsadée a les nerveuses spirales d'un câble ; leur bois est d'une dureté d'acier. Lukas Kartsee sollicite de profiter de leur abri, unique dans les parages, pour camper. Ils ont l'air d'avoir été plantés pour nous. Stop, donc !

*
* *

Calé contre mes sacs, je cherche à me pénétrer de la noblesse très âpre du désert qui m'entoure. La sauvagerie de son étendue absolument inviolée est prenante : même pas un rat pour jouir avec nous du crépuscule.

Cependant, les gestes éternels et simples du bivouac s'exécutent. Lukas a allumé sa pipe, dont le couvercle s'orne d'une chaînette. Son tabac — probablement infect — embaume pourtant l'air du soir. Le feu, d'herbes et d'écorces, crépite : tout est archi-sec. La marmite trône sur le brasier lui-même : il n'y a pas de pierres...

Les ânes, étroitement entravés pour limiter leurs escapades, et envoyés paître à coups de pied, s'éloignent avec de maladroites croupades.

Je m'étends, face au soleil, pour suivre le spectacle de sa chute. La fatigue m'envahit. Ma fièvre monte, violente. J'ai peut-être 39°. Mais c'est la fièvre de l'effort, la bonne, celle qui s'en ira comme elle vint, à condition que la volonté garde les rênes. Elle tue cependant ma faim. Je dois me forcer à avaler une compote, me retenant au contraire de trop boire : mais j'ai quand même ingurgité plus de deux litres de thé...

Perte de conscience dans une immensité qu'aucun bruit, qu'aucun être ne troublent.

« Indiscutablement, nous sommes maintenant dans un début de moyenne forêt. Des kameeldoorns de 9 mètres de haut se succèdent et piquent les accidents du relief de leurs belles ombres rondes. Des mimosées plus modestes remplissent les intervalles. Soudure de ce couvert, l'opulent foin doré est d'une virginité totale. »

CHAPITRE VII

SYMPTOMES...

Forces refaites — Séances de voltige — Gare aux réserves d'eau et aux ânes ! — Un bon bivouac.

12 août. — 6 h 15 : lumière. Les rougeurs de l'aube sont différentes de celles du crépuscule. Elles ont une autre splendeur. Le soir vient en pacificateur, sur l'excès de chaleur et de fatigue : le matin naît de la pureté, dans la pureté ; il est douceur, rayonnement, résurrection, et il exalte.

Ni Lukas, ni John ne bougent : tas informes couverts de toiles rapiécées, auprès du feu mort. Alip, sans faire un mouvement, me voit me réveiller et m'envoie un regard complice. Je savoure la béatitude de ces instants qui précèdent le retour à la lutte ; et je jouis de ces dernières secondes de repos, au cœur du grand décor qui se rallume doucement, avant le jaillissement du soleil.

Mes forces se sont refaites. Plus de fièvre. Regard vif et perçant. J'inspecte nos « environs » avec plus de lucidité qu'hier soir.

Nous avons campé parmi des termitières. Elles dressent de toutes parts leurs courts cylindres perforés, tout noirs, évoquant à la fois la pierre ponce et la ruche d'abeilles. Elles sont à l'échelle de la sylve : pas plus de cinquante à quatre-vingts centimètres de hauteur.

Ce n'est pourtant pas de termites, mais de fourmis que mon corps est parcouru — sans dommages. Ma peau, nouvelle pour ces insectes, les attire, sans par chance leur plaire. Et j'en suis pour de simples chatouillements.

Nos ânes ont le nez dans l'herbe, à huit ou neuf cents mètres. Je crois que l'humidité matinale — sinon la rosée — de ce pâturage leur donne plus de satisfaction que ses vertus nutritives hypothétiques. Aucune nuance verte ne le relève. Partout du sable éternellement crevette. C'est effrayant et attirant, admirable et détestable. Ce serait merveilleux en film documentaire, vu d'un fauteuil d'orchestre, mais nous jouons ici le film lui-même...

J'ouvre ma caméra. Et je filme ce suprême début de jour. Le tac-tac de l'appareil arrache mes gars des bras de Morphée et m'en fait de vivants personnages. Bâillements, toux, crachats classiques. Le feu est ranimé. L'eau chante. Lukas part, lanières en main, capturer son écurie de plein air.

— Alors, nous faisons demi-tour, *Morena ?* me demande John.

— Quelle est cette histoire ?

— Lukas y compte : c'est trop dur ! Nous n'arriverons à rien.

— Tu trouves ? Et ces deux arbres ? Et cette meilleure jungle ? Je suis sûr que du gibier va apparaître.

Et passant outre aux velléités de résistance, j'édicte mes recommandations pour le petit déjeuner : John, qui se pique de connaissances culinaires, ne pense plus, du coup, qu'à démontrer sa science. Il me prépare une épaisse soupe de *beans* (haricots en poudre). Mes hommes, eux, mangent du porridge au maïs, pâtée de farine malaxée dans l'eau bouillante. Ce délayage attire mon attention sur notre provision d'eau.

— Comment ? Tu en es déjà à la deuxième thanika ? Et elle est même vide ?

John avoue que tandis que j'allais en tête, ils n'ont cessé de se rafraîchir en marchant — pour autant que de l'eau cahotée rafraîchisse. Les Noirs, qui ont trois fois notre résistance, n'ont pas le tiers de notre volonté. Or, l'endurance est autant une question de cran que d'aptitudes. John ajoute, à sa décharge, qu'un bouchon fuyait. Bref, me voici au seuil du deuxième jour réduit à 6 bidons : 96 litres !

Mes lascars achèvent leur petit déjeuner de colle blanche sans se troubler, et sucent leurs bâtonnets comme du réglisse.

Nous prenons ce matin le dispositif normal de raid : le jour d'entraînement étant achevé, les colis sont groupés sur les deux ânesses noires, et les trois autres bêtes deviennent disponibles pour la selle.

Elles se figuraient que la promenade sans cavaliers continuerait ! Les ruades pleuvent.

Tout se coordonne en marche. Nous encadrons les ânesses de bât, d'ailleurs assez chargées — environ soixante-dix kilos chacune — et qui n'ont ainsi la tête qu'à leur travail. Hélas ! elles ne seront que trop vite allégées de l'eau, qui forme le principal de leur fardeau.

Naturellement, les animaux n'ont rien bu. Mon âne gris s'énerve avec le soleil, terrible dès dix heures du matin. Je « vide » par l'encolure, tous les cent mètres. Faute de sangle solide, ma selle glisse comme un collier. La bête le sait bien et c'est l'enfance de l'art pour elle que de me projeter entre ses deux oreilles. J'atterris debout.

Cette gymnastique répétée menace les fragiles appareils que je porte. John a les mains libres pour faire du dressage : je lui prends son âne isabelle, et il enfourche mon gris.

D'heure en heure, l'intérêt de la contrée se dessine. Ce spectacle nous accapare. John et Lukas, comme moi, regardent. Leur instinct, plus exercé que le mien sous ces latitudes, leur montre au décuple ce qui ne fait que m'apparaître : des symptômes très nets de changement physique.

Des mamelons se sont formés et silhouettent un paysage. L'herbage est plus haut, les arbustes y sont nombreux. Quelques arbres, de 8 à 9 mètres de taille, toujours des kameeldoorns, se dressent de place en place. Et soudain, l'éclair de la vie jaillit : pointant au-dessus de la brousse, cinq fines têtes de springboks nous dévisagent...

Minute d'émotion. Est-ce la fin de la bande de terre morte que Fairlie, du haut du petit piton de Tsabong, me montrait ? A présent, c'est la galopade d'un lièvre. Cet imbécile d'Alip se jette à ses trousses. Les gazelles, stupéfaites de notre visite, n'avaient pas remué une patte, n'ayant aucune raison de nous craindre et ignorant nos cruautés : aux jappements du chien, elles s'éloignent en souples détentes, qui les font littéralement planer.

Un peu de foi stimule mon escouade. J'en tire argument pour accélérer l'allure, et nous enregistrons un gain de terrain appréciable. Ma boussole, gâtée en points de repère, me permet de serrer mon axe de marche.

Deux vautours — deux chasseurs de vocation : *donc les proies existent,* décollent d'un fourré en flèches biaises et déploient leur impressionnante envergure. Longtemps, leurs ombres démesurées nous balayent.

A midi, derrière trois autres springboks, se détachent deux cervidés splendides : col relevé, ils posent pour le photographe — qui jamais, dans ces secondes « à saisir », n'a son appareil disponible ! Gris perle, avec dos noir et figure de cheval noire et blanche, couronnée de dagues droites évasées, de 1,20 m à 1,30 m, ce sont des *oryx gazella,* de l'Afrique méridionale : des *gemsboks.*

Quel gibier de pur sang ! Leurs flancs frissonnent, fouettés par les longues queues crineuses. Leurs naseaux tremblent. Avant qu'Alip ne les atteigne, ils ont filé, gorge cambrée, en fuite rectiligne. Leur galop rasant est celui de poulains au *canter.* Ils me donnent une première vision de l'aristocratie de la faune sud-africaine.

L'œil de Lukas s'est allumé. L'instinct du chasseur parle en lui. Il ne soupçonnait pas de possibilités ici : il en constate. S'accroîtront-elles ? De lui-même, il pousse le train. C'est moi qui lui offre une pause à mi-étape...

Son sac fourre-tout est un poème ! Il est constitué par une demi-chèvre coupée sous les épaules. Tout le bas du corps fait poche et conserve ses détails anatomiques : cette chèvre était un bouc... Ce sac contient du fil, une alène, des chiffons, du tabac, des sandales, etc.

Le thé chaud, en pleine fournaise de midi, est ce qui désaltère et revigore le mieux. A soif brûlante, liquide brûlant. Mais mon appétit ne vaut pas ma soif et les goinfreries de John et de Lukas, avec leur porridge-colle de pâte, me donnent des hauts-le-cœur.

L'intérêt reprend dès que nous remontons en selle : une charge sombre, bruyante, furieuse, dans les coulisses de notre marche : un *wildbeest* [1] — un gnou. A peine avons-nous eu le temps de le voir, car les gnous fuient en colère devant ce qui les inquiète. Ils n'ont nullement les dangereuses dispositions du buffle.

De plus en plus agacé par la chaleur, que rend cependant supportable la brise soufflant du nord l'après-midi, l'âne gris de John le catapulte régulièrement dans la nature. Il n'admet plus qu'on l'enfourche : mais agile comme un singe, mon cuisinier ressaute en selle d'un élan, et y retombe en pince tenace. Une de ces séances de voltige a lieu aux abords d'un fond herbeux, où elle provoque une débandade : plusieurs hardes, cette fois-ci, de gemsboks et de springboks, déménagent : nous n'en sommes plus aux isolés. Je regarde se disperser ce premier et véritable troupeau.

---

1. *Connochœtes taurinus.*

Les gemsboks, dédaigneux de l'obstacle, le pourfendent. Les springboks le franchissent à plus d'un mètre de surplomb, tels des balles. Tout le bush est en frénésie !

Lukas allume sa pipe — très bon signe — et distribue de la gaule à ses bêtes : sa tête travaille.

Indiscutablement, nous sommes maintenant dans un début de moyenne forêt. Des kameeldoorns de 9 mètres de haut se succèdent et piquent les accidents du relief de leurs belles ombres rondes. Des mimosées plus modestes remplissent les intervalles. Soudure de ce couvert, l'opulent foin doré est d'une virginité totale. Chaque pas dans ces plantes, sur ce sable, où n'apparaissent que des traces de bêtes, est une volupté infiniment rare. L'émotion de la découverte m'empoigne.

Lukas me montre de loin des autruches, et, à cinquante mètres, deux *secretary birds :* les fameux oiseaux-secrétaires.

Imaginez deux promeneurs gris souris, que notre caravane pousserait devant elle. Ils accélèrent leur course déhanchée, comme de maladroits adolescents dont ils ont la taille. Ils ne se lâchent pas d'une épaule, et vont scrupuleusement côte à côte. Impression très curieuse : on dirait de gris pèlerins en maraude. Par instants, ils se retournent pour évaluer notre distance : j'aperçois alors leurs aigrettes typiques. On les appelle, en effet, secrétaires, à cause des douze plumes raides qui poussent en faisceau derrière leurs oreilles.

Ce sont des oiseaux débonnaires, qui se nourrissent de serpents et de rats. Ils chassent presque toujours de compagnie, et souvent par paire, de même que ceux-ci.

Comme nous les serrons de trop près, ils se décident à faire un gros effort : un bond pour... rebondir, afin de s'aider au décollage. Envol pénible. Ils doivent donner d'énormes coups d'ailes pour prendre de l'altitude, mais ensuite leur plané est coulant, large, magnifique, sans que remue une rémige. Comme les vautours de ce matin, leurs ombres glissent sur les ronces.

Une particularité des *secretary-birds* consiste, à mon avis, en leur faculté de s'asseoir : j'en ai aperçu un, plus tard, dans cette pose, exactement comme un secrétaire (autre point de ressemblance) : non pas vautré sur l'abdomen comme un poulet, mais droit sur son arrière, sa queue lui servant de butoir.

Une autre particularité : la femelle est plus forte que le mâle. Un ménage à la Dubout...

Dans certains arbres, des colonies de petits oiseaux sont associés en nids géants, qui semblent exploser lorsqu'ils s'en sauvent tous ensemble. Chacun y possède sa cellule. Ce sont les *républicains* [2], ainsi nommés en raison de leur esprit grégaire.

D'étonnants merles au dos noir, ailes à double chevron blanc, ventre écarlate — une belle casaque d'écurie de courses — volent en plongeons et, comme dirait un aviateur, en « ressources [3] ».

Nous avons poussé notre marche jusqu'à la nuit. Lukas me propose de dresser le camp. Un des nombreux mamelons, que nous contournons depuis ce jour 2, lui a plu.

En surélévation de cinquante mètres, la vue est large. L'abri, formé de quatre kameeldoorns, est appréciable.

— Nos feux seront visibles de loin, précise-t-il.

— Visibles de qui ? Tu veux rire ?

— Des lions. J'ai commencé à voir leurs empreintes.

Merveilleuses lectures au sol des trappeurs ! Tout en dodelinant au pas de son âne, je remarquais le regard du Hottentot plus souvent fixé à ses pieds que sur le bush. Il interrogeait le sable. Son observation est à prendre dans un sens favorable, car si le lion rôde, c'est que l'abondance du gibier promet de ne pas s'affaiblir. C'est donc plus que des symptômes de richesse que je retire de ma deuxième étape dans la Poche du Kalahari. Le « *sandy desert* », le désert de sable gratuitement mentionné par les cartes sur beau fond blanc, s'effondre.

Mais toutes ces virtualités ne sont encourageantes que pour des intelligences d'hommes : nos pauvres ânes, eux, se contrefichent éperdument des secrets de la Poche ! Ils ont payé de deux marches épuisantes cette pointe profonde. Aucune eau n'a été donnée à l'incendie de leurs entrailles. Il faut les voir en station, rigides, les cols bas, les oreilles couchées, les flancs battants : ce n'est pas beau... Je veux leur faire octroyer quelques litres.

— Non, demain, fait Lukas, demain matin avant de repartir : pas une goutte à l'arrivée de l'étape.

C'est juste : l'organisme échauffé gaspille la manne, tandis que la nuit le prépare, dans la fraîcheur, au liquide bienfaiteur. Si nous étions sages, nous nous appliquerions cette règle...

---

2 *Philœterus socius.*

3. Je crois pouvoir identifier en ces oiseaux des alectos.

Tout au long du mamelon, à mi-pente, John et Lukas allument des feux de protection en enflammant les arbres morts. Il est facile d'en trouver ! Personne ne vient les couper, et ils restent debout parmi les vivants, simplement un peu plus noirs d'écorce : torches offertes.

J'accorde une méditation spéciale à ces troncs, trépassés dans la position où ils grandirent. Abandonnées par la sève, leurs branches semblent des bras désespérés. Un beau jour, elles cassent sous leur propre poids. Souvent, c'est l'arbre entier lui-même qui éclate sous leur charge, et se fend : je remarque ces extraordinaires cadavres ligneux écartelés... Pour qui sait communier avec le règne mystérieux des plantes, le Kalahari procure là un spectacle où le pathétique le dispute à la curiosité.

Mais les ténèbres s'illuminent. Les bûchers craquent et lancent des étincelles. Des fonds avoisinants s'élèvent des feux d'artifices. A mes côtés, Alip contemple avec calme cet essai incendiaire. Il se lèche les babines, heureux d'avoir récuré le fond de mon corned-beef : sa satisfaction est d'ordre interne. Je reçois, sur ma main pendante, d'affectueux petits coups de langue. Je lui parle en français, et il semble aimer le timbre de notre langue.

Noires silhouettes se détachant sur l'éclat des brasiers déchaînés, mes hommes reviennent. Ils ravivent le feu central : notre feu, celui où bout la marmite.

Nous consommons, dans le thé, d'effrayantes quantités de sucre. Cette liquoreuse infusion chaude est inégalable. Malheureusement, le sac de sucre s'est crevé ; une partie de son contenu a été perdu dans les chargements, au gré des secousses : notre provision est très diminuée.

Entourant le foyer, allongés dans nos alvéoles creusées dans le sable, nous attendons le sommeil. Je fume mon atroce invention ferblanc-caoutchouc. Lukas a sa pipe à chaînette. L'heure est belle.

Ce bivouac n'a plus l'ambiance de mort du précédent. Il siffle, même..., car de petits lézards coureurs s'égosillent. Et il rugira quand commencera la chasse des carnassiers. Ce que je préfère, c'est le plaintif aboiement des chacals : on croirait qu'ils miaulent.

Je ne cherche pas à me dégager de l'étreinte de cette désolation qui est hors de la portée des hommes : dès que tombe la nuit, elle s'emplit des voix, grandes ou petites, mais souveraines, de son peuple animal. Le désert qui nous semble périlleux et hostile représente, pour ces bêtes, terre d'élection, liberté, bien propre.

Le sauvage est, ici, l'audacieux venu des villes.

O grandeur, ô souffle de la Nature, êtes-vous ici assez perceptibles ? O Dieu, pouvez-vous être plus proche que dans les éléments intacts de votre Création, qui nous reportent tout droit aux temps originels ?

Dès minuit, c'est le froid aigu. La brise du nord, appréciable l'après-midi, devient à présent cruelle. Avec des mouvements machinaux de somnambules, les dormeurs pourvoient le feu de branches quand la flamme baisse.

« En fin de matinée, je remarque un nid tronc-conique à la cime d'un gros arbre : un aigle y trône. Le printemps approche, et les nichées se préparent, même chez les rapaces. Le grand oiseau s'agite : c'est le déploiement fantastique de ses ailes, son cri rauque, son envol majestueux. »

CHAPITRE VIII

CHEZ LES LIONS

Look ! — Un désert étrange, plein de gibier — Ambiance désunie — Ceinture de feu et idées noires.

Vendredi 13... — (J'éprouve un petit frisson en inscrivant cette date dans ce carnet.)

A la bonne heure ! A ce réveil-ci, des oiseaux chantent ! Aucun animal ne sait comme eux saluer avec enthousiasme la naissance du jour.

Mais voici l'instant capital de mesurer la dose du premier abreuvoir. Il nous reste 80 litres. Je laisse faire Lukas : sa connaissance en matière d'usure animale est totale. Je préfère lui céder l'initiative sur ce chapitre plutôt que sur celui de la route.

Rassemblées, les bêtes attendent. L'espoir de l'eau est dans leurs yeux. Les passives prunelles ont d'étonnants éclairs devant l'opération qui se prépare. Les clapotements entendus dans les thanikas au cours de notre marche ont hanté les pauvres bêtes : cette fois, les clapotements sont visibles, deux bidons sont débouchés, le sac de toile se déplie, un jet brillant coule... J'ai peine à contenir la poussée en avant de nos montures. L'âne gris — le charognard — est agressif : déjà servi, il est jaloux de ses congénères qui boivent, et les attaque du sabot. Quant à moi, il m'envoie un coup de botte dans la cuisse gauche, pour compenser celui que j'encaissai à Tsabong, à droite ! Grâce à lui, enfin, je ne boiterai plus...

La séance serait drôle, si elle n'était tragique : qu'est-ce que 6 litres d'eau par tête pour ces animaux, après ce qu'ils ont fait ? Mais allez être plus larges ? Quand nous rebâtons, il reste en tout et pour tout 50 litres : juste ce qu'il faudrait pour revenir à Tsabong, ce qu'à ma vive surprise ni Lukas, ni John n'implorent de moi. Peut-être le déroulement de l'étape me livrera-t-il le secret de cette docilité apparente ? J'arrive avec une réconfortante facilité à donner le signal vers l'Ouest.

Lukas nous guide au soleil. Il y a presque esprit d'équipe ! Ma chance est trop belle... Je vais peu à peu comprendre : mes Noirs flairaient ce qui se produit, et ce qu'ils voulaient vérifier : *l'extraordinaire, l'invraisemblable* développement du gibier.

Je compte au début : cinquante springboks à la fois dans un *pan,* plus loin quatre hardes de gemsboks, deux, sept chacals, en fourrure grise, filant de biais dans l'herbage... Et puis je renonce : c'est une ménagerie... La végétation ne cesse de s'agiter sous leurs fuites, leurs sauts, leurs charges. Et plus souvent, cette faune, tout simplement surprise, redresse ses têtes, et, immobile, nous regarde : *pour la première fois, elle contemple l'homme.*

Lukas « découvre ». Son métier de traqueur s'est compliqué : des as, comme Adam Cooper, restent sortis huit à dix jours pour abattre un butin qui en vaille la peine. Or, ici, dans un domaine réputé inaccessible, et vide, c'est un vrai jardin zoologique ! On aurait ce qu'on voudrait à bout portant. Fausse, la légende du désert mortel.

Mon idée d'équiper des ânes de bât avec des bidons procure au Hottentot le moyen de reprendre le chemin de cette richissime réserve. Il suppute le rapport possible. Il reviendra. Hier soir, ce matin, il branchait nos récipients abandonnés : il posait ses repères.

De cette féerie animale, le *hartebeest* — un bubale — est le nouveau « clou ». Cambré au moindre bruit, il érige sa tête couronnée de bois en baïonnettes. Tête très fine, très chevaline. Contrairement à la robe souris du gemsbok, son poil brun rouge reluit. Il est le *bubalis caama* du « bottin mondain » animal. Son souple galop a une fauve mobilité, et coule, ravissant, sur l'or du paysage.

Attention ! Un serpent a zigzagué entre les pattes de mon âne. Sa forme effilée a quelque chose de redoutable. Tout le corps a l'air d'un dard. De taille moyenne, son espèce est mortelle. Le bourricot, qui ne s'y trompe pas, a fait un écart, et j'ai failli choir sur le reptile ! Eh bien, ce sera le seul serpent que j'aurai vu, malgré toutes les histoires qu'on m'avait racontées.

L'incident a ramené mes regards vers la terre. Des sillons minces, bien nets, s'entrecroisent à la racine des herbes : de vraies petites pistes. Elles figurent la carte des voyages du grand gibier et dénotent une frappante régularité de déplacements dans le libre Royaume des bêtes... L'instinct guide les transhumances. Comme je corresponds de mieux en mieux avec Lukas, par je ne sais quel compromis hottentot-anglais *cockney,* je l'interroge sur ces habitudes animales, matière où il excelle.

Ensemble, nous identifions les sentes des gazelles, celles des gnous, celles des fauves. J'imagine ainsi le paradis terrestre tout « imprimé » par les pas perdus de ses hôtes... Mais Lukas interrompt son charabia d'une interjection :

— Ho ! *Look ! look !* (Un des mots qu'il possède.)

C'est l'ombre d'un kameeldoorn distant de 20 mètres qu'il me désigne. Un gros lion y est couché sur une proie fraîche : un gemsbok, encore reconnaissable à ses cornes. Il en a déjà mangé une forte part, et se délecte : à peine semble-t-il nous voir.

Le désir fou d'une bande de film à bout portant m'empoigne : je saute de ma selle et m'avance en armant ma camera. On en veut trop ! Ma boîte noire alarme le fauve avant que j'aie pu la mettre au point et cause sa fuite. Il décolle au petit galop le long d'une « piste » du genre de celles que nous examinions, et dont il ne recoupe aucun méandre : sans doute un des trajets « léonins » de la carte zoologique. Un wildbeest, qui paissait à trois cents mètres, se croit menacé par son approche rapide et s'ébranle à son tour, dans un de ces bruyants déboulés chers aux gnoux noirs. Une double déroute se déroule sous mes yeux consternés. J'ai manqué une splendide aubaine : Lukas hurle que j'ai aussi manqué la mort !

Le lion du Kalahari, lion de ronces, a perdu de père en fils sa crinière dans les piquants. La noble tête du roi des animaux, à laquelle m'accoutuma l'Ethiopie, apparaît, dans le bush africain, épilée... Et c'est un vilain lion, en outre : brunâtre, et assez petit. On lui fait bien trop d'honneur en s'en préoccupant, avec une exagération dont je ne tarderai pas à me rendre compte.

Nous nous regroupons dans ce coin idyllique.

Depuis hier soir, les mamelons ont fait place à des chaînons parallèles, axés nord-sud, qui se présentent donc à nous par le travers. Ils sont séparés par de petits pans, à la végétation substantielle, fine et succulente chevelure, où se complaisent les animaux, accourus de très loin pour ce régal.

Nous stationnons au fond d'un de ces vallons, larges de trente à cinquante mètres. L'eau sous-jacente ne doit pas être loin : les touffes ont un peu de vert à leur naissance, et la vigueur des kameeldoorns témoigne qu'ils trouvent à boire.

Sur la crête qui nous fait face, d'innombrables hartebeests, accompagnés de gemsboks et de springboks — heureux mélange rouge, gris, jaune — prêtent l'oreille. Rien ne surpasse en beauté la longue bande blanche en diagonale qui balafre les springboks comme un trait de peinture. Elle incline leur ligne vers l'avant, semblant indiquer une prédisposition à la course. La proche présence du lion n'inquiétait pas ces bêtes, même si sa proie avait été choisie parmi elles, car lorsque le Roi s'est servi, il cesse pour un temps d'être dangereux. Mais notre tapage, la fuite du fauve et du wildbeest leur ont paru insolites. Et voici qu'en surcroît, Alip lève un chacal et se précipite à grands abois à ses trousses...

Il est joli de suivre cette poursuite du chien sauvage par le chien domestique, se tenant à peu près à la même vitesse. La courte distance qui les sépare ne se modifie presque pas dans les herbes, où ils découpent une traînée courbe. Notre cabot perd cependant un instant de vue le chacal, et comme tout flair lui manque, il émerge en bonds d'observation, comiques et inutiles. Il a couvert plus d'un demi-kilomètre !

Les troupeaux de hartebeests et autres animaux, qui avaient avec nous assisté sans broncher à l'intermède, comme si la curiosité les retenait encore, s'enfuient à présent. Cette fois, je filme la scène...

*
* *

La densité, dans la Poche du Kalahari, de ces grandes espèce animales pose un problème.

Je comprends bien que le silence de ces lieux, et le pullulement de petits *pans,* à fins pacages, exercent leur attrait sur elles : mais y sont-elles de passage, ou en résidence fixe ?

Les deux hypothèses sont plausibles.

La première suppose de longs parcours, dont elles sont capables ; quatre-vingts, cent kilomètres en vingt-quatre heures ne comptent pas : c'est l'affaire d'un galop, dans lequel l'instinct les oriente vers les herbages.

La seconde, celle de l'habitat, postule évidemment la possibilité de boire sur place. La croissance de melons *sammas* expliquerait tout, grâce à leur sève abondante. Mais je n'en ai pas encore vu. Il y en a ! Il doit y en avoir : je ne cesse de tenir ce raisonnement à voix bien haute à mes hommes...

A tout bien peser, je pencherais pour une opinion intermédiaire : celle de séjours prolongés, même sans melonnières... La faune africaine arrive en effet à tirer du liquide du pacage lui-même. On n'a jamais su, par exemple, où l'*adax* du Tibesti se désaltérait ? Et j'admets, à contre-cœur, que les troupes que nous mettons en fuite puissent s'attarder ici... sans que *sammas* s'ensuivent ! Il suffirait qu'elles connaissent des champs de melons à portée d'une de leurs randonnées vertigineuses.

Décidément le Kalahari est un désert étrange ! On lui donne ce nom de désert comme au Sahara, et ils sont pourtant bien dissemblables ! L'un a cette vivante masse de gibier, l'autre est un linceul de sable.

Au Sahara, la nappe phréatique n'est jamais proche de la surface. Aucune racine n'atteint sa profondeur démesurée. D'où l'aspect de mort.

Au Kalahari, l'eau est partout voisine du sol. Pourtant, même dans la Poche, le bush arrive à s'humecter grâce à ses *racines profondes et plongeantes :* qu'on se rappelle l'enfoncement presque à la verticale de celles des arbres déchaussées par le vent à ma sortie de Tsabong ? Avec cette vie végétale, la vie animale est permise. Elle surabonde. Sa richesse, sa variété enchantent.

Le Sahara élève l'âme vers les mystères tristes de l'au-delà. Cadavre, il inspire les pensées sombres.

Le Kalahari donne au contraire une extraordinaire vision de foi joyeuse.

Le point commun des deux déserts, c'est l'absence de l'homme.

Leur différence, c'est la religion funèbre de l'un, la religion d'espérance de l'autre : l'un chante le *De profundis,* l'autre *l'Alleluia.* Mais l'un comme l'autre peuvent tuer qui s'y aventure.

*
* *

En fin de matinée, je remarque un nid tronc-conique à la cime d'un gros arbre : un aigle y trône. Le printemps approche, et les nichées se préparent, même chez les rapaces. Le grand oiseau s'agite : c'est le déploiement fantastique de ses ailes, son cri rauque, son envol majestueux.

Alip, épuisé par les courses vaines que tant de gibier lui imposa, n'en peut plus, et accepte que je le hisse sur mon pommeau, où il se prélasse. Il n'en surveille que mieux le bled... et m'échappe parfois pour courir vers des apparitions fugaces.

Nous buvons le thé de mi-étape dans une région dont l'aspect annonce une transition. Le relief s'est aplati ; les arbres se sont éclaircis, et nous avons eu peine à trouver ceux qui nous ombragent pour une heure. Surtout : *plus de gibier...*

Soucieux, Lukas scrute le sol. Pourquoi soucieux ?

Moi, j'ai hâte d'écourter cette halte en pleine fournaise : le soleil déplace l'ombre, trop mesurée, et nous cherche ; et nos animaux accolés épaule contre épaule sans brouter, s'épuisent.

Mais mes hommes s'attardent à manger, à boire à la gourde en toile que, malgré ma défense, ils gardent à leur portée pendant la marche : ces récipients — sortes de gargoulettes molles — sont d'une texture juste assez perméable pour refroidir leur contenu par évaporation sans le laisser fuir.

En réalité, « on » freine pour ne pas repartir. C'est presque clair : Lukas estime avoir reconnu la zone de chasse exploitable, il a pris ses repères, il saura revenir et le gibier disparaissant maintenant, mon gaillard perd le goût de l'aventure. Il y a autre chose, cependant, car Lukas m'attire d'un air mystérieux à l'extérieur de notre bivouac.

— Voyez, me dit-il : un pied de lion, un autre... C'est un grand domaine de lions. Toutes les autres bêtes ont fui. Nous aussi, nous devons nous en retourner.

Mon opposition « à la blague » me vaut cette fois-ci une attaque assez âpre. L'acolyte John fait chorus, en bon anglais, et doit jouer un mauvais rôle : son intelligence exerce une emprise croissante sur la tête bornée de Kartsee, car il brille aux yeux de ce dernier du prestige d'un boy qui a connu Johannesburg, les Blancs, leurs habitudes. Même à mon égard, le fait qu'il parle mieux anglais que moi lui donne une audace qu'il faut corriger, tout en évitant de la rendre hostile.

Je décide en tout cas qu'on ne peut camper en ce lieu découvert, et que nous avons à chercher plus loin notre halte de nuit.

La caravane se reforme dans une ambiance désunie.

La contrée qui s'ouvre devant nous n'a rien de gai. Des chardons haut montés, en sphères de la dimension d'une mandarine, sont les seuls bouquets de la nature. Nous sommes indiscutablement dans une typique brousse à lions. Un squelette de gemsbok entièrement dépouillé avec ses longues cornes pointées vers le ciel, le démontrerait si ce n'était l'évidence même.

Dans le nombre des fauves hôtes de ces parages, j'en repère un de taille moyenne mais de haute qualité : le *cheetah* [1], sorte de léopard, coureur le plus rapide de la brousse qui atteint 80 kilomètres à l'heure ; il est la terreur des autruches qu'il rattrape aisément.

— Plus nous allons, plus le danger de camper augmente, grondent mes Noirs. Nous serons harcelés !

Je les fais avancer cependant jusqu'à 18 heures : nous côtoyons alors un site particulièrement indiqué pour la défense, et j'accepte de m'y établir.

C'est une longue crête plane, boisée, surplombant des dépressions assez marquées. Les feux seront, de là, très apparents. Lukas et John les préparent avant que le jour tombe.

*
* *

Ce soir, ils ont la peur dans les viscères... Sur 500 mètres de diamètre ils enflamment des kameeldoorns, qui aussitôt pétillent. Ils sont même allés en allumer sur les mamelons voisins ! Toute la région est illuminée. Quant au feu central, celui du bivouac, il se constitue en brasier pyramidal, accolé à une géante réserve de combustible.

Un mauvais silence suit cette besogne. Lukas se met à recoudre ses cuirs, sans mot dire. Son jeune camarade ne chantonne pas en faisant cuire la bouillie. Tout ceci ne présage rien de bon.

Je me suis étendu sur mon matelas, entre mes sacs de bât, et j'écris. Je n'en ai le temps qu'au camp. Durant la marche, à peine puis-je griffonner une observation, un nom de plante ou d'animal. Allongé à la lumière du feu, c'est une joie et un besoin que de remonter le cours des heures : et il faut le faire lorsqu'on est encore tout chaud de l'action ; car plus tard, dans d'autres cadres, on ne retrouve pas toujours les notes justes des jours de lutte eux-mêmes.

Mon recueillement a, présentement, un côté utile, car il retient mes hommes de me prendre de nouveau à partie. Ils n'osent pas me déranger. Lukas semble appliqué à sa couture, délicate : il fait son fil en dé-

---

1 *Cynoelurus jubatus*.

coupant de très minces lanières dans un morceau de cuir de hartebeest, extrait de son inséparable sac ; quant à son aiguille et à son alêne, ce sont de grossières fournitures de chez Brown. Et de temps en temps, levant le nez, il surveille ses feux : une réussite !

Nous sommes environnés d'étincelles. Les lions sont bien servis ! Et la chaleur est telle, que je demeure en pyjama, sans foulards, chandail, ni couvertures. Abstraction faite de sa tournure et de ses risques, cette halte serait idéale dans notre performance. Seuls, nos ânes ignorent la détente. Ils sont gênés par les feux pour brouter, se brûlent et errent en ombres malheureuses dans le décor embrasé : c'est ainsi que je me figure la promenade des damnés en enfer...

Toute l'eau qui nous reste tient dans les trois thanikas alignées ! C'est cela, le facteur angoissant. Où donc, quand donc, se montrera le *samma* garanti par Mackenzie ? Car demain il faudra redonner à nos bêtes de quoi ne pas tomber. Elles n'en peuvent plus ; les dernières heures de l'étape se sont écoulées sous la trique, et cet actuel bain de flammes n'est pas fait pour atténuer leur soif. Quand elles auront bu, nous serons à sec.

Le repas est prêt. Je mange. Ils mangent. Le thé très noir est remontant. Lukas allume sa pipe ; moi, mon imitation de pipe. John prend la parole...

— Nous ne voulons plus continuer. Nous allons manquer d'eau. Nous ne trouvons pas les melons sur lesquels vous comptiez. Et Lukas, qui a remonté jadis la Nosop, affirme qu'aucune source n'existe à Kji-Kji : donc nous ne serions pas sauvés même si nous arrivions.

— Mr. Brown a lui aussi suivi la rivière, et soutient le contraire. Il y a un puits et des habitants.

— Mr. Brown est un vieil homme ! Son voyage est de date ancienne. Ses souvenirs le trompent.

— Moi, je le crois. D'ailleurs, nous allons rencontrer des melonnières en approchant de la Nosop.

— Lukas dit qu'il n'y en a qu'au sud, là où les bergers de Khuis mènent leurs troupeaux, bien au-dessous de la ligne que nous suivons.

— Lukas est bien renseigné, pour quelqu'un qui prétendait ne rien savoir de cette contrée, à Tsabong ! Et que propose-t-il ?

— De nous en retourner.

— Alors là, nous sommes bien certains de ne pas en avoir, de *sammas !* Nous les aurions vus, s'il y en avait. Et ce n'est pas sans eau que nous referons nos trois jours d'aller avec des bêtes mortes.

Ils se consultent. Je veux les laisser vider leurs objections, et placer mes ordres au moment psychologique. Mais ma patience les enhardit, et John me transmet sur un ton agressif :

— Lukas veut descendre vers le sud, car cela nous conduirait justement aux melonnières des bergers du Molopo.

C'est très adroit, très pertinent... Seulement c'est en opposition avec ma volonté inébranlable de gagner la Nosop. Attention. Je crie :

— Il est fou ? Il ne mesure plus les distances ? Il disait lui-même tout à l'heure que les pacages se trouvaient *très au sud* de notre position actuelle : nous sommes certainement bien moins éloignés de la Nosop.

— Non.

— Si, je le sais bien : j'ai chaque jour fait le point sur ma carte.

— Je voudrais voir la carte.

La limite admissible est atteinte : mon prestige nécessite un coup de barre, si je ne veux pas qu'il chavire. Mais je ne regrette pas d'être arrivé à ce point : ce colloque, pouvais-je le refuser à ces hommes, dans une situation aussi dangereuse que la nôtre ? Leur vie est en cause. Ils avaient le droit de parler. Ils l'ont fait. Je repousse, je le sais, une idée raisonnable. Mais je ne me sens pas coupable de le faire, car si je leur mens sur les chances réelles, de leur solution, j'ai une foi absolue, profonde, victorieuse, que la mienne aboutira : nous gagnerons la Nosop. Ce qu'il y a, c'est que cela risque de nous coûter une fatigue extraordinaire.

J'ai mis moins de temps qu'il n'en faut pour l'écrire, à rapidement envisager la conjoncture sur le moment même. Et c'est presque sans suspension que je bloque John :

— Dis donc ? Cela suffit ! A moi de prendre les responsabilités. Telle est ma conclusion : nous avons devant nous moins de chemin à couvrir qu'en revenant en arrière, ou même qu'en nous dirigeant vers le sud. *Le salut est en avant.* J'ai évalué ce qu'il reste de distance à parcourir : avec du courage, nous réussirons. Et ce sera un très grand résultat.

Et j'ajoute, en détente :

— *Dans deux jours,* au plus, je vous remettrai mes récompenses en souvenir de notre magnifique succès.

Mais John ne retient que la semonce. Il a voulu faire l'esprit fort, et enrage. Il se retire auprès de Lukas. Leur conversation en sourdine revêt une apparence déplaisante. Les mots de Nosop, *samma,* sud, ouest, eau, parviennent à mes oreilles. Leur dialogue se prolonge. Ils fermentent. Que donnera leur sommeil ?

Sur une éminence, un gros arbre qui brûlait éclate de la fourche aux racines : craquement sinistre. De torche, il se mue en brûlants décombres. Il ouvre une brèche dans la ceinture de feu, et Lukas et John partent, affolés, allumer un des arbres voisins.

Tant mieux ! Cette hantise du lion sera le point de fixation de leurs idées noires ! Je suis frappé des précautions disproportionnées qu'ils déploient. Mais que de splendeur me vaut leur manœuvre protectrice ! Longtemps, je résisterai au sommeil pour jouir du spectacle de ces feux géants, qui s'élèvent, s'abaissent, rejaillissent, et répandent leur éclairage fantastique sur une surface immense. Nous avons mis au Désert l'éclairage des grands jours.

Peut-être, de l'autre côté de la barrière de flammes, une galerie léonine suit-elle comme moi le spectacle...

« En quelques secondes, toute la petite caravane est ensablée ou culbutée. Le rat kalaharien, le meercat, règne. Dans la végétation raréfiée, le sable est perforé de milliers de trous noirs. Un tel degré d'affouillement nous laisse cois... »

CHAPITRE IX

CHEZ LES RATS

Anes perdus et retrouvés — Un peu trop au nord — Prière sans paroles — Le changement est dans l'air — Sommeil frigorifié.

14 août. — Quel silence, ce matin, quel silence lourd ! Aucun cri dans le désert calciné. L'aube naît, de sang. Engourdi par le froid, je me borne à fouiller les braises et à y jeter du bois. Lukas et John ne sont pas éveillés. Quelles intentions se cachent derrière leur tête ?

De ma couche, mes yeux inquiets vagabondent, guettant au Levant le jet du premier rayon rouge.

Nous avons bien arrangé le paysage ! L'incendie l'a tout noirci. Il est en deuil, dans une douce et pénétrante odeur de cendres. Les arbres restés debout sont d'affreux cadavres.

Mais je ne vois pas nos ânes ?

Alip vient me souhaiter le bonjour en me léchant la joue, seule partie accessible de mon corps. Il quête mes caresses. Cher petit chien devenu mon ami, mon seul ami peut-être, puisque la défection me menace ? Ici, on n'aime pas les bêtes ; on s'en sert. Une insignifiante marque amicale, comme d'avoir pris le cabot sur ma selle, me l'a attaché. Il me repose ! Pas de disputes, avec lui ! Pas d'autorité à brandir. Eh bien, moi aussi je te suis attaché, coquin…

Aucun recoin des dépressions d'alentour ne me révèle un seul âne. Où sont-ils passés ? Dans un angle mort, peut-être. C'est troublant.

Les lions auraient-ils opéré sur l'un d'eux et débandé les autres ? Il fait clair, à présent : je réveille les hommes, et leur montre la situation.

Lukas part au nord, John à l'est, je reste au centre en observation. L'épreuve des nerfs commence. Je m'occupe en entretenant le feu et en repliant bagages.

Impossible, au cours de ce raid, de faire ne fût-ce qu'un semblant de toilette ! Il serait criminel de détourner un gobelet pour se raser. Les Noirs de l'Afrique du Sud ont de la veine : leur barbe est en général inexistante, et leur chevelure si crépue qu'elle pousse en boules isolées et compactes, incapables de se développer : des crânes plantés de champignons !

Flanqué d'Alip, j'interroge l'horizon de plus en plus anxieusement, avec l'heure qui tourne. Toujours un silence de mort. Le soleil monte sur la mer de sable rouge, souillée par nos feux, mutilée dans sa végétation. Plus rien pour tuer mon impatience. J'ai eu le temps de réemballer tout le camp… *il y a cinquante minutes* que Lukas et John cherchent ! Le drame devient possible, probable.

Sans montures, nous ne pourrons pas transporter le minimum d'eau et de vivres nécessaires pour nous soutenir, et c'est la mort !

Et une certitude douloureuse descend en moi, peu à peu…

— Couché, Alip ! Tu folâtres sans te douter que nous avons trois chances sur quatre de périr. Reste au moins tranquille !

Tranquille, je veux l'être, moi aussi. Il faut me préparer à l'éventualité de la perte des bêtes et voir revenir seuls mes hommes avec des visages émaciés, des bouches amères. Il va falloir leur faire face. Cette fois, que dirais-je ?

J'ai ouvert mon carnet. Ah ! s'ils savaient ce que j'y écris… Le film de ces minutes tragiques, l'aveu de mes craintes malgré ma volonté de vaincre : car, les yeux bien ouverts, je dois admettre que c'est fini.

Certes, nous allons vendre chèrement notre vie. Mais l'espoir est infime ! Plus nous irons nous acharnant, plus déclineront nos forces. En conserverai-je suffiamment pour tracer les derniers mots, ceux du cœur pour les miens, et ceux du regret pour le but manqué ? Sans crainte d'erreur, mieux vaut les tracer tout de suite… avant de livrer la bataille !

Expression d'une émotion étrangement lucide que ce pauvre testament moral, griffonné inconfortablement assis par terre.

Ma pensée est d'abord toute pour ma femme, cet être cher auquel me lie le beau parcours de treize ans accompli ensemble, en voyant naître et grandir ses enfants qui sont le meilleur de nous-mêmes. Une foule de sentiments que ma passion de la recherche étouffait dans l'élan, dans l'optimisme, ressortent devant le fait inexorable, s'imposent, m'accusent. Mon crayon quitte le papier quelques secondes et je me plonge dans une rêverie douloureuse...

Et puis je suppute les répercussions de mon échec sur mon pays. Les Anglais m'avaient assez prévenu... Certes, y laisser ma vie sauve l'honneur, mais sans pour cela désarmer la critique, voire le blâme.

Alip n'a pas mes soucis ! En boule, il dort... Chance des bêtes ! Ne pas prévoir.

Et une heure passe encore.

*
* *

Ai-je bien vu ? Oui... C'est fou ! C'est incroyable ! Là-bas, à l'échancrure d'un rideau de sable, ils reviennent, lentement, avec un âne, des ânes... Un, deux, cinq : tous !

John et Lukas semblent épuisés. Ils ont des cris rauques contre les bêtes qui resquillent, car ils n'ont plus la force de les rabattre à la course. Est-ce que les ânes sentent cette tension chez leurs conducteurs ? Ils leur obéissent ce matin à la voix. D'ailleurs, Alip se rue à la rescousse. Pour une fois sera-t-il utile à quelque chose ?

Les voici. Je me rends compte que l'instant critique point. Il me faut tout mon empire sur moi-même.

Lukas n'a pas une parole. John non plus. Mais observons-les. Ils travaillent en silence. Travailler, c'est servir ! C'est du loyalisme ?... Lukas groupe la cavalerie autour de mon arbre et se dirige vers les bidons. Les oreilles poilues se dressent. Nous comptons nos fonds de liquide : 35 litres. Lukas ne me consulte pas, mais me sent pensant avec lui et associé à tous ses gestes. L'abreuvoir est prêt. J'y aide. Quatre naseaux à chasser pour préserver celui du buveur... 20 litres s'en vont.

Cependant, sous la cuiller de John — une branche... — la bouillie blanche cuit, comme aux autres réveils.

— Fais-en pour moi : ce matin, je mange avec vous.

Nous avons fini de tromper la soif des ânes : rebâtés, resanglés, têtes basses, ils restent soumis. La pâtée nous rassemble, mes hommes et moi. Nous nous nourrissons lourdement. Pour moi qui n'ai faim que de légère viande grillée — vraie tentation de saint-Antoine... — j'avale cette gélatine avec un peu de dégoût. J'y vois un ciment moral, qui sera aussi, hélas, un ciment intestinal... : Lukas et John vont former avec moi, consciemment ou non, une phalange de sauvetage.

Mortes, les disputes. Ils sont sous l'effet de l'impression énorme, écrasante, majeure, de revenir du pire. Et c'est cela qui me vaut leur détente. Comment ont-ils récupéré les ânes ? Où ? Que se passa-t-il ? Je le leur demanderai plus tard. Pour l'instant, il n'est de place que pour l'instinct de conservation, et je sens que si j'y mets l'accent, je serai suivi dans le choix de la voie du salut, que je veux persister à confondre avec celle de ma réussite. Une sorte de pressentiment heureux m'inspire.

— Mes amis, dis-je, nous allons aller légèrement vers le sud-ouest, pour atteindre plus vite la Nosop, car nous sommes un peu trop au nord.

Cette précision dans l'imprécision leur donne à croire que ma tête a travaillé pendant leur vaste rabat ; elle agit. Aucun murmure.

Le soleil est implacable, chaque minute compte : départ hâtif de ce camp mémorable.

La brousse froufroute sous les bâts. Nous avons cueilli de longues tiges, sur un souple arbuste à écorce lisse, et nos coups cinglent en cadence les échines. L'âne de John ne songe plus aux ruades ! Jamais des animaux amenés à ce degré d'épuisement n'ont avancé d'un sabot aussi rapide...

Heures dures, heures farouches, où l'on ne regarde ni la nature, ni la montre. Il n'y a que la progression qui compte.

Cette marche forcenée nous a conduits en plein midi, jusqu'au moment où John fait une pirouette et atterrit debout dans le sable.

Est-ce son bourricot qui s'est remis à faire des facéties ? Non : John a volontairement quitté sa selle, et court. Il vise une touffe d'herbes, se baisse, ramasse quelque chose.

— Un *samma !*

Instant fort. Le *samma,* l'avais-je assez promis, tout en cessant d'y croire ! Et voici ce premier et ravissant melon de taille moyenne, vert, vif, lisse, brillant, avec d'adorables dessins jaunes imitant des grappes de raisin éparpillées en surface.

Nous chevauchons maintenant en large front déployé dans l'espoir, que dis-je ? dans la certitude d'en apercevoir d'autres : des masses.

Foulées sans succès. Vaine attention, et vaine attente. Rien... ou plus rien ?

— Tout a déjà été mangé, dit Lukas.

Par qui ? Aucun gibier n'est visible. Or, les fines étoiles de tigelles rampantes, qui devraient porter les fruits, rayonnent dépouillées autour de leur racine centrale. Nous serions tombés sur un unique melon épargné !... Est-ce possible ?

De vieilles bouses nous renseignent. Des troupeaux venus du sud ont fait une pointe jusqu'ici, au fil d'une veine qu'ils épuisèrent. L'occasion va être irrésistible pour Lukas de demander à les poursuivre. Il va revenir à son idée fixe d'hier soir. Je pare l'attaque à l'avance :

— Les bœufs ont évidemment tout mangé ; ce serait la mort que de prendre leurs traces, d'ailleurs très anciennes. Marchons : nous recouperons sûrement une seconde veine.

Raisonnement valable. On ne me discute plus. La course reprend. Nous apercevons au loin de frêles cabanes qu'ont édifiées les pâtres. Mais même ces vestiges de passage humain n'ébranlent plus mes compagnons, qui m'obéissent.

Je trouve, moi, toujours émouvant de traverser, déserte, une place un moment occupée...

*
* *

L'âne d'aile droite est tombé. Le mien s'enfouit jusqu'au poitrail. A dix mètres, à ma gauche, celui de Kartsee l'imite. Puis, c'est le gris de John.

En quelques secondes, toute la petite caravane est ensablée ou culbutée. Le rat kalaharien, le *meercat,* règne.

Dans la végétation raréfiée, le sable est perforé de milliers de trous noirs. Un tel degré d'affouillement nous laisse cois... et par terre. A cette heure brûlante, aucun des gros rongeurs n'a le nez dehors, et ils doivent se gausser, à l'abri, de la mésaventure qu'ils nous causent. Nos seuls spectateurs sont les chardons en boules, toujours en abondance.

Ce foisonnement ratier a sans doute une explication hydrologique. La nappe d'eau doit être proche — puisqu'il y avait des melons —, probablement à 7 ou 8 mètres de profondeur. L'humidité peut donc déjà se faire sentir entre 0,50 m et 1 mètre. D'ailleurs notre chien la cherche en creusant un trou pour reposer son ventre. Et les rats ont déployé leurs galeries à la fraîche. Malheureusement ce minage n'est pas assez souterrain pour que les voûtes tiennent, et l'est trop cependant pour qu'en les crevant on ne reste pas pris au piège. C'est ce qui nous arrive...

Les moyens automobiles que je pouvais à la rigueur regretter jusqu'alors auraient connu, là, un obstacle bien grave. Même la Jeep... Les ânes, eux, tombent, souffrent... mais passent.

Les chutes sont innombrables. Chacune exige un réajustement des charges. Impossible de tenter un détour : le meercat occupe des kilomètres carrés. Et l'invisibilité de ce redoutable adversaire devient exaspérante.

Nous vaincra-t-il, dans l'état où nous sommes ? Bouches desséchées, tombant de selle, brisés, désespérément attelés quand même au franchissement de l'aire maudite, nous gagnons cent mètres par cent mètres...

La faim, la soif sont choses oubliées. En de tels cas, l'organisme use ses réserves. Une fois dépassé le stade de la fatigue primaire, le corps en est libéré. Tant de nos malaises proviennent de ce que nous les écoutons ! La grande lutte révèle le fond de nos forces, de nos vraies forces : trésor caché en nous-mêmes.

J'en arrive à aimer notre supplice. C'est un épisode d'importance dans ma traversée ! Théoriquement, mon but était scientifique : découvrir, relier, expliquer. Mais la science est toujours surclassée par elle-même : un jour ou l'autre, le stade acquis est périmé. L'Aventure, elle, demeure. L'Emotion se survit. Il y a des récits d'action du XVIIe siècle aussi jeunes que ceux de Monfreid aujourd'hui. Franchement, c'est aussi l'Aventure que j'ai ici cherchée... Et je l'ai !

Il me souvient à quel point ma pensée a continué de fonctionner sereinement... Tandis que mes membres, ma peau souffrent, jouant leur simple rôle physique, de très nobles thèmes se succèdent dans mon esprit : richesse mentale qu'on ne connaît pas, et qu'on retrouve rarement dans la vie facile...

Mon premier sentiment est celui de n'être qu'une bien frêle chose au sein des éléments qui me dominent — comme l'image du Dieu souverain —, et d'être devant eux ramené aux justes et toutes petites proportions, faussées par l'existence, de la créature humaine.

L'homme qui côtoie la mort perd son masque et repousse les mirages. Le pied qu'il a déjà dans l'autre Monde lui fait entrevoir la vraie lumière, avec une optique différente, épurée, sincère.

Oui, c'est en moi soudainement une sorte d'afflux, d'invasion de toutes les belles qualités — loyauté, abnégation, pureté, sacrifice —, que la vie quotidienne, par ses compromis et ses calculs, refoule au fond de l'être. Ici, je suis face à face avec la Nature et mon Créateur. Je rentre et je me fonds dans la matière originelle, et dans la grande communion de l'Univers. Je prie, sans paroles. Je crois. J'aime.

Au bout de la résistance, aux limites humaines, commence le domaine de l'âme. La morale prend, là, une limpidité facile et nécessaire. Plus le corps s'épuise, plus le cœur s'élève. Est-ce pour trouver cela que le Christ se retira dans les solitudes du désert, quand il voulut se recueillir ?

Tout ce que j'écris ici pourrait sembler prétentieux, si ce n'était la voix de la sincérité même.

Mais si j'en crois leurs jurons, ni Lukas, ni John ne partagent mon évasion spirituelle... Ils n'en ont qu'après les trous de rats, les chardons et les lanières qui sautent. Leur absence totale de mystique m'aura changé de mes pieux chameliers béloutches et de leurs six prières psalmodiées chaque jour ! Si ces Noirs ont une âme et des croyances, on se demande où ils les cachent ?

Nous continuons d'épuiser nos forces. Et comme la souffrance accroît la clairvoyance du jugement, je doute que nous en sortions. Les rats auront été plus puissants que les lions...

*
* *

Quand nous sortons enfin de la région minée par les meercats, il est bien tard : nos ombres s'allongent, démesurées. Nous ne marquons qu'un temps d'arrêt pour souffler ; nous sommes si fatigués qu'une vraie pose nous clouerait sur place, morts.

Nous buvons juste de quoi gagner une zone possible pour dresser le camp : par ici, le bois manque. Et un cadavre de gemsbok dévoré prouve que les grands carnassiers circulent, eux, sans s'embarrasser des terriers...

Nous poussons, poussons. Une troupe de gemsboks en promenade passe. La somptuosité de ces bêtes grasses, au pelage lustré, dans la misère du décor... est une chose incroyable ! Bouillonnement de sang vif dans la jungle aride ! Trait fulgurant dans la calcination ! Vision prodigieuse... Notre faiblesse reste hébétée devant cette vigueur et cette aisance.

Quand une telle apparition s'éloigne, l'homme, humble témoin aventuré au cœur sauvage de la nature, reprend son chemin en se demandant s'il n'a pas été le jouet d'une illusion ?

Bientôt je fais observer à Lukas des bipennées nouvelles : des mimosées, par endroits arborescentes. Cette flore précède et annonce certainement un val de fleuve. Il n'est pas de cet avis. Il est sceptique, sans pour cela redevenir hostile. Le danger, toujours sur nos têtes, maintient l'équipe.

Nous atteignons à la nuit presque faite une région dont la conformation semble me donner raison : plus du tout d'arbres, sauf celui que nous élisons pour domicile, à peu près comme lors de notre premier camp. Plus de brousse. Des herbes à perte de vue couvrent des dunes orientées nord-sud. Lukas ne m'empêche plus de prétendre que nous devons être aux abords immédiats d'un grand oued : obligatoirement Nosop River, et nous convenons qu'elle gît sans doute derrière la plus haute dune qui nous fait face.

Nous avons campé sous un mimosa, au flanc d'une pente sableuse, face à l'ouest. Le soleil a disparu depuis un quart d'heure, mais laisse après soi rayonner encore un pur ciel de turquoise, que les ténèbres ternissent peu à peu. Les couleurs de ce couchant sont différentes de celles des crépuscules précédents. Le changement est dans l'air où baigne notre prochaine étape.

Et ces nombreux korhahns, ces grosses oies criardes réapparues à nos yeux, ne rappellent-elles pas leurs congénères de Molopo River ?... Devant un panorama que nous interrogeons avec passion, nous contemplons longuement leurs vols empêtrés et tapageurs. On dirait que le désert leur appartient ! Elles décollent, atterrissent, sans cesser leurs cris : elles parviennent à remplir de bruit cette morne solitude, elles l'insultent… Cependant, la nuit interrompt tout net leur vacarme.

Plus personne d'autre que nous ne veille…

*

* *

Autour du feu.

— Alors, Lukas, nous arriverons ?

— Oui. Et il le faut, à cause de l'eau…

Il reste 10 litres… et cela avant de faire la cuisine.

— … Et à cause d'eux, ajoute-t-il.

Il montre les ânes. Il n'y a pas moyen de les éloigner. Les herbes ne leur disent rien. Assoiffés, ils n'ont plus faim. Ils sont là, collés à nous, nous dévisageant avec des yeux presque humains. Des yeux qui implorent... Ils ont entendu, ils ont vu John manipuler la dernière thanika à moitié pleine : à petits pas, ils s'approchent encore. Lukas les frappe.

— Maintenant, explique-moi, Lukas, comment la nuit dernière, ils n'ont pas tous été mangés ?

Mon chasseur crache une brindille qu'il mâchonnait, et me répond :

— J'avais fait trop de feu. Les lions ont reculé très loin. Les ânes se sont sentis à l'abri, et comme j'avais brûlé le pacage, ils se sont aventurés à la recherche de nourriture. L'herbe était rare, et les entraîna.

Raisons toutes simples d'un vrai drame. Mais ce soir, ce n'est pas l'esprit d'escapade qui anime nos montures ! Les voici encore sur nous ! Le gris de John me monte sur la cuisse. Le mien pioche du sabot dans les paquetages. Les autres poussent... Furieux, Lukas empoigne une gerbe de liens et cingle à tour de bras les longues oreilles. Je souffre pour les pauvres bêtes...

La pollenta, le thé sont prêts : j'ai honte d'étaler ces vivres sous le nez de nos frères animaux, à qui rien, absolument rien ne sera donné ! La lutte pour la vie l'exige... C'est à eux de tomber les premiers... Mais jamais je n'oublierai ces humbles envieux torturés, sanguinolents, sciés par les courroies, qui contemplaient notre festin — un festin dont pas un saltimbanque d'Europe ne se fût contenté, tant il était piètre ! Les flammes du foyer allument dans les grands prunelles noires des éclairs de prière et de reproche. Et, toutes les cinq minutes, les coups qu'il faut distribuer pour sauver l'écuelle ou la théière me fendent le cœur...

Notre arbre n'est pas une protection : le vent nous y attaque à vif. Notre feu, faute de bois, n'est pas de taille à durer jusqu'à l'aube. Et ce seront les ânes qui nous réchaufferont malgré nous, à nous harceler sans trêve... Ils hantent sans arrêt notre sommeil frigorifié. Réveillés en sursaut par un nez ou un sabot, nous les découvrons piétinant nos caisses et y fouillant pour chercher ce qui tinte comme l'eau. Vers deux ou trois heures du matin, exaspéré, Lukas saisit une caisse vide et cogne, cogne. Il les tuerait !

O froid, ô cauchemar, ô peine...

« Lukas entame la conversation : le chef est Hottentot comme lui, avec les mêmes rides, les mêmes petites prunelles, les mêmes pommettes malaises, et ils se comprennent familièrement. John les devine, et traduit. »

CHAPITRE X

DANS LES SAMMAS

La manne sous forme de melons sauvages — Fresque noire — Héros à la Fenimore Cooper.

Dimanche 15 août. — Dans le lumineux matin qui m'arrache, raidi, de mon tas de couvertures, je pense aux cloches de la belle fête d'aujourd'hui dans les campagnes françaises... Mais je suis content d'être ici, car on apprend à y mesurer le prix de la vie.

Ce matin, les ânes sont vite chargés : nous les avions sous la main, et même sur le dos ! Et il n'y a presque plus de charges... De bonne heure donc, nous dévalons vers le plissement d'en face qui, à coup sûr, cache la Nosop.

De tous côtés, les korhahns glissent hors de l'herbe avec indignation : corps d'oie gris perle, grosse tête ronde auréolée de cercles concentriques blancs et noirs. Pour se soutenir en l'air, quel mal !

Nous atteignons la ligne de crête : en fait de Nosop, un nouveau val, et un nouveau plissement exactement pareils à ceux quittés... Courage ! Le terme est proche.

Nous n'avons plus que quelques litres d'eau. Il nous faut sortir ce soir même de la Poche du Kalahari. C'est pour nous une question de vie ou de mort. Mais les ânes ne répondent plus à la pression de nos jambes. Les pires coups les émeuvent à peine. Laquelle d'entre ces malheureuses bêtes tombera la première ?

A ces heures très matinales, l'orientation est aisée : le soleil se levant dans notre dos projette nos ombres juste sur notre axe de marche : ouest — légèrement sud-ouest, et nous le désigne. C'est du guidage automatique, et doucement soporifique. Aussi, je m'endormais, quand un hurlement de John me fait sursauter sur ma selle.

Est-il fou ? Non, une fois encore il eut le bon œil, mais à présent sans mérite : à cent mètres, bien en lumière, brillent les sphères parfaites de centaines de *sammas* en melonnière !

C'est le salut, la joie, la liesse ! Les ânes chargent. Nous ne leur pesons pas une once ! Si nous n'avions pas sauté à terre, ils nous balançaient sans vergogne. Et gare à ne pas les approcher pendant leur repas : ils bottent. Et ils se témoignent la même hostilité entre eux, car ne se rendant pas compte du nombre incalculable des melons, ils croient toujours dévorer le dernier, et le défendent : ils cherchent à se voler, se frappent, se mordent.

En un clin d'œil, le voile obscure du danger s'est déchiré. Je ne pense déjà plus à nos affres. Et je nous compare aux Hébreux recevant du ciel la manne, qui pour nous vient du sol. La pulpe du *samma* est très tendre, très fade, et riche en sève. Des pépins noirs, plats comme des boutons de couturière, sont disséminés dans toute la masse. On ne sait plus si l'on mange ou si l'on crache...

Activement, nous remplaçons par des melons la place libérée par l'eau dans nos poches de jute. On ne sait jamais...

— Il faut rester au moins une heure, dit Lukas Kartsee : ce temps est nécessaire aux ânes pour revivre.

Nous sommes en plein soleil montant, et nous nous couvrons la nuque de mouchoirs. Il n'y a plus qu'à attendre. Les mandibules claquent. Les coups de bottes pleuvent. Près de moi, Alip lèche lui aussi son *samma,* et se creuse une « forme » dans le sable.

La croissance de ces melonnières est un secret naturel, et presque un mystère. Comment ces racines plongeantes aspirent-elles assez d'humidité pour irriguer ces étoiles de plusieurs dizaines de fruits par branche ? Les époques et les lieux où les melons poussent, échappent à la régularité, probablement parce que la chute des pluies, rares, est elle-même irrégulière. En principe, il tombe 10 centimètres d'eau dans ce Sud-ouest, vers octobre. Il faut vraiment que nos parages soient peu familiers aux grands animaux, pour que ce potager, si attardé — à la mi-août —, subsiste intact encore.

Nous avons toutes les peines du monde à reprendre nos ânes. Ils sentent qu'ils reviennent des frontières de la mort grâce au fruit sauveteur. Leur bâtage est un combat... Prudemment à l'écart, Alip donne de la voix comme un korhahn...

La sensation de la sécurité a ramolli notre ardeur, et nous traînassons. Le *samma* nous accompagne. La région en regorge !

Les dunes se relèvent. Fluence du sable. Nous n'avançons plus qu'à 2 kilomètres à l'heure...

Tandis que nous stationnons sur une crête, y profilant notre petit groupe, nos mains se rabattent simultanément sur nos yeux, et mon cœur tambourine. Des formes noires défilent dans une dépression, distante d'un kilomètre.

Sont-ce des wildbeests ?

Seraient-ce des ânes montés ?

Leur mouvement se présente trop mal, et de bien trop loin, pour que nous ayons une certitude. Le doute est levé par John, dont l'œil est vraiment remarquable.

— Des cavaliers ! annonce-t-il.

Et deux courses vont à la rencontre l'une de l'autre : celle des Noirs, qui nous ont aperçus, et la nôtre...

Nous nous rencontrons au creux d'un minuscule vallon de sable.

Nous nous sommes arrêtés à quinze mètres les uns des autres. La curiosité, palpitante, est égale des deux côtés. Ce sont d'abord deux silences qui se croisent...

Fresque noire... : tout est noir, les peaux, les vêtements, les ânes. Note étrange dans le désert décoloré par la lumière.

Je compte. Un homme âgé : le chef de groupe ; deux jeunes gens ; et deux femmes : quelles amazones ! L'une dans la force de l'âge, aux yeux de charbon ardent, dont la poitrine transperce le linge sombre. L'autre, une adolescente.

Ils chevauchent cuisses nues, à même le poil, de puissants baudets dont les flancs battent encore.

Leurs chiens mettent un terme à notre mutuelle contemplation en nous attaquant. C'est une ruée de hauts mâtins, sortes de foxs rouges à mâchoire triangulaire, aux yeux fendus en amandes. Le vétéran les rappelle, mais pas avant que l'âne de John ne se soit fait croquer un boulet par des dents qui refusent de lâcher prise. Il faut de nouveaux rappels. L'on se rapproche. La glace est rompue — pour autant qu'on puisse parler de glace dans cette étuve !

Lukas entame la conversation : le chef est Hottentot comme lui, avec les mêmes rides, les mêmes petites prunelles, les mêmes pommettes malaises, et ils se comprennent familièrement. John les devine, et traduit.

Ces gens étaient montés de Boxpits par étapes, au long de notre veine de *sammas :* leur boisson. Ils ont chassé quinze jours, et redescendent. Leur butin pend aux bâts, comme sous Attila : plumes d'autruches, peaux de hartebeests, quartiers de wildbeests boucanés au soleil, leur nourriture de route, et ensuite leur profit. Une tête entière de wildbeest pend à l'arçon de la monture d'une des femmes.

Le vieux Hottentot commande. Les autres, des *coloureds,* des *kalats* (comme, par déformation du mot, prononcent les indigènes), métis de Noir et d'Indien, forment son équipe. Chacun y a sa fonction. Ce sont des phalanges semblables que doit diriger un Adam Cooper à Tsabong, ou à plus petite échelle un Lukas Kartsee.

Nous nous sommes entremêlés, tout en parlant dans l'étroite cuvette sablonneuse. Une forte odeur de sang caillé, de sueur, de cuir, nous enveloppe. Les chiens ont renoncé à mordre pour renifler. Maintenant que nous pactisons avec leurs maîtres, ils acceptent même nos coups de bâtons. Mais mon attention se glisse doucement vers la très jeune fille, qui se tient à califourchon derrière l'un des chasseurs : elle est d'une animale et espiègle beauté.

Sa peau est de cuivre clair. Des muscles longs galbent ses cuisses, dénudées par la chevauchée. Sa jambe est racée. Un petit sein dur, déjà formé, émerge d'une déchirure de la mauvaise toile qui la vêt. Son visage, enfantin, a cependant le charme de celui d'une femme faite. La vie ne semble plus avoir beaucoup à lui révéler... Précocité... Promiscuité des bivouacs... Je ne saurais rendre ce qui émane d'elle à la fois d'exquis et de trouble.

Cette sensuelle statue apparaît dangereusement au bout de ma fatigue. J'ai beau avoir fait de la haute méditation ascétique chez les rats, je m'aperçois que je ne suis pas pour autant devenu un corps glorieux ni une simple machine à cerveau et à muscles pour conquérir la brousse hostile… Une langueur, comme une piqûre de penthotal, se faufile dans mes veines… C'est bien ma première détente ! Je me secoue à la cravache.

Autour de moi, on en est arrivé aux bonnes manières : Lukas échange du tabac contre de la viande séchée avec son frère de sang hottentot. Jouant au « grand seigneur » parce que je compte sur mes hommes pour assurer la « matérielle », je distribue des cadeaux en favorisant outrageusement la Belle. Mes peignes multicolores, mes colliers de fausses perles ont un succès formidable. Les hommes eux-mêmes en veulent. Lukas monnaie immédiatement derrière mon dos ces largesses, en rabattant un peu de widbeest vers nos selles.

Je liquide maintenant mon tabac *Springbok*. Les *coloureds* ont une seule pipe en commun, un tuyau fait d'un os, qu'ils se passent de bouche en bouche. Lukas les épate avec sa pipe à couvercle. Pour ne pas me déconsidérer, je n'ai pas sorti mon invention en fer-blanc.

Malgré la femme qui me dévore des yeux, et la petite qui, décidément, m'aguiche, j'essaye de poser quelques questions à tête froide : dans ces conditions, ce n'est pas facile...

— Lukas, demande-leur combien de jours il y a, d'ici à Boxpits, au fil des melons.

— Ils comptent trois étapes, pour leurs ânes forts et rapides.

— Et de la Nosop, à combien pensent-ils que nous soyons ?

— Ils estiment une journée, mais ils n'y sont jamais allés.

— Ont-ils entendu parler de Kji-Kji ?

— Oui, ils croient qu'il y a de l'eau, mais personne .

— Bon. Et à Kameelsleep ?

Concertations. Hilarité.

— Kameelsleep n'existe pas.

— Il y a pourtant une piste très ancienne allant de ce point vers Lehututu, puisque Mr. Brown l'a prise, jadis ?

Les prédictions du vieux *storeman* [1] ont le don de faire grimacer Lukas.

— Ils l'ignorent.

Il ne me reste plus qu'à me décider : et puisqu'il y a au moins de l'eau à Kji-Kji, je marcherai sur la Nosop.

A leur tour, les chasseurs s'enquièrent auprès de Lukas : notre venue de l'Est les stupéfie. Jamais personne n'est arrivé ici de Tsabong. Il ont peine à nous croire. Surtout en constatant l'infériorité de nos ânes. Comment avons-nous fait ? Combien de jours avons-nous mis ? Qu'avons-nous vu ? Du gibier ? Des lions ?

Je le soupçonne de leur en conter plus sur les lions — l'épouvantail — que sur les cibles qu'il se réserve : le nouveau secret qu'il détient ne durera qu'autant qu'il se montrera prudent, et que le jeune John musellera sa jactance naturelle.

---

1. Propriétaire d'un *store*, ou comptoir.

On me laisse manipuler le préhistorique armement de ces héros à la Fenimore Cooper — à la couleur de peau près. Deux fusils Entfern, l'un de 1887, l'autre de 1893... Epaves de combats boers ! Une pointe de mire perdue a été remplacée par un petit silex. Et voici les engins de jet et de curée : sagaies de l'âge du fer, aux lames dentelées d'ébrèchements, sabres de curée. Les fusils ne tuent pas net — l'inverse étonnerait : alors il faut la poursuite, et au bout de la poursuite, comme les balles sont chères, c'est le corps à corps. Un des jeunes gens me décrit cela avec des gestes atroces : il montre comment il fourrage une poitrine palpitante, comment il tranche une carotide. Horreur des plaies causées par cette coutellerie barbare !

Les chiens leur servent beaucoup contre les autruches, qui, même blessées, sont encore trop rapides. Ils ont jarret d'acier et dent dure : témoin le boulet de l'âne de John, d'où ruisselle une fontaine rouge...

Mais cette rencontre se prolonge trop. Les parois de sable nous envoient des réverbérations insupportables. Aucun écran au soleil. Ma peau cuit. Lukas et John vérifient les chargements, dérangés par les frottements réciproques des ânes qui eux aussi ont fait connaissance. Les chasseurs sont plus vite prêts que nous. Leurs cris d'adieu retentissent, dominés par le timbre aigu de la fillette : elle agite le peigne vert que je lui ai offert !

D'un seul coup, d'un même mouvement, comme mue par un ressort, la caravane du Hottentot démarre. Quelle vigueur dans l'attaque de la pente ! Ces ânes ignorent le pas : quand ils ne trottent point, ils bondissent. Le haut de la crête les avale vite, et je reste à me poser une question lancinante : auquel la petite appartient-elle ?...

Est-on bête ! Mais à tous probablement, imbécile ! Avoue donc que tu cèdes à un début de ramollissement sénile ?... Ce raid t'a-t-il vieilli au point de te faire tomber dans les « jeunesses » ? Cependant, la rieuse image m'accompagne au pas de la marche assoupissante qui recommence dans les dunes...

Le *samma* persiste. Lukas me demande de faire une assez longue station de restauration pour nos ânes.

Nous nous restaurons nous-mêmes. Entrée : *samma*. Grand plat : wildbeest boucané. Dessert : *sammas*. Café aux confitures, car le sucre est épuisé. Notre dernier fond d'eau y passe.

L'ombre seule manque à la fête.

On n'imagine pas la saveur de la viande — surtout de gibier — cuite au soleil. Ses cartonneuses lanières fondent sur la langue avec un goût un peu sucré, merveilleux. La sueur des ânes sur la croupe desquels elle ballotta, y est peut-être pour quelque chose ? C'est bon, très bon.

Les Boers, tout comme les indigènes, ne mangent que cela : c'est leur *bolton,* vivre transportable et nutritif. Le soleil a réduit le volume au minimum.

Le potager qui nous environne est sans limite. Les ânes gaspillent, mordant à tous les *sammas* sans en finir un seul. Bah ! la nature est généreuse, et le gibier, qui commence à reparaître, liquidera les restes.

—Et nous allons revoir de plus en plus de bêtes, opine Lukas.

— Vraiment ? Ce ne sont pourtant plus les mêmes que celles que nous avons laissées à deux jours en arrière ?

— Non : celles-ci proviennent de la Réserve de l'Union.

Les chasseurs lui ont dit en effet que, dans l'angle des rivières Oup et Nosop, l'Union sud-africaine protégeait les grandes espèces, qui s'y développent et émigrent. Aussi le parcours de la Nosop est-il interdit, de même que la bordure kalaharienne (par laquelle nous arrivons) sur une bande de 15 miles : un accord serait intervenu à ce sujet entre les Sud-Africains et le Bechuanaland.

Heureusement qu'on entendra parler de mon aventure, à Johannesburg, que trop tard pour me chercher chicane…

Le lourd repas que nous finissons exigerait un bon verre : le *samma* s'offre seul à notre soif… Rien d'écœurant comme ce jus. Mon estomac a beau être entraîné, il pèse plusieurs kilos quand nous remontons en selle.

Jusqu'à la nuit, l'odieuse ondulation des dunes se moque de nos espérances. Une forte brise les balaye, toujours en provenance du nord. Elle déplace les monticules, ensable la végétation, ou la déchausse. J'ai bientôt l'œil aussi las que l'estomac…

D'innombrables lièvres détalent en laissant des traînées poudreuses. La crécelle des korhahns nous survole.

Nous finissons par renoncer à contourner le terrain, en raison des longs crochets qu'il nous impose, et nous prenons les dunes de front, au prix d'ensablements à mi-cuisse. Ces efforts sont très pénibles. Notre volonté s'était relâchée, et voici qu'il faut y refaire appel.

C'est encore une fois un arbre égaré qui fixe notre camp du soir. Celui-ci est aux trois quarts cassé sur lui-même, et forme une arche de ramures défeuillées, où se glissent tous les courants d'air. Nous avons relâché les ânes dans les *sammas*. Sans bon feu, sans faim, sans liquide, nous nous ménageons une installation pitoyable.

Un malaise me tenaille. Je fais faire une décoction de *samma* qui rend une liqueur abondante. Nous en boirons, froide, toute cette nuit, pendant laquelle, pour échapper au froid, j'ai creusé un véritable terrier sous mes paquetages. Alip a dû juger l'idée ingénieuse, car au petit jour, je le découvre collé à moi : il y a de quoi être asphyxié !

« Lukas et John subissent la même hallucination. Ils ont arrêté les ânes. Ils regardent. Mais les voici qui se réjouissent... oui : notre triple erreur n'est pas possible, et c'est **la Nosop elle-même qui est là, à nos pieds...** ***Il m'est impossible d'oublier. »***

CHAPITRE XI

NOSOP *RIVER*

La première traversée humaine de la Poche du Kalahari —
Six kilomètres à l'heure — Bonne étoile.

16 août.

— *Morro,* Lukas.

— *Morro, Morena.*

C'est le bonjour hottentot. Le bon jour ?... Espérons-le ! A moins que les chasseurs ne nous aient trompés, car nous aurions dû toucher le but hier soir.

— Allégeons les ânes, jetons les *sammas,* puisque partout il en pousse. Et activons la marche.

Mais je ne puis commander au sable, toujours traître.

La bourrasque nocturne s'est transformée en brise persistante. Je me rappelle un korhahn s'entêtant à vouloir voler contre le vent, et battant des ailes, demeuré cloué, immobile, dans le ciel…

9 heures. — Même tableau.

10 heures. — Dito. Sans repères de visée, nous nous dirigeons sur le soleil.

Si je fais tant soit peu de nord-ouest, comme la Nosop biaise elle aussi en ce sens, là où je crois l'aborder, je risque de reculer notre rencontre en « parallèles » : j'appuie donc un peu plus encore au sud-ouest.

11 heures.— Augmentation des châteaux de sable, en formes de bastions, de courtines, de pyramides, de crêtes. Les végétations ensevelies émergent en duvets. Les rats meercats se poursuivent sur des chemins de ronde dorés que coupent des lièvres. De petits springboks batifolent.

Pour gagner un mile, il faut une heure !

11 h 30. Grande scène pour La Fontaine. — Les dunes s'ordonnant en axe est-ouest, nous en enfilons les déclivités intercalaires : or dans l'une d'elles, sorte de long cirque, paît la première harde de gemsboks que nous revoyions. Inquiets, ces animaux galopent vers la crête nord et s'y arêtent, silhouettés, comme pour des tireurs, avec un simultané demi-tour de têtes.

Leur plus vieux mâle reste détaché d'eux à cinquante mètres. Il finit par commander la fuite, mais la protège par une vigie de couverture, qui se prolonge une bonne demi-minute après la disparition de sa troupe.

Toutes les hardes ont ce genre de meneurs, élus pour leur vitesse, leur force et leur âge, et auxquels elles obéissent.

Petite scène pour le même La Fontaine. — Alip trônait sur mon pommeau. Passe un lézard. Il bondit. Crochet dans les herbes. Ne trouvant pas de trou, le lézard se retourne et fait tête… Alip s'arête à distance respectueuse, aboie, et, menacé d'une feinte, décampe.

Les quolibets pleuvent.

12 h 30.— Les *sammas* ont disparu sans que nous nous en apercevions : ils ont dû se raréfier progressivement, et puis à un beau moment, nous n'en voyons plus. Or, en confiance, nous avons jeté notre stock…

Un bush s'est reformé avec des bouquets d'épineux. De nombreux oiseaux y trottinent. Le sable est meilleur, mais la chaleur cruelle. Nos tempes bourdonnent. La soif nous dessèche. Notre peau est tellement déshydratée que le mouvement n'en tire pas de sueur. Nous sommes de nouveau aux limites des forces humaines. Nous ne croyons plus à rien. Je ne me préoccupe même plus sérieusement de la direction. Je vais à la dérive…

Au bout d'une montée, pareille à tant d'autres, un paysage, qu'elle dissimulait surgit et achève de nous abattre : ça y est c'est la fin, le mirage apparu devant les yeux de ceux qui meurent de soif, car il n'y a évidemment rien de réel dans ce que nous croyons voir.

Un lit de rivière énorme déroule sa magnifique bande d'or, jalonnée en son milieu par un opulent cordon d'arbres en boule. Et au-delà commence une basse contrée dénudée sans limites, un paysage des Indes septentrionales.

Lukas et John subissent la même hallucination. Ils ont arrêté les ânes. Ils regardent. Mais les voici qui se réjouissent... oui : notre triple erreur n'est pas possible, et c'est *la Nosop elle-même qui est là, à nos pieds...*

Il m'est impossible d'oublier.

Je reverrai toujours notre ruée vers ce sable lissé par l'écoulement périodique de l'eau. Nous en crions de joie, emportés par la certitude qu'elle doit subsister à plus ou moins de profondeur : il faut qu'il en reste, pour notre récompense... Et les ânes entraînés à hue et à dia, n'y comprenant rien... Et les aboiements d'Alip... Et mon capotage dans une fondrière...

La première traversée humaine de la Poche du Kalahari est réalisée.

Bien : mais encore s'agit-il d'y survivre...

Essoufflés de courir en tous sens dans ce lit de rivière bénie, nous nous arrêtons flottant entre le bonheur et le découragement : l'eau tant espérée est introuvable... Nos recherches ont été vaines pour en découvrir seulement la trace. Et des craquelures sont l'unique preuve qu'il y en eût.

Les chacals ont foré, pour l'atteindre, des galeries plongeantes : Alip en ressort la truffe sèche ! Usant de lui comme d'un cochon truffier, nous lui faisons explorer fosse après fosse. Rien...

Les arbres en boule sont des kameeldoorns, des colosses plus que centenaires, qui ont l'eau à la pointe lointaine de leurs racines. Nous avons abrité nos ânes sous l'un d'eux au tronc pyramidal : c'est leur première ombre depuis trois jours...

Drôle de chose ! Dans nos pays, les arbres ornent les berges : ici, ils sont plantés au beau milieu de la rivière... Et la Nosop leur doit son aspect de surprenant boulevard.

Lassé de faire le sourcier sans succès, j'explore le déchaussement de la rive. Fracturé, le terrain révèle aisément sa nature. C'est un calcaire pisolithique, granulé, sculpté, affouillé. J'en prends des clichés ; j'y fais des prélèvements. Cette couche dont la tranche est à vif me révèle le support du sable kalaharien. Mais Lukas et John s'impatientent, et m'appellent : ils sont anxieux de connaître le parti que je vais prendre. Je l'ignore moi-même, et réfléchis en les rejoignant à petits pas.

Où suis-je, en cet endroit de la rivière, par rapport à Kji-Kji ? Je me crois un peu au nord de Kji-Kji et assez au sud de Kameelsleep. Dilemme. Si je remonte vers le nord en visant Kameelsleep, j'ai le danger du manque d'eau, pour peu que la distance soit encore importante, et surtout celui que ce Kameelsleep, inconnu même de nom des chasseurs coloureds, ne soit un mythe ?

Si, au contraire, je descends vers le sud, vers Kji-Kji, je me dirige sûrement vers l'eau et vers la civilisation. N'ai-je pas déjà pris assez de risques dans ce raid, pour jouer cette fois la prudence ? Echouer maintenant, après le succès, compromettrait ce succès lui-même : car pour le rapporter, ne dois-je pas chercher l'issue la plus directe ?

La vue de mon pauvre groupe : Noirs blêmes, ânes démolis, sacs à plat, me confirme dans cette résolution. Ce n'est pas avec ces ombres que je courrais la chimère ! Et je commande :

— Direction plein sud, dans la rivière !

Nous ne sommes pas pour cela hors d'affaire. Sans eau, sans *sammas,* et dans notre état, je ne puis me dissimuler qu'un grand péril demeure, au cas où nous aurions dérivé trop largement au nord.

Sur le sol de la Nosop, dur au point de résonner, les ânes ont retrouvé le souvenir des belles pistes, où le martèlement des sabots entraîne. Nous menons un train de course. Je revis mes randonnées abyssines au Wallega...

Nous maintenons notre marche à 6 kilomètres à l'heure.

Les kameeldoorns sont nos camarades de route.

Une même stupéfaction nous cloue bientôt sur place : un double sillon de pneumatiques traverse le sable...

Cette fois le salut ne peut plus être hors de portée de nos dernières forces. Une brusque lumière aveugle mes yeux usés... Je sors du long tunnel de la lutte où une tension continue m'avait fait perdre la notion du temps... Les six jours qui sont derrière nous me paraissent, à présent, quelque chose d'énorme !

J'admets aussitôt qu'un parcours motorisé de surveillance suit la direction générale du lit en coupant ses méandres. Relie-t-il Boxpits à

Kji-Kji et à Kameelsleep ? Lukas croit qu'il flanque, comme un chemin de ronde, la *Réserve* qui occupe la rive droite, celle de l'Union sud-africaine. Mais la Nosop formant frontière, peut-être est-ce aussi la police qui l'utilise ? Après tout, peu m'importe :

— Suivons ces traces, dis-je. Elles nous indiquent le plus court chemin, car elles doivent mener au plus avancé des postes.

Elles nous font entrer dans le bush latéral, clairsemé, et en montagnes russes. Tout cela pour redescendre au bout d'une heure dans une partie rectiligne de la rivière. Dès lors, tantôt la quittant, tantôt y retournant, nous continuons à l'accompagner vers le Sud.

Nous marchons sans arrêt depuis le petit jour, et voici le crépuscule... Etape record. Va-t-il falloir s'allonger par terre et implorer le ciel ?

Un cercle émergeant d'un mamelon nous intrigue. En nous rapprochant, nous voyons qu'il est hissé au bout d'un pylône, et que c'est... une éolienne !

— C'est une ferme de colon ! dis-je.

— Un poste ! riposte Lukas, qui en tient pour la police.

Un temps de trot nous y amène : ce n'est rien qu'une éolienne isolée. D'un arbre voisin s'envolent tous les vautours de la contrée, qui digéraient après avoir bu.

Nos soifs sont vieilles d'hier, et nos gobelets se tendent vers le jet issu des entrailles de la terre. Les cinq premières gorgées me transportent au ciel. Les cinq suivantes sont du bien-être. La onzième m'alarme. La douzième s'arrête dans ma gorge : l'eau est salée, fortement salée, et écœurante... Nous nous regardons, navrés !

Cependant les ânes pataugent dans la nappe du trop-plein, et boivent sans mesure et sans gêne.

Je fais camper. A peine le feu craque-t-il, que le vent tombe : arrêt de l'éolienne. Malgré l'affreux goût du thé préparé avec cette saumure, nous en buvons à pleins gobelets, toujours sucré à la marmelade d'orange. J'ai pris, comme un contrepoison, de l'élixir parégorique : mais Lukas et John, non traités, ne cessent de se lever en proie aux coliques. Impossible de dormir !

Est-ce ici, Kji-Kji ? Mais pourquoi cette éolienne égarée, que n'entoure aucune habitation ? Et pourquoi l'avoir placée sur une éminence, où la nappe doit être plus profonde qu'au niveau de la Nosop ?

Minuit se charge de répondre à la seconde question. Un vent furieux se lève : ce point haut permet évidemment de l'utiliser au maximum. Mais quel effroyable lieu pour un bivouac ! J'ai été bien inspiré ! Le vent me gèle. L'éolienne en pleine action m'assourdit de son bruit de ferraille. C'est intenable. Je préfère une promenade nocturne : empoignant ma torche, je m'en vais à la recherche d'un chandail qui glissa de ma selle dans les dernières heures de l'étape.

Très belle sortie sous le clair de lune. Quelque chacals se lamentent. Les kameeldoorns m'entourent comme un parc. Au bout d'une heure et demie, j'ai la chance de retrouver mon pull-over, qu'aucun lionceau futile ne déchiqueta...

Je m'assois sur une pierre. Pour la première fois depuis le début du raid, je suis séparé de mon équipe. Ma pensée, toujours tendue en caravane, reprend son cours naturel. Je pense à des quantités de choses.

Soudain, un phare brille dans le lointain. Il approche. Il s'arrête. Je fais cinquante mètres à sa rencontre. De ma nouvelle position, aucun doute n'est possible : c'était une étoile...

Ma bonne étoile, sans doute ?

Quand je rentre, l'aube se lève sur l'éolienne.

« Quoi, un lendemain ? C'est ce jour même que nous devons reprendre contact avec les hommes. Au fait, quelle tête ai-je pour me présenter devant eux ? J'en tiens pour la rentrée honorable. Pour la première fois depuis Tsabong, je cherche ma glace. O effroi ! Est-ce moi, ce poilu émacié qui ricane ? Est-il possible que ce raid m'ait vieilli d'autant d'années qu'il compta de jours ? Vite, blaireau, savon, rasoir, et l'eau de l'éolienne. »

CHAPITRE XII

LES DIABLES BONDISSANTS

Ça siffle chez les hommes et chez les oiseaux — Visite à la lueur des flammes.

17 août. — Mes gars, affolés de ma disparition, me cherchaient... Très drôle ! Je me dissimule. Mais les yeux de Lukas scrutent le paysage, et mon chandail jaune me révèle...

Les deux compères chantent ma performance nocturne après l'étape de la veille. Nous en sommes aux compliments ! Et je n'arrive pas à les convaincre que je me suis moins fatigué, dans mon footing sous la lune, qu'eux dans leur duel contre le froid et leurs viscères.

— Mais les lions ! geint Lukas. Vous risquiez que...

— Ah ! Zut, old boy ! Ne parlons plus de ces bêtes.

Autour d'un breakfast accompagné d'un thé purgatif, nous commentons nos dangers, notre gloire. Je dis *gloire,* car comment ne pas employer ce grand mot, avec des gens auxquels on l'a fait miroiter en les entraînant, contre l'avis des Anglais, leurs Maîtres respectés, contre celui des Hottentots eux-mêmes, et qui ont connu la réussite ? Je remets solennellement les primes auxquelles je fis des allusions choisies au cours de ces journées mémorables. La bonne humeur règne. Enfin, un lendemain sans risques !

Quoi, un lendemain ? C'est ce jour même que nous devons reprendre contact avec les hommes. Au fait, quelle tête ai-je pour me présenter devant eux ? J'en tiens pour la rentrée honorable. Pour la première fois depuis Tsabong, je cherche ma glace. O effroi ! Est-ce moi, ce poilu émacié qui ricane ? Est-il possible que ce raid m'ait vieilli d'autant d'années qu'il compta de jours ? Vite, blaireau, savon, rasoir, et l'eau de l'éolienne. Le savon refuse de mousser dans cette liqueur. Tant pis : je fauche mon poil à sec. Mon peigne, qui, lui, accepte l'eau me rend un semblant de coiffure. Enfin, ma meilleure chemise et une culotte fraîche me refont un personnage.

Tout le monde sifflote au départ, y compris les oiseaux : leurs vagues diverses s'abattent sur le miroir de la flaque. On arrive par familles. Les tourterelles précèdent les merles bariolés, auxquels succède un plus petit monde. Chacun a ses couplets, sa manière de boire au vol ou au posé. Notre passage disperse une palette de plumes.

*

* *

Les traces de pneus ne quittent plus la Nosop, dont le lit se régularise. La caravane trottine. L'eau de l'éolienne a donné la diarrhée à nos ânes, qui laissent une infecte trace verte...

La rive droite *(la Réserve)* s'élève peu à peu, et finit par dépasser la kalaharienne, qui s'affaisse au contraire. Des sammas y pendent en grappes. Des gemsboks, attirés par les melons, s'interrompent de manger, pour nous considérer gravement du haut de leur position. Au ciel, blasonnent des vautours.

— Un village !

Minuscule, sur une bosse de la rive kalaharienne c'est un groupe de paillotes : quatre ou cinq. Ne nous arrêtons pas : nous aurons mieux plus loin.

Un beau lion chasse à notre droite dans les gradins de la *Réserve*. Nous le voyons très bien ramper en direction de gemsboks qui paissent. Cet imbécile d'Alip veut aller, lui aussi, les attaquer... Le vétéran des cervidés lui tient tête sans peine. Ce seigneur de 1,40 m au garrot et notre roquet de 0,40 m se détachent sur le ciel en un groupe burlesque. Alip tourne autour de l'ennemi, en aboyant, mais à la première vraie menace des dagues acérées, le plus valeureux des chiens de Tsabong nous revient haletant !

Le lion en est pour sa peine, car ses proies sont maintenant en état d'alerte. Et c'était curieux de le voir suivre les vains ébats d'Alip. Méprisant, il s'en va vers d'autres aubaines.

Rive gauche, des paons. L'un d'eux déploie sa roue constellée. De nombreux oiseaux bistres, en compagnies ou en couples, peuplent les herbes. Ils se laissent approcher. Leur vol est long et rectiligne. Ils ressemblent à des perdreaux, mais avec quelque chose de mou et de cotonneux qui leur est propre. Ayant cherché plus tard à les situer dans un recueil ornithologique, j'ai cru les reconnaître dans les *mésites,* pourtant mentionnés comme n'habitant que Madagascar : or, chose curieuse, le Kalahari est exactement à la même latitude que la grande île.

Vers dix-sept heures, une seconde éolienne pointe, cette fois sur la rive kalaharienne. Elle est brisée, et deux cases voisines sont en ruine. Ici, quelques places de la Nosop portent trace d'essais de labour. Les lieux habités ne doivent plus être éloignés. Mais nous n'y arriverons pas encore aujourd'hui, car l'obscurité vient.

J'ai poussé jusqu'à vingt heures, en pleine nuit.

Les arbres de la rivière, à présent raréfiés, sont des dortoirs d'oiseaux, qui, surabondants, doivent se serrer pour y dormir. A notre passage, de populeuses nichées entrent en transes, et des feuillages entiers s'envolent littéralement !

Nous mettons pied à terre dans un élargissement dénudé. Difficile recherche, à la torche, de quoi alimenter un feu. Nous rassemblons notre maigre butin de bois autour d'un tronc cassé, qui servira d'âme au foyer. Mais John découvre un appoint : des tiges de maïs d'une vieille culture qui, bien sèches, flambent comme du papier, rayonnant chaleur et clarté. Nous en surchargeons le brasier.

Notre camp devient aussitôt, au centre de la nuit, un énorme cube éclairé : un théâtre de lumière.

*
* *

Cris rauques. Irruption. Bondissements. Des énergumènes envahissent notre camp. Ce sont deux grands diables noirs gesticulant, et apparemment dangereux.

Héroïques, Lukas et John ont reculé derrière moi.

La première surprise passée, je remarque que les drôles portent des shorts et des souliers, ce qui affiche au moins un lien avec le monde civilisé. Je m'avance donc avec un de mes airs supérieurs, et cependant familier.

Ma main se tend, bien ouverte. Je frappe des épaules haut perchées. L'excitation s'éteint dans les prunelles. Il devient possible de causer.

— Lukas ! John ! Approchez !

J'apprends que nos visiteurs sont des Kalaharis appartenant à l'équipe de surveillance de la *Réserve*. Nos flammes dans la Nosop, lieu proscrit, ont attiré leur attention : ils ont accouru.

Lukas leur explique notre traversée d'exploration, et son issue. John fait le café, à l'eau de l'éolienne, la seule que nous possédions, encore plus infecte après les ballottements en bidon. Je laisse les Noirs aux Noirs, et me retire vers mon bedding. Près du feu, le palabre s'amplifie : notre Aventure, multipliée et corsée, se transpose en histoire béchuana...

Souveraineté de la nuit dans cette fosse de la Nosop, que j'imagine coulant à flots furieux aux âges antiques, Loire kalaharienne... Elle m'offre mon premier lit... le sien, après mon raid. Mais je préférais le sable du désert à sa dureté !

. . . .

Je dormais, quand, vers minuit, du bruit et une débauche de flammes me réveillent : les énergumènes, surexcités par l'événement de notre arrivée en droite ligne de Tsabong, ont été chercher des camarades, et les ramènent. Ils ramènent aussi, ce qui est mieux, un gigot. Et je vois une cruche : du lait... Mon écrasant besoin de sommeil cède d'un seul coup à la tentation de ces merveilles.

Un des Kalaharis affirme avoir été, dans le passé, chef à Lehututu. Et ce n'est pas l'effet du café au lait (à l'eau de l'éolienne) qui lui surchauffe l'imagination, car Lukas me soutient que c'est vrai ! Mais je constaterai plus tard *de visu* qu'un roi, à Lehututu, n'est pas un monarque considérable...Pas d'analogies avec Alexandre, Louis XIV, ni même Béhanzin...

— Encore du lait, mais du lait seul, John.

J'en boirais indéfiniment...

« — Eh bien, tu porteras mon salut à Tsabong, avec la nouvelle de notre réussite. Pense à moi quelquefois, si tu retournes vers toutes ces bêtes sauvages dont je t'ai fait découvrir la retraite... Ses yeux se mouillent, pour se rallumer quand je fais allusion à son métier : assis à mon côté, sous l'avancée de la toiture, avec sa pipe à chaînette, Lukas se raconte. »

CHAPITRE XIII

TWEE RIVIEREN

Un Afrikander d'origine française — Films et photos pas toujours au rendez-vous — Le chameau plutôt qu'une Jeep.

18 août. — Le jour me découvre le site où nous campâmes dans les ténèbres : à gauche, la Nosop se fond presque avec le Kalahari ; à droite, elle se bute à une berge en rempart. Tout est ciel.

Rapidement repartis, nous n'avons pas couvert un mile que nous voyons arriver à fond de train deux voitures. Les feutres à larges bords indiquent des policiers de l'Union sud-africaine. Un Blanc est au volant de la Jeep de tête.

Je vois... Le coup du gigot et du lait des veilleurs visait à nous fixer dans les délices, afin que leur patron pût ce matin nous saisir au gîte : mais nous avons un peu devancé l'heure de la visite...

Dans les cas délicats, il faut aller de l'avant pour avoir l'avantage de la situation. J'adresse de vigoureux saluts à l'Européen et pique une cavalcade vers son capot. Etrier contre marche-pied, je prends alors l'initiative. Présentation. Récit. Choses vues et perspectives. Témoignages de satisfaction. Les soldats forment un cercle intéressé, quoique, visiblement, ils ne comprennent pas l'anglais.

Je ne crois pas qu'un homme aussi avenant que mon interlocuteur nourrisse des idées hostiles. De blanc vêtu, tête nue, il est foncièrement sympathique. Sa figure rasée, aux yeux bleus, est ouverte. En tout cas, je l'ai rassuré, car son intervention se change en une démarche de bienvenue. Et je peux lui dire, par ma poignée de main chaleureuse, combien je suis heureux d'effectuer de nouveau ma jonction avec un Européen.

Déjà, il fait virer les voitures.

Il est convenu qu'il me prend sur son siège, et que ma caravane nous rejoindra, à faible distance d'ici, à sa résidence.

Je refais donc connaissance avec une automobile ! L'accent de mon nouveau compagnon n'est pas bon : il doit être Afrikander. Mais à son tour, il se fait connaître :

— Mon nom est Le Riche. Un de mes aïeux vint de France, je ne sais quand, je ne sais d'où. Je ne parle pas un mot de français. Nous ne sommes plus que citoyens de l'Union sud-africaine... Voici quatorze années que j'occupe ce poste de Twee Rivièren, ainsi appelé parce qu'il est construit au confluent de la Nosop et l'Oup, dans l'angle desquelles s'étend la *Réserve*.

Justement, ce confluent se présente à nous. L'Oup, taillée entre deux rives hautes, tombe dans le large étal de la Nosop. Par la noblesse des formes du relief, le point de jonction est pittoresque.

— Encore un à deux miles, et nous serons chez moi.

Le poste apparaît rive droite : petit ensemble de bâtisses blanches, surplombant la Nosop ; un bouquet d'arbres flanque l'éolienne et l'abreuvoir pour les bêtes. Le Riche attaque le raidillon qui monte à sa demeure.

*
* *

Volupté. Opium de la détente. J'ai l'une des trois cases octogonales réservées aux « passages ». Une pompe y monte l'eau. J'entends goutter la douche. Les toits, largement débordants, me cernent d'ombre. Cellule de repos idéal dans la nature en flammes. Je me prélasse en pantalon de flanelle.

Le Riche me rend visite au bout d'une heure, précédé d'un vrai plateau porté par un vrai boy. Nous chevauchons de vraies chaises. Et je vais avoir de vraies indications. J'ai tiré ma carte, mon horaire de marche, mon calcul des distances couvertes. Il les examine.

— Alors, d'après cela, dis-je, où croyez-vous que mon raid a recoupé la Nosop ?

Il tire son crayon et me dessine une carte certaine.

— Vous avez dû déboucher là, entre Kameelsleep et l'éolienne que vous avez atteinte le même soir, et qui est nommée Kwatts. C'est-à-dire à une quarantaine de miles d'ici.

— Mais que fait, perdue au nord, cette éolienne de Kwatts ?

— Nous l'avons installée pour le gibier de la *Réserve* : en période sèche, comme celle-ci, il est heureux d'y boire.

— Fichtre ! J'avais bien la tête à songer à cela ! Dire que j'y ai campé sans aucune précaution, et en plein contre la pompe ! Et que nos animaux ont librement brouté alentour ! Pour une fois, des lions altérés pouvaient me jouer un mauvais tour…

— En effet, votre imprudence égale votre chance.

— Oh ça, depuis le début !… Enfin, cette nuit-là, probablement qu'aucun fauve n'avait soif.

Je lui demande ensuite l'explication des traces d'automobile vues dans la Nosop.

— Nous y passons de temps en temps pour surveiller la frontière kalaharienne de la *Réserve*, et aussi en jonction avec le point — théorique — appelé Unions End, où se termine l'Union sud-africaine : le Béchuanaland et elle se touchent là, sans témoins, je vous l'assure ! Quel bled !

— Donc absolument aucune vie humaine dans la Nosop, même pas à Kameelsleep ?

— Non, aucune.

— Cependant les cartes mentionnent une piste reliant Kameelsleep à Lehututu ?

— Je n'ai jamais vu quiconque venir de là. D'ailleurs il faudrait aboutir à la Nosop ou en partir ; or la rivière est interdite depuis la création de la *Réserve*.

Ceci m'éclaire sur l'erreur involontaire du vieux Brown, lorsqu'il me renseignait sur Kameelsleep et la fameuse piste imaginaire. Il est évident qu'en 1900, lors de son voyage en chars à bœuf, de même que lors de celui de Farini, avant lui, la *Réserve* et sa protection n'étaient pas encore établies, et qu'une libre communication indigène pouvait exister avec Lehututu. La création du *National Park* l'aura interrompue. Peut-être subsiste-t-il dans le bush une seule dévorée par l'épine ?...

— Je n'ai donc pas à regretter de n'avoir pas cherché à gagner le centre du kalahari à partir de mon interdiction avec la Nosop.

— Vous y seriez resté !

— Oui, surtout sans rechange possible d'animaux et sans reconstitution de vivres. Et Kji-Kji, qu'est-ce qu'on appelle Kji-Kji, ce « point » que je visais ?

— C'est une zone, non un point précis : approximativement celle de la petite agglomération de huttes damaras, que vous avez rencontrée avant la deuxième éolienne.

— Ainsi, je n'ai dévié au nord que de 18 à 19 miles : 30 kilomètres. Avouez que ce n'est pas une dérivation exagérée, après une semaine de marche à ânes, à la boussole, à travers tant de pièges ! Cela représente 10 degrés.

— Certes, grand Dieu !

Le Riche m'apprend enfin que la seconde éolienne, en ruine, était Roepits, où les Anglais entretinrent jadis un petit poste, que l'interdiction de la Nosop River rendit ensuite inutile.

— Mais Oup River, elle, n'est pas interdite ?

— Non pas : elle sert même de passage vers le Sud-Ouest Africain, par le poste frontière de Mata-Mata. Quelques colons s'y échelonnent : mes seuls voisins ! Des éleveurs de moutons *karakuls,* comme moi. Ah ! il n'y a pas foule dans nos marches avancées ! Le premier rudiment d'autorités civiles et militaires est à Askham, à 35 miles, face à Boxpits, qui en est la réplique anglaise : il y a là un comptoir, mais pas de chapelle. Notre base réelle est Uppington : 220 miles…

Le Riche m'invite à dîner ce soir, et me laisse me reposer jusque-là. Il a replongé dans l'ardent soleil. 200 mètres séparent sa résidence de ma case.

Il m'a offert de me transporter demain en Jeep à Boxpits, où je ne tarderai pas, assure-t-il, à trouver une occasion pour regagner l'intérieur de l'Union sud-africaine.

*
* *

Reposé, je le suis rien que du fait de m'être douché et rhabillé en gentleman. Mais je redoute de « m'enfoncer » dans le repos. Le trop brusque passage de la super-action au farniente affaisse l'organisme : or, mes lendemains m'obligent à me garder sous tension. Je ne m'attarde donc pas trop sur le lit de fer de la case, dont nul palace ne me semble posséder un émule.

La révision des paquetages, la mise en ordre des notes, le nettoyage des appareils, le classement des prélèvements végétaux ou minéralogiques, m'empêchent de m'assoupir. Cependant, bien à l'abri, je nargue le soleil qui me rôtissait, sans défense, à longueur de journée, et auquel, ici, j'échappe.

Le bilan de mon coup de sonde de Tsabong à Kji-Kji est assez instructif. Cette poche de 40 000 km^2 entre les deux rivières méritait mieux que l'ignorance où on la reléguait. Elle recèle une forêt intérieure, prolongement du bush kalaharien central, exceptionnellement riche en toutes espèces de grand gibier ; dont l'énumération va être utile au point de vue de la connaissance des mœurs animales.

Une bande strictement désertique de 40 kilomètres l'isole du Molopo, et une bande à peu près égale de dunes, de la Nosop : c'est cette double ceinture de vide qui découragea les pénétrations jusqu'à ce jour.

Grâce à un comptage très simple — mais très exact — en heures de marche et en vitesses horaires, je situe la zone des plissements parallèles à la bissectrice des deux lits, celle des mamelons, celle des dunes. Les deux bandes nord-sud de *sammas,* celle issue de Khuis, que nous trouvâmes consommée, et celle issue de Boxpits, où les chasseurs *coloureds* nous rencontrèrent, sont également mises en place.

L'écrin de sable inerte contenait, en somme, une surprise verte...

Dans ma satisfaction, un seul regret me tenaille : celui d'avoir si peu photographié et filmé d'animaux, de n'avoir vraiment pas pu le faire...

Je ne reverrai jamais dans les autres parties du Kalahari une densité de grand gibier égale à celle de cette zone, préservée par sa terrible légende de siccité. Et jamais avec ce calme et cette souveraine fixité, nulle part les bêtes ne seront plus chez elles, plus sûres de l'être, plus abritées.

Précisément la richesse constante de leurs rassemblements me faisait renoncer à la halte nécessaire à de bons clichés. S'arrêter équivalait à débander ma caravane, dans laquelle toutes nos chances, je ne dirai pas de réussir, mais de survivre, étaient placées. Je me rappelle une fois où je voulus cependant saisir un nombre exceptionnel de gemsboks. Les autres ânes que le mien batifolaient. Le mien remua. Je m'énervai. Il me vida finalement au moment où j'opérais... Les gemsboks s'en allèrent. Ma photographie fut ratée... et mon Leika ensablé. Il nous fallut dix minutes pour ramener les ânesses de charge, effrayées. Des caisses tombèrent. Une demi-heure en tout gaspillée. Or quand d'une heure distraite de ce raid contre la soif pouvait dépendre l'échec mortel, je n'avais *pas le droit* de m'amuser, dans de telles conditions, aux images de gibier. Je n'insistai plus, je filmai quelquefois de ma selle, en marchant, mais mal. Et, en général, navré, je côtoyais des scènes uniques en ne comptant que sur mes yeux pour les fixer.

Je suis encore au travail quand ma caravane me rejoint. Pauvres ânes ! On les décharge derrière les cases. Pour eux, pas d'ombre : aucun arbre. Et guère d'herbe. Twee Rivièren leur paraîtra-t-il mieux que ce que furent nos haltes ! Ils auront au moins l'eau. Je les regarde : ils sont lamentables. Comment avec ces cinq quadrupèdes étiques avons-nous pu réussir ce raid ?

Le chien Alip me lèche les pieds, sur le seuil de la case. Comme j'essaye de le faire entrer, il se sauve. Il m'avait adopté, vivant la vie d'étapes, il redevient sauvage devant ma métamorphose. Entre lui et moi, quelque chose craque. Symbole de dislocation imminente...

— Quels sont les ordres ? s'enquiert Lukas.

— Il n'y en a plus ! Rentrez seuls à Tsabong, à petites étapes, par l'Union sud-africaine, en longeant le Molopo, par Boxpits, par Khuis. Ce sera long, mais facile.

La lutte en commun unit si étroitement, sans même qu'on le perçoive, que la fin brusque d'une telle alliance désoriente. Il faut avoir vécu ces séparations pour comprendre !

Lorsque l'instant en est venu, l'autorité longtemps de règle s'efface devant l'amitié pure. On se regarde de nouvelle manière : il s'agit déjà de ne plus s'oublier ! Tout cela sans extériorisation de regrets ou de tristesse, car les nuances sont dans les cœurs. Et l'émotion est dans l'air.

Mais les soucis d'ordre matériel refoulent ce qui tendrait à devenir sentimental. Faire les comptes. Payer. Délivrer des certificats. Lukas songe aussi à me soutirer un peu de pharmacie, des onguents pour les ânes. Il se partage avec John les couvertures et les ustensiles que j'abandonne.

— Alors, mon vieux, quand reprends-tu la piste ?

— Demain.

— Eh bien, tu porteras mon salut à Tsabong, avec la nouvelle de notre réussite. Pense à moi quelquefois, si tu retournes vers toutes ces bêtes sauvages dont je t'ai fait découvrir la retraite...

Ses yeux se mouillent, pour se rallumer quand je fais allusion à son métier : assis à mon côté, sous l'avancée de la toiture, avec sa pipe à chaînette, Lukas se raconte. Il dit son dur labeur pour décrocher dix à douze peaux de hartebeests par an, pas plus — jusqu'ici... — que Brown lui achète deux livres pièce. Ce sont les seuls cuirs valables pour les vêtements, les lanières, les chaussures. Son expédition avec moi lui donne des moyens d'augmenter sa fortune.

Ils vont s'amuser ce soir : on les a invités aux paillotes, et je ne veux pas les priver d'une heure de ces réjouissances. Je les y expédie donc. Alip leur emboîte le pas : il est revenu à ses maîtres... C'est mon troisième coéquipier que je perds !

Dans cette longue après-midi, mes nouveaux plans prennent forme.

Ma traversée générale du Kalahari repartant de Mafeking, je rédige un long message à Albert O'Reilly pour qu'il répare et tienne à ma disposition l'excellent *truck* qu'il possède. J'ajoute des précisions concernant les hommes à recruter, les réserves d'essence, d'huile, et même d'eau — quoiqu'il y en ait dans le Kalahari central et septentrional, enfin la liste des vivres à acquérir. Mon pli est bientôt prêt, et sera jeté à la première poste que je trouverai sur mon retour.

Le soleil a baissé, prolongeant les dunes d'ombres admirables. Ce paysage qui a brûlé le jour n'est plus maintenant que douceur et charme. Et d'ici, j'ai vue sur tout Twee Rivièren.

Dans les huttes qui dominent l'installation de Le Riche, et où mes gens doivent narrer leur exploit les feux sont allumés, et leur parfum m'arrive. En bas, autour de l'éolienne, des soldats — bons cavaliers — font travailler de beaux chevaux noirs dans le lit de la rivière. A mon niveau, la cour de Le Riche bourdonne du bruit d'un *truck* que l'on révise. Un babouin du Kalahari, enchaîné, escalade et descend sans cesse son mât-promenoir. Sur la dune orange qui forme fond de tableau, et dont le couchant avive la teinte, passent en fresque trente chameaux, que l'on ramène de l'herbage.

Mais il y a un attroupement derrière le poste : allons voir, d'autant plus qu'il est l'heure de dîner chez mon hôte.

*

* *

Un grand chameau est allongé, mort : une vieille bête, de dix-huit à vingt ans. On l'a immolé pour prélever la graisse de sa bosse.

— Notre provision baissait, me dit Le Riche.

Et nous regardons hommes et femmes écarteler, fendre, dépouiller, s'aider sans se gêner. Lukas vient déployer ses talents de découpeur. John manie au bâton les viscères rutilantes. Tous les gosses s'affairent.

Il fait nuit quand nous quittons cette curée, qui s'achèvera à la lumière des torches, pour entrer dans le bungalow.

Mrs. Le Riche a l'accueil simple et aimable de celles qui vivent courageusement à la dure. Ses enfants sont absents : la très modeste école d'Askham prend les élèves par séries, et c'était le tour des siens. La table est coquette. L'électricité est produite par une petite éolienne. On sert une terrine d'œufs sur le plat, entassés à la douzaine, et que nous mangeons à la paire, avec des tartines de graisse blanche sur lesquelles on étale des confitures. Cette graisse m'intrigue. Je me risque :

— Est-elle... de chameau ?

— Non ! Celle que vous venez de voir extraire est destinée à mes Noirs ou à nos besoins domestiques. Vous mangez en ce moment de la graisse de moutons *karakul*. Fine, n'est-ce pas ?

— Très.

— Précieux animaux ! Robustes ! Rémunérateurs [1] ! J'en ai 1 200. Vous ne les avez pas vus, parce que ce n'était pas leur jour d'abreuvoir : les pacages sont éloignés, et l'on ne les ramène à l'éolienne que tous les deux jours.

Au café, Le Riche, qui est chasseur, me raconte la capture de son babouin, et la poursuite d'un grand gemsbok, qui l'entraîna à quelque distance dans la Poche... Les chameaux sont, pour ces dures parties, dit-il, un moyen supérieur aux Jeeps : toutefois ce qu'il m'en dit n'avantage pas l'idée que je m'étais faite, d'après ceux du poste de Tsabong, de la qualité de ces animaux sous cette latitude. Il parle d'un maximum de 30 miles par jour, alors que mes mauvais ânes m'en ont abattu 20 à 30 régulièrement, et le dernier jour, 35 ! Et il faut cinq ou six fois moins d'eau pour abreuver un bourricot, qu'une de ces bêtes acariâtres.

Le Riche lève la séance de bonne heure : sa vie active de plein air exclut les longues veillées, et j'avoue que la pensée de mon lit m'obsède...

1. La fourrure des agneaux *Karakul,* immolés à la naissance, donne l'*astrakan*. Elle est le but de ces élevages.

Personne n'est là pour m'entendre ronfler : mes hommes festoient aux paillotes...

*

* *

Je ne sais plus vers quelle heure avancée le rêve de plus en plus pâteux qui m'entraîne se met à devenir visionnaire... *J'entends* des bruits. *Je vois* des choses. On entre. On me touche. Je touche. Il y a Le Riche, vêtu d'une veste de pyjama et d'un short, et *un Autre*. Cet *Autre* est une statue de poussière, avec des lèvres sableuses, des cils épaissis par le sable, des mains crissantes de sable.

On me parle. Je réponds. On me dit que l'*Autre* vient d'arriver du Sud-Ouest africain par Mata-Mata et Oup River, qu'il repart demain pour Johannesburg avec sa forte voiture, et qu'il peut m'emmener.

Je remercie en criant, pour acquérir la certitude que de vraies paroles sortent de mes lèvres. Je vocifère d'autres politesses, et je chavire de nouveau dans le sommeil, pour autant que je me sois réveillé : mais je n'ai pas dû me réveiller, tout cela, c'était encore mon rêve...

DEUXIEME PARTIE

VERS LE CENTRE

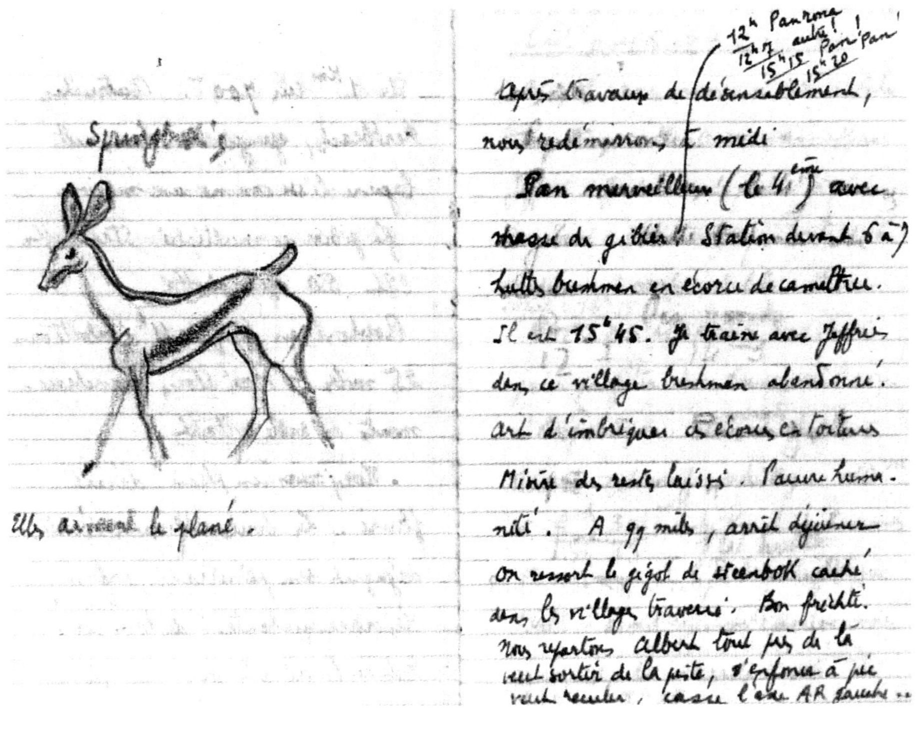

The Star

JOHANNESBURG, TUESD. AUGUST 24, 1948 PRICE 2d.

FRENCH EXPLORER FINDS OASIS IN KALAHARI DESERT

SURPRISE POCKET IN MIDDLE OF SANDY WASTE

THE KALAHARI DESERT has been crossed by a French explorer, M. Francois Balsan, a member of the Geographical Society of Paris and of the French Exploration Society M. Balsan has just arrived in Johannesburg and he told a representative of The Star to-day that travelling by compass it took him eight days to cross the 175 miles in a straight line east to west from Tsabong to Kji-Kji, on the border of the Gemsbok National Reserve.

No water was encountered from the time he left Tsabong until he reached the Gemsbok Reserve, but far from travelling over an area of unbroken waste, he found himself in a land of scenic beauty, filled with game and rich with vegetation of the sort that thrives without water.

« Le Star m'honore d'une interview en première page, étonnamment exacte, quand je pense aux conditions où elle est prise ! A la mitraille des questions, je n'ai à opposer que mon anglais de cow-boy mal dégrossi... »

CHAPITRE XIV

RETOUR A MAFEKING

Fêté par la presse — En ascenseur — Accueilli comme un concitoyen.

Le fantôme nocturne était bel et bien une réalité en chair et en os : John Pratt, qui avec une Ford à toute épreuve regagnait sportivement Johannesburg, par un raccourci rarement utilisé entre le Sud-Ouest africain et l'Union sud-africaine : le cours de l'Oup. Les feux de Twee Rivièren attirèrent son regard, l'incitèrent à demander gîte, et me valurent sa rencontre, providentielle.

Je ne puis malheureusement narrer le détail de notre longue randonnée ensemble, d'abord tout le long de la rivière Kuruman, puis à travers la poétique *réserve* Batlaharo, ensuite au-dessus du Griqualand, enfin dans le Transvaal ; et notre poussiéreuse arrivée à Johannesburg.

Je vais m'accorder une grande semaine de repos dans cette capitale de l'or, du *business*... et des plaisirs. L'accueil que j'y trouve, les amis que je m'y fais, ont dans mon souvenir une place de choix. On mène là-bas une vie active et créatrice, qui m'intéresse. De son côté, l'histoire de mon défi au sable attire un intérêt que je n'eusse point soupçonné, de la part de milieux plutôt préoccupés par les questions d'ordre industriel, et les spéculations lucratives. Une sympathie réciproque préside aux relations nouées. Les invitations pleuvent. Et quoi de plus agréable, de plus reposant, que ces merveilleux jardins, où vit la *gentry* de Johannesburg, au nord de la ville, à l'abri des poussières arrachées par le vent aux crassiers des mines ?

Les journalistes ne sont pas les derniers à témoigner de la curiosité pour mon aventure. Je trouve à l'hôtel leurs cartes, j'y reçois leurs coups de téléphone. Le *Star* m'honore d'une interview en première page, étonnamment exacte, quand je pense aux conditions où elle est prise ! A la mitraille des questions, je n'ai à opposer que mon anglais de cow-boy mal dégrossi, mais la gentillesse, la bonne humeur savent faire jaillir les étincelles d'intelligence nécessaires : quelques heures après, une belle banderole *French explorer comeback from Kalahari,* orne le luxueux fronton du building du journal, annonçant l'édition imminente. Le lendemain un communiqué radiophonique diffuse à travers le monde la nouvelle de la pénétration d'un nouveau petit coin de la carte. Sur le moment je ne soupçonne pas que cette publicité va jouer un rôle dans la fin de mon parcours... Elle satisfait en tout cas, dès Johannesburg, notre actif consul, R. Ph. Millet, sous l'angle français, comme sous l'angle de l'amitié, qu'il a spontanée et serviable.

J'ai à défendre mes films, qu'on voudrait m'acheter ! Il est difficile de faire admettre, sans paraître égoïste, que je veuille les réserver à d'ultérieures publications illustrées, rédigées, lors de mon retour définitif, à tête reposée. A bout d'arguments, un journaliste m'enlève en ascenseur vers un neuvième étage, où, dans un studio, il me photographie en un de ces clichés éclair, sur lesquels le patient roule des yeux exorbités...

Les sorties nocturnes, succédant au rythme des journées, se chargent d'entretenir la fameuse tension nerveuse à laquelle je suis attaché... Et je prends, pour la seconde fois, le chemin de Mafeking dans les meilleures conditions pour un second assaut kalaharien.

*
* *

La bourgade m'accueille en concitoyen... Cette fois, je n'y suis plus un inconnu : j'ai réussi..., et mon succès a valu un peu de notoriété à la petite ville d'où il partit. Le calme champêtre y a été secoué. Le passant me fait, dans la rue, des clins d'œil, voire des signes d'amitié ; ma pension me fête ; je ne m'étends pas sur les accueils si cordiaux de Langley, de l'*Imperial Reserve* (où les réserves ont fondu...), afin d'en venir, sans plus tarder, à l'établissement de mes amis O'Reilly.

Dans la cour entourée de faux poivriers, de cyprès Lambert, de mimosas aux nids pendants de tisserins, et de curieux coquelicots multicolores, le *truck* est là, pansé nuit et jour par Albert et ses boys, Jeffries et Jim : il fait figure de pur-sang dans son box d'entraînement. C'est un trois tonnes, qui a déjà fait toutes ses pannes et toutes ses maladies, où ce qui était fragile céda, et fut consolidé ou remplacé : l'équivalent du rodage sous nos cieux, ou plutôt dans nos terrains. Il comporte des montages astucieux, des perfectionnements brillants d'ingéniosité. Les trous graisseurs bavent l'huile. Les pneus, en bon état, sont *Heavy duty 1 000 — 18 RF Godyer H.I. Miller, made in South Afrika*. Les réserves latérales sont au plein, à cent litres d'eau chacune. Un *drommel* [1] les complète de ses cinq cents litres sur la plate-forme, où, avec quinze cents litres d'essence, le grand outillage, les vivres, s'élève un château fort imposant : suis-je devant un truck ou un tank ?

Le boy Jeffries, qui nous accompagna à Tsabong, a toujours sa casquette réformée d'officier. Le vieux boy Jim est caractérisé par un bonnet tricoté à pompon, des rides de pachyderme, et un perpétuel sourire fatigué et bon.

Le départ pourrait être presque immédiat, si des approvisionnements de dernière heure ne m'obligeaient à des visites aux Omar Suliman, Saleh, Goolam Ally, Mustapha Kadirmian, et autres *shopmen* Indiens. Malgré la cordiale amitié qui entoure cette seconde phase de mes projets, la question des armes a encore soulevé des difficultés à l'*Imperial Reserve*. Albert O'Reilly lui-même, sujet britannique, a vu sa demande refusée. Comme cette fois notre trajet a des chances, en ses secteurs parcourus de bushmen, de nous valoir des rencontres plus ou moins risquées, nous décidons d'oublier deux bonnes carabines sous les bagages... C'est une 202 pour le petit gibier susceptible de relever l'ordinaire, et une 303 pour les plus gros coups — quels qu'ils seront...

Le grand moment arrive enfin, dans la fièvre : il me *réserve* une vraie surprise.

Le père d'Albert, sexagénaire irlandais à la peau tannée par le soleil, et au petit œil malicieux, ne descend pas de la plate-forme où il est installé.

1. Fût métallique.

— Alors, Mr. O'Reilly ? Alors ? Nous partons, vous savez ?

Il ne bouge toujours pas : il a son casque de cuir, un vêtement de coutil de bled, est-ce que, par hasard ?…

— *Yes !* Je pars avec vous ! J'en ai trop envie !

Son expérience me sera un appoint notoire, et son humour une constante distraction.

Tout Mafeking suit avec sympathie le lourd démarrage de notre blindé — montagne hérissée de pioches et plaquée de treillages métalliques —, où déjà nos deux Noirs fredonnent les chansons d'équipée…

« ... le truck est là, pansé nuit et jour par Albert et ses boys, Jeffries et Jim : il fait figure de pur-sang dans son box d'entraînement. C'est un trois tonnes, qui a déjà fait toutes ses pannes et toutes ses maladies, où ce qui était fragile céda, et fut consolidé ou remplacé : l'équivalent du rodage sous nos cieux, ou plutôt dans nos terrains. »

CHAPITRE XV

AU PAYS BANGWAKETSE

Au pays des Bangwaketsés — Un parcours hallucinant —
Œufs d'autruche — Dans le bush.

Un *surveyed track,* piste entretenue, relie, en suivant à peu près le chemin de fer de Rhodésie, Mafeking à Lobatsi. Nous nous emballons sur ce bon terrain. L'on traverse les domaines Barolongs, où déambulent des troupeaux, parfois des Noirs, qui, protégés, et bien chez eux, prennent leur temps. Le *truck*, revu à fond, a un réconfortant chant grave.

Lobatsi, au bord de la petite ligne, est la vraie antenne du Kalahari, Mafeking en étant — hors territoire — la tête de commandement. On ne part pas de Mafeking pour le Désert Rouge : on part de Lobatsi, où quelques pionniers entretiennent le mouvement. Le temps a un peu — pas beaucoup ! — avancé, depuis que Arnold W. Hodson (1912) emprunta, en explorateur, la piste de Lehututu.

— Aujourd'hui, me dit O'Reilly, mon ami Potgrieter a un *store* à Lehututu. Il y achète des bœufs et s'y rend en liaisons presque régulières. Et il paraît qu'un très puissant Indien réside, lui, là-bas en permanence.

Donc jusqu'à Lehututu, il n'est question que de désert parcouru. Au-delà, et pour rejoindre la grande transverse septentrionale qui relie théoriquement Windhoek à la Rhodésie, commenceront les étendues rebelles. Mais vraiment notre moteur éclate de vie : le *truck* passera !

La piste méridionale du Kalahari se débranche quelques miles avant Lobatsi, que nous évitons, pour obliquer tout de suite « à pleins gaz », vers le Désert, en direction de Kanye, capitale des Bangwaketsés.

*
* *

Le pays est ravissant. Cette bande orientale du Bechuanaland se rattache encore aux formations géologiques antérieures à l'époque primaire, de cette bordure de l'Union : sur un fond de vieux schistes et de roches cristallines, la végétation pousse dense et variée. Dans le bush serré, les mimosées s'accolent à d'étonnantes liliacées, parfois « envolées » au bout de longs troncs. Le relief est harmonieux, doucement plissé, avec de brusques éminences.

Entre ma sortie par la Nosop et ma rentrée ici, le printemps est né, et un sourire est apparu sur le désert. Des milliards de fleurs, boules de duvet de toutes nuances, ornent la ronce qui verdit. C'est l'œuvre d'un fin pinceau. Me semble-t-il loin, ce seuil hérissé et nu de l'hostile Poche, quand je l'abordai dans le pessimisme des hommes et la sévérité des éléments ? Et je n'avais alors que de pauvres bourricots, que semblait à l'avance écraser l'immensité, au lieu d'un *truck*, dont le ron-ron dominateur est déjà un élément de victoire.

Sur la *surveyed track,* qui continue, nous croisons un archaïque cantonnier à bœufs, avec son frottoir de branchages chargés de galets. Et puis ce sont des piétons, des attelages : trop bon début pour un itinérant des contrées vierges...

Les petits bergers ont des massues de jet en bois, avec lesquelles ils excellent à tuer rats et lapins.

Je commande un arrêt pour visiter l'un de ces extravagants pâtés rocheux qui percent un peu partout, et qu'en afrikander on appelle *kopjes*. Des gueules de cavernes y bâillent. J'ai l'espoir d'y trouver des inscriptions. Déception : la pierre, granitique, ne se prête ni au ciseau, ni au dessin. D'ailleurs, est-ce que l'imagination, pour ne pas dire le sens mystique de ces populations assez ternes est orienté vers une religion, des lieux votifs, des pèlerinages, et les signes qu'on y grave ou les motifs qu'on y peint ?

Mais du haut de mon rocher, quelle vue j'ai sur l'ondulation boisée, où le soleil en déclin dépose de merveilleux modelés !

*
* *

La beauté de Kanye et réelle. Des centaines de huttes au chaume noir truffent, dans une jolie verdure, un décor largement taillé entre les monts assez hauts. D'heureux Bangwaketsés sortent « à la fraîche » à cette heure. Les femmes vêtues d'éclatantes cotonnades se suivent aux puits. Les hommes forment des groupes moins esthétiques, mais si réjouis !

Un chef pacifique préside à leur farniente. Ce Bathoën régnait quand C. F. Rey passa en 1932. Il règne encore... Si nous pouvions en dire autant de nos gouvernants ?

Un croton arborescent, au tronc et aux ramures couleur d'encre de Chine, avec une floraison de corolles couleur de sang, me retient un long moment. C'est un véritable motif pour peintre d'Orient, un enchantement.

La piste grimpe à présent vers le col qui domine Kanye. Cinq minutes après avoir quitté les dernières huttes, nous sommes complètement perdus.

Un chaos rocheux à poches de sable, où s'entrecroisent trop de traces, embrouille toute orientation, surtout à cette heure de demi-obscurité. Ayant basculé, capot plongeant, et buté contre des éboulis, nous sommes coincés. Impossible d'avancer ni de reculer. Il faut aller chercher un habitant, mais nous ne voyons que des moutons !

Explorant à pied, nous finissons par découvrir, sur une piste de bétail, un vieux Bangwaketsé, que Jeffries interroge. Cette piste de bétail... c'est la piste de Lehututu ! Une autre de même genre s'en détache à cinquante mètres plus loin, en direction de l'agglomération indienne de Moshupa, située 25 miles. Rejoignant, avec des soubresauts caprins, l'emplacement où nous attend le bonhomme, nous attaquons bravement notre chemin.

La lumière de nos phares décuple encore les obstacles, si bien que vite lassés d'un parcours qui devient hallucinant, nous dressons le camp au bout d'une heure.

La bonne humeur est avec nous. Les fraîches provisions emportées nous réjouissent : de la viande de boucherie mijote dans la poêle, dans du beurre d'épicier. Jeffries est plein de l'ardeur des premiers zèles. Jim, sans rien dire, abat un travail fou.

Albert a fait descendre le lit de son père, et s'y prélasse. Son père, à cause du froid, opte pour la cabine de l'auto. Fidèle à mes habitudes, j'ai déroulé mon matelas auprès du feu. Une large distribution de *Muscade wine,* porto doux du Cap, à sch. 5 la bouteille, arrose ce bivouac numéro 1 et embellit nos songes sous la divine nuit, où la voie lactée est éclatante.

Il doit y avoir des huttes dans le bush, car de nostalgiques chants de filles, atténués par la distance et la végétation, viennent jusqu'à nous en berceuse pour rêves de petits enfants. Tout convie à l'euphorie !

Cependant les soucis mécaniques tracassent Albert, car je le vois vaguement se relever et démonter son pont-arrière, qui a pris un mauvais coup.

Les chacals se mettent à glapir.

*
* *

Nous sommes réveillés par les basses-cours des huttes cachées, concurrencées par les pintades sauvages. Au point du jour, c'est une explosion de santé. Mais l'oiseau de brousse l'emporte en vigueur, car peu à peu coqs et poules capitulent, tandis que les pintades poursuivent leur concert.

A une branche, au-dessus de moi, pend un lambeau de chair verte, qui est un caméléon profondément assoupi. Je le décroche et le raccroche sans qu'il m'accorde autre chose qu'un bâillement et des ébauches de mouvements ramollis.

Albert a dû travailler tard, car il bâille, les yeux en deuil : il prétend avoir trouvé une grave fuite d'huile, et met encore une heure à confectionner un joint, coupé dans les cartons à provisions...

— Mais votre carton est cannelé : les fuites vont être pires ! dis-je.

Il le met en place quand même, faute de mieux, et nous prenons notre petit déjeuner. Mais au moment de repartir, l'huile ruisselle doucement... Qu'est-ce que j'avais dit ? Albert et son père sont obligés de cimenter la commissure.

Enfin, nous démarrons. La piste est un mince serpent glissant entre des épines. Le 13 miles-heure est notre maximum de vitesse. Dans les clairières, se dressent quelques huttes de Bangwaketsés, vivant du produit de leurs chasses et des revenus de leur bétail. Des *kopjes,* buttes rocheuses, continuent à bossuer la jungle.

Panne. Une bille est cassée dans le roulement de la roue avant gauche. Il est midi, et nous sommes en plein découvert : supplice de trois heures de mécanique sous un soleil qui foudroie. Le sable a si peu de consistance que nous dégonflons nos pneus de 30 % avant de repartir.

Quelques wildbeests chargent en rase campagne. Un élégant petit cervidé, le *duiker* [1], saute en rasant l'obstacle, comme si ses épaules avaient peine à se soulever. Pas de comparaison avec le bond volant des springboks.

Le désert abandonne maintenant l'aspect qu'il avait lorsque nous entrâmes dans sa partie orientale : plus de kopjies de granit, rien que du sable. Nous sommes sur son terrain le plus général, d'époque géologique récente. Le kameeldoorn reparaît, et les arborescences grasses ne se montrent plus.

Dans la nudité floue de Maokan, nous avons perdu la piste. Nous sommes, de plus, ensablés. Heureusement, quelques huttes sont là, dont les hommes nous donnent un coup de main. Et puis le « malin » de leur bande nous ramène, au diable, à notre axe de marche.

— C'est ici, fait-il, affirmatif.

Mais qu'est-ce qui le prouve ? On ne voit rien...

A Kamassimarra, ou Kui Pits, de majestueux kameeldoorns ombragent un village. Parcouru d'une première sève, leur feuillage à dentelle bipennée, vert-pré, tacheté de fleurs bouton d'or, « déborde » : c'est à peine si le *truck* passe sous eux.

L'humble population, aux aguets d'un passage, se presse contre nos garde-boue. Le camion, nos équipements, sont une pâture pour sa curiosité. Il n'y a guère intérêt pour nous à interroger ces gens sur les lieux et les distances : les premiers ont des noms différents de ceux de nos cartes, et les secondes sont infailliblement évaluées... en journées d'âne.

L'aridité se maintient jusqu'au soir. Ici, l'aspect du désert est presque saharien. Il faudrait pouvoir mettre gibier au pot pour nous rendre le sourire, et camper joyeusement. Justement, des *steenboks,* toutes petites antilopes [2], sont à bonne portée, sans méfiance : Albert en tue un avec la 202.

La douce bête se débat, quoique morte, en nous aspergeant de sang. Les réflexes ont la vie dure, chez ces animaux aguerris ! Il faut lui plonger un poignard au nœud vital, à la base du cou, pour arrêter ses

---

1. *Cephalophus grimmi.*
2. *Raphiceros campestris.*

soubresauts. Sa tête est un chef-d'œuvre attachant. Les yeux, restés ouverts, nous lancent un reproche. Les cornes miniatures, effilées comme des stylets, et aussi noires que les yeux, tranchent sur l'ensemble alezan de cette créature vouée aux jeux de l'Eden, et non du tir.

Nous jetons notre dévolu sur une touffe de buissons solitaires. Je dresse ma tente, car je prévois la bise et un foyer sans force, faute de combustible. Un violent vent du nord couche les flammes et gêne Jeffries pour griller les côtelettes, sur ce feu qui les fuit...

J'envoie quelques coups de torche dans la steppe lugubre. Dégoûté, je rentre sous mes toiles dont le faible espace s'emplit de la fumée de mes cigarettes. Je m'endors.

*
* *

Froid. Bien avant l'aube livide, tout le monde entoure le maigre feu, sauf Albert, dont la dynamo ne charge plus. Pendant que le jour se lève, je me promène. De grosses oies gueulardes décollent à mon approche : je reconnais mes amis korhahns. Le ciel est bientôt plein de leur vacarme.

Nous n'allons pas cesser de voyager parmi ces oiseaux, qui affectionnent ces étendues de pâle savane. Et à peine aurons-nous repris la piste, que les autruches vont se montrer à leur tour, en bandes bientôt de plus en plus considérables.

Le bruit du *truck* ne les dérange pas. Elles s'en vont au pas, ou ne bougent point. Je dénombre une réunion de quatorze femelles, sous la conduite d'un mâle autoritaire. Les premières sont gris de cendre, le coq, noir, les ailes balafrées de blanc. Ces animaux sont la fortune de l'indigène, maître dans l'art de les chasser : leur chair se mange, leur plume se vend, leurs œufs, excellents, servent d'outres aux bushmen.

Une tactique consiste à s'embusquer au nid vide ; les bêtes sont prises à parti à leur retour. En saisons de ponte, quand le problème est alors de trouver les nids pour les œufs, on suit les mâles quand ils y rentrent le soir. Enfin, l'attaque en rase campagne, qui est pratiquée également, n'a lieu qu'à l'improviste, ou à l'embuscade, ou encore à la faveur d'un masque fait avec les propres plumes de l'oiseau, permettant de l'approcher par ruse.

L'autruche est en effet d'un abord difficile : elle flaire le chasseur, à flèche ou à fusil. Et si elle tient devant notre camion, c'est qu'elle n'a pas encore fait l'expérience d'un danger recelé en ses flancs. Mais un Noir aperçu rampant, c'est la fuite, à la vitesse de celle que je provoque, pour me rendre compte : presque 70 kilomètres à l'heure, en lourds bolides vacillants dans une traînée de sable... Il est inutile de songer à une poursuite ! A moins d'être un *cheetah,* carnassier recordman de la course, et atteignant 80 kilomètres à l'heure.

L'autruche abandonne rarement ses œufs. Les femelles les couvent le jour, protégées par leur invisibilité grisâtre. La nuit, cette couleur les dénoncerait, et c'est le coq, très foncé, qui entretient la chaleur. J'aurais eu besoin d'un vieux mâle pour moi, pendant la dernière nuit glacée !

Les œufs pèsent trois livres, et leur coquille au grumeleux ivoire a une épaisseur de 2 millimètres, qui lui permet de résister aux chocs, et explique leur utilisation en récipients.

Des *pauws* [3], outardes aux silhouettes de grandes cigognes à plumes bleutées, pleines de reflets, hochent leurs têtes prolongées en avant d'un long bec, et en arrière d'une touffe pointue. Le père O'Reilly, qui les appelle « piows », les regarde d'un air gourmand en caressant la crosse de la 202.

— Leur chair est tendre comme du poulet ! fait-il, se pourléchant les lèvres.

Nous sommes tombés à 10 miles-heures, tant le sol est pulvérulent. Rendement : 2 miles et demi au gallon, ce qui fait 100 litres aux 100 kilomètres... L'huile empoisonne et brûle. Le moteur bout. Nous cuisons.

Perdus dans l'immensité, deux chasseurs bredouilles rentrent au pas lent de leurs chevaux. Dieu seul sait d'où ils viennent, et où ils vont ? Ils disent être sans eau depuis la veille, et pourtant ils se désaltèrent à nos bidons d'une façon lente et mesurée, comme le font les indigènes, même à bout de forces. L'épuisement les laisse toujours maîtres de leurs réflexes.

Une courte fumerie couronne cette halte du *truck* auprès de leur cavalerie. Nos hôtes reçoivent, pour cadeau, du tabac, et se passent une pipe en os de hartebeest, semblable à celle que fumaient les Hottentots qui furent, avant la Nosop, les premiers hommes que je revis. Le tabac est tassé dans ce tuyau ivoirin jauni par l'usage, poli par les manipulations. Pour une pièce d'argent, la pipe est à moi.

---

3. Le *Pauw* (terme afrikander) est une grande outarde : *otis kori*. En anglais, *Kori bustard.*

Peu après avoir quitté les chasseurs, nous retrouvons des arborescences. Il est midi : la calvitie du désert, qui durait depuis hier à la même heure, cesse par conséquent au bout d'un jour tout entier. Les fourrés qui se reforment nous conduisent à Kakia.

*
* *

Kakia est une vaste clairière de sable rouge aux opulents kameeldoorns fleuris d'or, sous lesquels s'agglomèrent des jolies huttes au chaume chocolat.

L'importance de la place vient de sa situation à proximité de Werda, qui n'est qu'à 40 ou 50 miles d'ici. Une piste pique au sud dans le bush, en direction de l'Union sud-africaine, et je pourrais m'offrir ce soir une seconde visite au sergent Innis... si je ne savais qu'il n'aime pas beaucoup ce genre de dérangements, même amicaux !

L'élevage, assuré d'un débouché, est donc florissant, et un Indien, Rowland, a ouvert un store, dont les murs badigeonnés de chaux colorent d'une blanche tache l'ensemble purement indigène du lieu.

Kakia est le dernier centre de liaison avec le Molopo, car, plus à l'ouest, le Kalahari descend profondément dans la Poche que j'ai traversée, et la frontière s'éloigne définitivement.

Comme le soleil est insupportable, nous décidons de frapper au store de Rowland. Le trafiquant part en tournée, mais son nombreux personnel nous fait bon accueil, dans la pièce fraîche, où pendent des peaux de tout poil par-dessus les éventaires chargés de cotonnades, de pacotille et d'épices. De jolies filles nous donnent du thé.

Les visages des Bangwaketsés ont un modelé que n'ont pas ceux, souvent grimaçants, des Barolongs. Mais le trait commun de tous les Bechuanas, c'est le vif éveil, chez eux, de la pudeur : ils sont très vêtus, les hommes pour jouer aux Blancs, les femmes par simple retenue. Les calicots bleus ou rouges montent au-dessus du décolleté. Seuls les enfants sont nus, et demeurent ce qu'ils étaient avant le Protectorat.

Au long de l'enclos ombragé de seringas bourgeonnants, une caravane d'ânes attend stoïquement (on ne sait quoi ?), et me rappelle la mienne, à Tsabong, Lukas, John, les lions, les rats...

A quelques centaines de mètres, dévale, immense, desséché, immaculé, le *pan* de Kakia. L'action de l'eau a décoloré le sable et réalisé cette tache de neige dans le désert cramoisi. Une belle file de bœufs noirs passe sur ce fond éclatant. Nos yeux se détournent à cause de la réverbération.

Au sortir de Kakia, la piste n'est plus possible ! Elle résulte seulement de passages antérieurs, qui la tracèrent, mais qui, à force de se répéter, ont crevé le sol fragile. Le sable kalaharien ne tient « en croûte » que par l'effet de la végétation : l'arrachement de l'herbe laisse des fondrières. Nous décidons alors de rouler dans le bush lui-même.

Les pollens blanc, jaune, rose, nous saupoudrent, faisant oublier les piquants. Nous mordons obstinément sur le taillis, nous mordons aussi sur la nuit : et c'est aux phares que nous découvrons le point d'eau et la zone habitée de Kukong.

Nous ferons halte là.

Nos phares vont exercer leur attraction : mais les huttes sont dispersées à des grandes distances, et ce n'est que peu à peu que l'on vient vers nous. Un groupe varié se rassemble autour du feu que Jim a eu le temps d'allumer.

Le pays bangwaketsé a cessé depuis Kakia, et ici règne une enclave barolong. Nous n'y gagnons pas en esthétique humaine. Tant que nous déballons nos provisions, et que je plante ma tente, d'assez vilaines physionomies nous épient, sans que l'on nous aborde vraiment. Cependant, l'arôme du café chatouille les narines, et il suffit d'en offrir une tournée pour faire naître la conversation...

Le père O'Reilly se sent chez lui : il parle le bechuana, et bavarde comme une pie ! Il interroge, lance des boutades ; des éclats de rire soulignent ses réparties. La chasse tient la vedette. Les Bushmen y sont en cause : quelques-uns d'entre eux sont arrivés ce soir près de Kukong, et on lui promet d'essayer de m'en amener demain matin.

« Mais nous ne sommes pas la Sainte Famille de Bethléem, et je me demande au nom de quel attrait ces sauvages à l'état pur, sortis de leur bush pour un simple troc de peaux — nous a-t-on dit — se sont laissé conduire devant nous, seigneurs redoutés : des Blancs ? Probablement par curiosité, eux aussi... Le même sentiment qui nous porte vers eux. »

CHAPITRE XVI

L'ACCIDENT

Vie préhistorique et cigarettes — La fosse des éléphants — Panne sèche — Instants graves.

A Kukong souffle l'air des étendues sans bornes, presque celui des grands plateaux d'Asie. Toute la nuit, ma tente légère a claqué sous la brise, et gémi. Levé avant le jour, ayant ranimé le feu, je suis frileusement accroupi entre deux flammes : celle du foyer, celle du Levant.

J'écoute le douloureux sommeil transi de mes amis, de nos hommes. Je n'ai plus le petit Alip, affectueux et stupide, pour me tenir compagnie !

Avec l'aube, l'animation renaît : hâte de se réchauffer... Du Kraal qui nous fait vis-à-vis, Jeffries rapporte un appoint de bois, et du lait. Et revenus de leurs huttes lointaines, reparaissent les Noirs d'hier avec ce qu'ils nous laissèrent espérer : des bushmen, tels de curieux animaux qu'ils exhiberaient.

A côté de la démarche lourdaude des Barolongs, il est curieux d'observer les pas hésitants de ces êtres évadés des profondeurs du taillis : on nous amène « un mâle » et « deux femelles » — ses femmes — chacune harnachée d'un marmot.

Le groupe se mêle aux spectateurs déjà assis autour de notre feu. Longuement, passionnément, j'inspecte ces corps et ces visages auxquels aucun ethnographe n'a jamais su fixer d'ascendance. Il n'y a absolument rien de négroïde dans la peau, plutôt lactée, aux brèves luisances d'airain, dans les pommettes plates, dans les yeux fendus, dans tout le comportement enfin. L'immobilité est attentive, active, dirais-je, aux aguets, et si différente de la nonchalance des Bechuanas. L'homme est en station accroupie, non assise, prêt à prendre le départ à tout instant. Ses prunelles de bête semblent flottantes, mais voient tout. Les femmes, plus abandonnées, plus soumises, ont des épaules d'un noble dessin et des mains qui me rappellent celles de certaines dames abyssines — elles aussi si peu nègres ! — que n'avaient point fatiguées les travaux.

C'est à elles que je m'attache surtout. L'homme est, en effet, affreux, simiesque, difforme : un hercule à modèle réduit, un vrai paquet noueux. Elles, elles ont la grâce des poses, la délicatesse des attaches, du cou. La chaleur du foyer les gagne peu à peu : alors, sans la moindre pudeur, elles se dévêtent des carteux cuirs bruts de wildbeests qui les protégèrent pour la nuit.

Le satiné de leur peau jaillit plus précieusement de cette rude enveloppe. La pureté des gorges est à peine démentie par la suspension assez lourde des seins, qui durent être beaux, et ont l'excuse des rigueurs d'une vie où d'autres se seraient davantage flétris. Quant aux bébés, en leur précoce gravité, un Raphaël les eût choisis pour peindre les enfants de quelque peuplade du bout du monde, venue saluer l'Enfant Jésus.

Mais nous ne sommes pas la Sainte Famille de Bethléem, et je me demande au nom de quel attrait ces sauvages à l'état pur, sortis de leur bush pour un simple troc de peaux — nous a-t-on dit — se sont laissé conduire devant nous, seigneurs redoutés : des Blancs ? Probablement par curiosité, eux aussi... Le même sentiment qui nous porte vers eux.

Je fume. Le bushman renifle mes bouffées. Je lui tends ma cigarette : il en aspire la moitié, et la tend à ses épouses, qui y puisent à leur tour, religieusement, une haute volupté. Je mets d'autres cigarettes en circuit. Représentons-nous les privations de cette vie préhistorique, pour comprendre les folles proportions auxquelles atteint un plaisir qui est, pour nous, le superflu : une cigarette ! De même : de la vraie nourriture, de l'eau propre... Oui, boire, seulement !

Des semaines d'affilée, les bushmen errent en ne tirant leur boisson que de la sève du samma et des baies. Ils demandent leur subsistance, *lorsqu'ils n'ont pas encore tué* de gibier, aux racines, aux lézards, aux serpents. Une tortue est un morceau de choix. Je me réfère aux effrayants reliefs que je trouvai vers les origines du monde, je regarde ces êtres se passer l'écuelle, aspirer la surface de l'eau à lèvres serrées, parmi les pailles et les morceaux de bois, comme boivent les chevaux. Leurs yeux s'emplissent de bien-être.

Un semblant de conversation s'ébauche par le truchement des Barolongs. L'homme s'appelle Mekkil. Sa première femme — la plus âgée, je suppose —, Nakka Saana. Mais il doit plutôt s'agir là de noms que leur ont donnés les Bechuanas en les fréquentant, car leur rauque langage naturel, fait de gutturales et de clics, ne s'associe pas à ces prononciations. Ils sont en quelque sorte des délégués de la forêt, venant, à des périodes irrégulières, échanger le produit des chasses contre du sucre, du sel, des lames de fer.

Leur territoire est le Masarwa, inexploré. Il s'étend au-dessus d'ici, rectangle de 300 kilomètres sur 400. Sur la carte coloniale anglaise, c'est une zone totalement blanche. D'importants clans y évoluent, à un stade de civilisation plus proche du néolithique que du XXe siècle. Dans le Nord de ce bush, la colonne chamelière d'un officier britannique, issue d'un poste septentrional, a permis de localiser les villages absolument perdus de Khomodimo et de Chuku du Kraal : à une expédition partant de Kukong, ils offriraient un objectif de classe, après la complète traversée de la région.

D'après les indications que j'ai pu recueillir, les bushmen de là-bas seraient restés au stade des tout petits hommes : natifs de leurs halliers, n'en sortant pas, n'ayant pas subi de ce fait les croisements que les alliances de chasse ont valu à leurs frères plus avancés. Ils typent vraiment la souche initiale, et leur étude serait d'un haut intérêt.

Les O'Reilly achètent une gerbe de lanières, découpées au long d'épines dorsales de hartebeests, que les bushmen ont apportées. Ce sont des liens à toute épreuve. Et puis Albert nous fait remarquer que le soleil monte vite, et qu'il faut continuer. Compatissant au martyre des pneus dans le sable bouillant, il leur a encore soutiré 15 % de pression. Il a raison... bien raison... Nous ne nous doutons pas à quel point il a raison...

Jeffries et Jim rechargent la plate-forme à tours de bras. J'abats ma tente. Du kraal, des bœufs, lâchés, sortent en chargeant, à l'allure où les taureaux d'Espagne entrent au combat.

Le point d'eau est une profonde dépression de calcaire en pudding, où brille une nappe sans ride. La seule visible que j'aurai observée dans tout le sud du Kalahari, à cette saison. Cette limpidité de surface ne doit pas laisser ignorer les couches de crasses accumulées au fond ! Mais l'aspect est celui d'un joyau.

La légende dit que ces fosses sont l'œuvre de conciles d'éléphants, aux temps où il y en avait dans le désert méridional : on sait le goût de ces pachydermes pour les réunions et les sarabandes nocturnes, en certains lieux d'élection. Kukong fut-il, jadis, une de leurs cours d'amour ?

Le *pan* de Kukong, qui s'étend au sud de la fosse, est d'un blanc salin à nous crever les yeux ; et dans les lointains mordus par les bourrelets du bush, pointent les quelques huttes de chaume qui valent à Kukong son « rond » sur la carte, et son titre de place habitée.

*
* *

Nous sommes rentrés dans la végétation. Est-ce de la forêt ? Est-ce un jardin ? Chaque épine a sa fleur, sa couleur, son parfum. Nous baignons dans une étuve où les senteurs sont confondues : tous les pollens de la nature, exacerbés par le printemps, voyagent dans le soleil.

C'est l'heure chaude, l'heure de serre, où la terre oblige les sens à communier avec sa transe enflammée. Nous sommes abrutis, grisés, éblouis. Nous en oublions que ces arbustes attendrissants nous déchirent cruellement : cette richesse d'éclosion en plein désert est un miracle de Dieu. Et nous sommes aussi troublés...

Voyage dans la beauté et dans le sang. Je n'ai plus de chemise, plus de bras. La piste (?) est une fondrière ! Nous zigzaguons autour de son axe. Les branchages ne sont qu'un chant d'oiseaux, dont les couleurs rivalisent avec celles des fleurs et des boutons. Les halètements de nos cylindres, sollicités en première, à fond de pédale, sont en sympathie avec ce cadre étouffant, et n'effarouchent même pas la gent ailée.

Depuis celui de Kukong, nous avons franchi deux autres *pans,* en plein bois. En voici un troisième. Celui-ci nous arrache des cris d'admiration.

Aux approches d'un *pan,* et l'annonçant en quelque sorte, la forêt descend. Mais cette fois, malgré l'avertissement, le spectacle garde tout son effet de surprise.

Une table rase de 1 000 mètres sur 700, étincelle entre les pentes boisées. C'est un cirque, une arène, entre les franges des bois. Pure merveille de blancheur, enchâssée. Et ce qui nous transporte surtout, c'est le nombre et la variété des bêtes y évoluant.

Des autruches, des hartebeests, des springboks, penchés sur le duvet ténu, sont là comme en présentation. C'est bien du cirque... : un cirque naturel, dans une forêt authentique avec d'authentiques animaux sauvages. Le bruit du moteur a fait se redresser toutes les têtes. Elles nous regardent avec étonnement. Quand le lourd camion accède au terre-plein du *pan,* Albert ne résiste pas à se lancer : après la molle étreinte du bush, cet autodrome est tentant. Notre course n'éparpille que les bandes les plus proches, qui se regroupent un peu plus loin pour apprécier notre vitesse en bêtes sachant ce que c'est que la rapidité.

Ressortir d'un *pan* est pénible, car c'est, en montée, la descente qui précéda. On est assourdi par les hoquets des pistons, luttant. Or les *pans* vont se succéder sans interruption... Nous traversons une zone en montagnes russes, dans une série de franchissements pénibles et de débouchés merveilleux. Que d'accrocs ! Que de difficultés !

Lors d'un de nos incidents mécaniques, un paon s'envole à me toucher. J'inscris à ce moment dans mon carnet, stupidement : « Paons, Pans, Pannes », comme symbole de cette journée... On devrait ne plus avoir ses esprits dans les heures de fatigue : les mauvais calembours deviennent une manie ! La pensée ne s'épure que lors des luttes extrêmes : je l'ai montré...

Il est évident que la piste de Lehututu ne suit pas sans raisons ce chapelet de petits bassins d'absorption : elle s'appuie ainsi, lors des pluies, sur une succession d'eaux naturelles. Je compte encore quatre *pans,* chacun avec son parc zoologique. A 16 heures, nous faisons halte pour déjeuner.

Le père O'Reilly réédite une scène qui lui est coutumière. Après avoir bien lu et mangé, il digère. Les boys, débarrassés de leur service, songent à eux-mêmes et se font mijoter une tambouille à leur manière. Le fumet est bon. Les narines du vieil Irlandais palpitent.

— Jeffries !

— *Sir ?*

— Montre-moi cette saleté que tu cuis.

Elle lui est apportée. Il la regarde d'un air dégoûté, hume :

— Cela n'a pas l'air mauvais : donne-m'en donc.

Il goûte... et consomme tout. Et comme l'heure de repartir sonne, nos boys n'ont pas le temps de recommencer la cuisine et doivent manger en route n'importe quoi, inconfortablement : quand on les appelle pour pousser ou pelleter, ils sautent de la plate-forme la bouche pleine. Malgré cela, ils adorent l'excellent homme !

Des bushmen ont séjourné près de nous : leurs cabanes, coques de noix en écorce de kameeldoorn, ont une vraie perfection de galbe et de clos. Leur départ est récent. Je trouve quelques pierres taillées pour servir d'ornements, des tas d'os et d'osselets.

En route !

Pif ! Paf ! Paf ! Cette fois le moteur se fâche pour de bon. Le sable nous engloutit. Nous roulions toujours hors de la piste... Je me rappelle ce cadre édénique de notre accident.

Les grands arbres sont emplis de nids en chapeaux de paille. Les oiselets, mécontents, ont quitté leurs abris et s'égosillent à côté d'eux, dans les branches maîtresses. L'un d'eux, palette ébouriffée, invention de grand couturier pour chapeau de haute mode, secoue la rangée de fleurs qui l'avoisine : on ne sait s'il pleut des pétales ou des plumes...

Derrière moi, l'affaire se corse. Deux essais de « décollage » ont échoué.

— Je n'en sors pas ! me crie Albert, exténué : venez donc voir.

Il s'astreignait à se dégager par l'avant, à la pelle ; or, comme le camion est incliné sur le nez, chaque démarrage l'a fait plonger et s'enfoncer davantage. Il faudrait donc l'extraire en marche-arrière, dans un puissant mouvement de recul. Ce plan est adopté. Terrassement. Fauchage d'herbes, pour matelasser l'excavation creusée sous les roues motrices. Croyant bien faire, nous présentons les herbes par la motte : je pense que l'appui offert au bond sera ainsi plus ferme. Découragés, mes amis me laissent l'initiative.

Nous y sommes. Albert reprend le volant. Son père et moi restons avec les hommes, prêts à intervenir. En avant ! ou plutôt : en arrière !

Grand bruit courageux. Et puis claquement... : le moteur hurle à vide.

Albert a coupé son contact, et descend, soucieux. Il va au pont, réfléchit, se redresse :

— *C'est fini,* fait-il : j'ai cassé mon axe gauche.

Il nous faut un temps pour assimiler cette réalité : elle ne chemine que peu à peu dans nos esprits ralentis, mais aboutit en coup de massue... Mes mottes ont fait butoir au lieu de tapis, s'opposant brutalement au vif effort des roues.

Nous avons emporté un énorme lot de pièces de rechange, mais pas d'axes ! Pouvions-nous prévoir cette avarie-là ? Oui, c'est bien fini. Et une grande, grande tristesse nous envahit.

L'irréparable nous bloque, avant même que nous ayons atteint Lehututu ! Mon désespoir est si énorme, qu'il provoque ma réaction. Je ne puis capituler. Un besoin de mouvement, de mouvement quelconque, prend possession de moi. Et je suis surpris de la rapidité, de la netteté de ma parole — presque irréfléchie :

— Lehututu est proche. On peut y arriver à pied. Mangeons fortement. Partons avec quelques vivres dans la nuit, à la fraîche : nous y serons demain. Une fois là-bas, nous aviserons.

— Folie ! gémit O'Reilly senior. Il y a au moins 70 miles.

— Non, 40.

— Vous vous trompez. Et puis, nous sommes épuisés.

Ça, c'est vrai : les pannes, les démontages, les remontages, les études du terrain usent les nerfs et disloquent l'organisme. Mes coéquipiers ont été plus éprouvés que moi : tandis que je photographiais, filmais, notais, eux, ils travaillaient de la pince, du marteau, de la clé.

— Excusez-moi : vous resterez. Les Noirs m'accompagneront bien, au moins l'un d'eux.

Les Noirs... ils ont parfaitement suivi le débat, et pris du champ en l'entendant s'orienter vers eux. Je rappelle Jeffries.

— Tu es jeune, lui dis-je, vigoureux : tu viendras avec moi.

Fuite des yeux devenus sournois, avec un éclair d'hostilité.

— Albert, insistez, dis-je, et décidez-le, pendant que je prends mes dispositions pour la marche.

Jeffries est son serviteur, et il lui appartient plus qu'à moi de le persuader : mais que cela aille vite ! Le jour baisse, il n'y a plus de chaleur, et il serait criminel de perdre un quart d'heure de ce crépuscule, encore bien éclairé, qui devrait permettre de tailler une avance facile.

Activement, je mets un short, une veste à amples poches, de bons bas et mes meilleurs souliers. Gourde molle de deux litres. Boîte de six sardines. Mon flacon d'eau de Cologne devient flacon de whisky. Je prends mon Leika. J'allais oublier ma torche électrique. Albert discute durement. Il a entraîné Jeffries à l'écart. Il le quitte bientôt d'un air sombre :

— Cet homme refuse. Il a peur des lions. Et il croit, comme mon père, que la distance est considérable. Et moi, je crois, comme lui, que les lions présentent un grand danger : ils pullulent, et la nuit, lorsqu'ils chassent, ils sont très à craindre. Je vous en supplie, abandonnez votre tentative !

— Cher Albert ! non, laissez-moi rire, quoique l'envie m'en manque : je suis blasé sur ces histoires de lions ! Nous n'en avons pas *vu* un !

— Cela ne veut pas dire qu'il n'y en ait point : ils sont très nombreux.

— Eh bien, ils le sont encore plus dans la Poche du Kalahari, car là, on les aperçoit à tout coin de bush : or, je les ai côtoyés sans mal. Ils ont une peur bleue de l'homme.

— Ici, les *natives,* en chassant, les énervent. Attendez au moins le jour pour partir ? La nuit, vous risquez la mort.

Je ne réponds pas.

— Réfléchissez, reprend-il : nous avons au moins quinze jours de vivres : avant que ce temps s'écoule, il passera bien un *truck* appartenant aux Indiens, ou à Potgrieter, ou au moins une caravane ?

Je m'abstiens toujours de répondre.

Jim a allumé le feu pour le repas que j'ai commandé. Jeffries voudrait se faire oublier, et l'aide en silence. Ils me rôtissent un cuissot de steenbok. Sur les braises, la cafetière fume. Avec la volonté tenace d'accumuler le maximum de forces, j'ingurgite un repas pour quatre : presque toute la viande, et toute la cafetière saturée de sucre. Mes chers amis, navrés, me contemplent. Peu à peu, admettant ma résolution, Albert revient aux idées pratiques :

— Si vous arriviez, et pour le cas où notre ami Potgrieter, le trafiquant dont je vous ai parlé, serait en ce moment, par chance, à son store de Lehututu, je vais vous remettre les caractéristiques de mon axe : il a le même *truck* que le nôtre, et, contraint à des liaisons régulières dans ce terrain chaotique, il a peut-être constitué là-bas un dépôt de pièces ?

Son père branle le chef et se met à pleurer doucement :

— Hélas ! Mr. Balsan n'arrivera pas ! Il va à la mort. Le laisser s'engager ainsi est pour moi horrible.

L'excellent cœur ! Il me touche. Il est temps de m'en aller. Je l'embrasse dans un élan sincère.

Pour avoir refusé de renoncer à l'Action, me voici encore une fois devant des instants graves. Au milieu de ces Anglais, plus froids, malgré leur sensibilité, et qui me prêtent des chances si faibles, j'ai la soudaine révélation de l'effort peut-être colossal dans lequel mon impulsion me précipite... Ma révolte contre l'échec m'aveuglait, jusqu'à cette minute : maintenant, je vois dans quoi je me lance.

Mais je ne reculerai pas, ne serait-ce que pour le record sportif de haute classe qui s'offre à moi. Je dévorerai tous les obstacles.

Cependant, la voix basse de la peur voudrait souffler en moi : « Attention ! tu viens, pour commencer, de dévorer un quart de steenbok : au bout de quatorze, quinze heures de marche, sans nourriture forte, les dévoreras-tu toujours, tes obstacles ? L'organisme a des limites... »

Respectueux devant une décision que rien n'ébranle, Jeffries et John s'approchent timidement, presque émus à leur manière. J'évite de regarder Jeffries. J'empoche deux œufs durs que me tend Jim, et serre sa main énorme.

Albert m'accompagne sur cinq cents mètres. Il est décomposé : et c'est lui qui reste... A la crête qui fait suite au lieu de l'accident, nous nous étreignons. Vu d'ici, embossé dans la ronce, le *truck* n'est plus qu'un monstre anormal et stupide. Ma montre marque 17 h 45.

Je m'éloigne à vive allure dans le sable, qui fuit sous ma semelle.

« Un rire cristallin fuse : c'est ma nymphe, qui, rassurée, se pique d'être gentille et m'apporte un renfort de lait frais de chez elle. Mais oui, elle était belle !
Son visage correspond aux promesses de sa taille.
Il est plein de séduction, avec des yeux dont le noir mange l'ivoire. »

CHAPITRE XVII

DANS LA NUIT

Course solitaire pour gagner le Poste de Tsane — Un souvenir confus — Aucune chance ! — Le *Corporal* Kalabeng.

Elle m'a enveloppé de façon insensible. Entraîné depuis quinze ans au cross-country, j'ai tenu mon allure, intermédiaire entre le pas et la course. Dans les *pans,* j'ai couru. Sur la piste, j'ai poussé le train en sautant ou en évitant les mottes d'herbe dures. Maintenant, je bute. Première chute. Il faut prendre la prudente marche nocturne.

Heures lourdes. Soutenu par mes muscles, frais, me sachant au début seulement de ma bataille, je ne pense qu'à gagner des miles, et pour cela, je ne pense à rien. Mes yeux n'ont pas de distractions dans les ténèbres. La vague blancheur de la piste mince, envahie de ronce, et au-dessus de moi la vague clarté de la bande de ciel fendant le bush, sont mes deux seuls guides. Je suis une mécanique à couvrir la distance.

Minuit. Six heures de footing douloureux. Les tentations d'arrêt augmentent, avec maints bons arguments à l'appui : l'exemple de la pause horaire militaire, qui n'est pas une invention vaine, la vertu régénératrice d'une courte trêve, la nécessité de manger un peu, etc., etc. Je finis par céder au moins mauvais : le freinage que me causent mes souliers pleins de sable. Dix minutes me suffisent à les vider, et à casser un œuf. Il fait froid. Je suis en nage. Le whisky me semble le tonique qui s'impose : je bois mon flaconnet d'un trait. Comme on est lâche, avec la logique ! Cependant, cette goutte d'alcool fouette mon optimisme.

2 h 30. — Un coup de torche donné pour me dégager des ronces m'y révèle deux melons : les premiers visibles en cette nouvelle expédition ! Le Créateur glisse décidément ces *sammas* sous mes pas aux instants critiques. Dix autres minutes réparatrices se passent à manger l'un des *sammas*. Je garde l'autre. Ma torche, accrochée à un épineux, découpe dans le bush une chapelle-réfectoire. Un craquement inquiétant me redresse une seconde : mais mon balayage électrique se heurte au réseau barbelé des branchages ; impossible de percer le mystère des coulisses. J'ai pourtant eu l'impression d'une présence… Sont-ce nos lions ? Je le voudrais, pour la véracité des théories d'Albert.

La phase qui suit est la plus dure. Je le sais en m'y élançant, je me répète que c'est le délai crucial, long, décisif : le raccord avec l'aube. Le froid y est mon auxiliaire : en m'empêchant de m'arrêter. Par chance, je me suis mal couvert, de sorte que, même si je cédais à la souffrance qui commence, aux griffures des ronces, à l'ankylose des genoux, je ne pourrais demeurer immobile sans un frisson mortel. La bise de nuit est glaciale, et salvatrice. Pour y résister, il n'y a d'autre moyen que de remuer, enjamber, clopiner, foncer toujours.

Une de mes joues, labourée, saigne en bonnes gouttes chaudes. Mon eau, mon *samma* et mon Leika me martèlent les flancs à une cadence propulsive. Malheureusement l'effet de lime du sable a vaincu mes chaussettes, et s'attaque à mon épiderme. La rage me gagne contre ce sable, si fin, si doux au jeu des doigts, et qui sait être hostile ! Il me blesse, me fait buter, m'enlise… Maudite merveille !

Mon pire obstacle, ce sont ces touffes herbeuses déchaussées, dont les mottes saillent, couturées de radicelles, et très dures. Je ne cesse de m'y heurter. Quand je les ai éviter sur cinquante mètres à la torche électrique, et que, lassé de m'éclairer, je crois pouvoir me fier à mon flair « pédestre », et que j'éteins, je dégringole… Heureusement que le temps, lui aussi, dégringole. Ma montre est encourageante.

J'aborde en ce moment un *pan* — encore un… Un énorme grondement s'élève. C'est le mugissement d'une troupe nombreuse.

Wildbests ? Peut-être. La fuite de ces animaux dérangés présente des risques : ils seraient capables, en se sauvant, de me passer sur le corps. J'avance donc à grands moulinets de mon fanal, sans y voir pour cela, car le *pan* est cotonneux de brouillard. Mais le bruit d'une débandade m'assure que la place est libre. Je foule joyeusement ce mot laiteux, nu, lisse, solide. Un bon trois cents mètres en bon terrain : rien de meilleur pour chasser la courbature.

Attention, tout de même : sur la carapace des *pans,* il n'y a presque plus de trace de piste, et si je m'y égare, la promenade à la torche, en lisière du bush, pour me reconnaître, serait longue, je risque de me retrouver à l'envers : non sur le passage qui continue, mais sur celui qui m'amena, et de marcher à rebours sans m'en apercevoir.

6 heures. — Il y a douze heures que j'ai quitté le *truck*... Je suis très épuisé lorsque le jour se lève, dans mon dos. Je le devine sans me retourner, au rosissement du ciel. Tentation d'arrêt sous un prétexte poétique, cette fois : contempler un instant l'enfantement de la lumière... Si j'y cède, je tomberai dans le sommeil. Je résiste donc, en n'accordant que des coups d'œil, en marche, au prodige matinal. Il en vaut la peine !

Le soleil ne surgit pas d'un jet, comme à l'équateur : il est ici devancé par une gamme de tons, allant du rose à l'orangé. Il y en a pour vingt ou vingt-cinq minutes d'éclairement progressif. C'est quand, semblant issue de mon corps, mon ombre s'allonge devant moi, que je suis averti que le nouveau plein jour est né...

C'est bien peu de chose, un homme, luttant aux limites de ses faibles forces, tout seul au sein de la nature sauvage ! Quand j'aurai bu ce qui reste de cette gourde de toile, qui bat mon flanc, ma « portée » se réduira à quelques dizaines de kilomètres.

Ce n'est pas que j'aie peur de mourir, dans cette beauté. Je l'aime. Elle peut me tuer. Mais je voudrais qu'elle m'aimât, elle aussi, en me donnant les ailes de ses oiseaux, qui y sont libres, les ressources de ses animaux, qui y ont leur vie régulière...

Le jour qui monte ne vainc pas vite le froid.

8 h 45. — Possibilité, maintenant, et nécessité de faire halte, et de réfléchir. La phase de progression forcenée est acquise : où m'a-t-elle conduit ?

Je me suis affalé sous un kameeldoorn sans ombre, car le soleil frappe encore de biais. Il ne fait qu'à peine tiède. Mes aines sont atrocement douloureuses. Mes jambes griffées sont des cartes géographiques à rivières et affluents multiples. Jugulant ma soif avide, j'essaye de penser aux Bushmen, pour tirer comme eux *très doucement* sur le liquide de ma gourde. Je me contrains à ne pas sentir l'énorme jouissance que cela me donne : sinon tout y passerait... Je veux me considérer d'un point de vue strictement mécanique, comme un simple radiateur, sans système nerveux ni sensoriel, auquel on ne donne que son appoint juste. Les vivres, eux, je les solde... Il ne me restait d'ailleurs qu'un œuf !

Voilà pour les soins. Et maintenant, réfléchissons si possible. Depuis le lieu de l'accident, j'ai marché exactement quinze heures, pauses déduites : à mon allure moyenne, j'estime avoir couvert 75 km = 47 miles. Mais alors, l'objectif recule ? J'avais pronostiqué 40 miles...

Or, ma résistance est entamée, et j'ai besoin de connaître au moins le maximum de ce qu'il y a encore à exiger de mes forces. C'est facile. A Kakia, au store de Rowland, un coureur de Kalahari, nous avons recueilli des données basées, évidemment, sur le compteur du *truck* de cet Indien, mais de la sorte certainement exactes. Nous avons noté, entre autres, une distance estimée à 85 miles de Kukong à Lehututu. Comme nous avons au bas mot abattu 30 miles entre Kukong et le lieu de notre accident, nous avons dû tomber en panne à 55 miles de mon but. Tel doit être le chiffre exact, dont nous disputions hier soir, les O'Reilly le surestimant pour m'arrêter, et moi le sous-estimant pour les entraîner. Si j'en soustrais à présent les 47 miles probables de mon trajet nocturne, je n'ai plus devant moi que 8 à 10 miles : 15 kilomètres, trois heures de marche. Mettons cinq, avec le sable, terrible : et, en avant...

Je sens, en me relevant, mes dommages. Une rouille brûlante grippe mes jointures, et malgré mon breakfast théorique, mon pas s'enfonce et titube. Mais je m'accroche à deux données fondamentales : « Encore 15 kilomètres » et « Arrivée à 14 heures : *limite.* »

Malédiction ! Sous cette chaleur qui monte trop vite, mon ressort n'est plus celui de cette nuit ! Tête nue, mes cheveux brûlent. Ma gorge se dessèche, mes lèvres gercent. Il s'agit de recommencer, à bout d'eau et d'aliments, une nouvelle phase cruciale, que j'avais cru terminée à l'aube : heureusement que je n'ai pas trop tôt effectué mes calculs...

10 heures. — Un dédoublement de la piste...

Il était possible, prévisible : ma furie rectiligne m'obnubilait à ce point, que je ne concevais que la lutte en ligne droite. Ici, il va falloir choisir une direction. Pour cela, penser. Le puis-je ? Mon raisonnement me donne l'impression d'un bourdon, qui, dans ma tête, s'amuse. Je me rappelle que sur la carte de l'*Imperial Reserve,* à courte distance du quadrilatère habité Lehututu - Lokwabe - Hukuntsi - Tsane, la piste que je suis bifurquait vers Tsane : comme je suis forcément arrivé maintenant à courte distance des quatre villages noirs, le débranchement qui se présente ne peut être que celui de Tsane.

Or, Tsane est moins loin que Lehututu ; en outre, le *Camel Corps* y a un poste, avec un sous-officier noir, quelques hommes, des chameaux, peut-être une radio... Une radio ? Cela permet la liaison, l'appel au dépannage... J'adopte la piste de gauche.

En l'honneur de mon « inspiration », j'avale le fond clapotant de ma gourde.

J'ai un souvenir confus des minutes, des quarts d'heure et puis des *heures* qui suivent... Mon ardeur se mue en persévérance, ma persévérance en volonté détachée des contingences : je constate une fois de plus que notre qualité humaine ne prend sa pleine valeur que lorsque, poussés à bout, nous nous débarrassons de la nocivité de notre appareil mental. Nos muscles tombent sous la loi d'une conduite autoritaire ; ils surpassent les forces et les limites que leur assigne la médecine « bourgeoise », à condition de ne pas suspendre leur action. Et le cœur tient, le cœur moral, le vrai : l'âme.

O saintes élévations des pointes de surmenage ! Je m'excuse de les décrire encore — pour les avoir revécues. Dans ces foulées ultimes, plus l'espoir de survivre s'amenuise, plus s'épanouit la sérénité devant la mort. Je récapitule ma vie en haut survol. Je m'y juge sans indulgence, et j'y suis indulgent pour les autres. Je regrette de n'avoir pas toujours été ce que j'aurais pu être, après ces hautes minutes de clairvoyance. Dieu se rapproche, et les passions s'éloignent. Je "Le" sens autant autour de moi qu'en moi. La faim, la soif, ont perdu de leur importance matérielle : j'en ai franchi le point critique ; je ne suis plus que le jeu d'une force surnaturelle avec, dans les yeux, une déjà divine lumière.

C'est le secret de la macération des ermites, où m'introduit le stade du paroxysme de l'usure. Le Bouddhisme a tort de placer l'état angélique, l'*Atman,* entre la vie facile et l'éreintement : je crois qu'il est plus loin, et que plus l'on avance dans l'épuisement, plus on entre dans ce jour translucide de la Révélation.

Un coup d'œil involontaire à mon bracelet-montre, dans un choc, rend une lueur de lucidité à ma « conscience ordinaire » : 15 heures. J'avais évalué 14 heures comme dernier délai ; mon raccourci vers

Tsane aurait dû me faire gagner encore une demi-heure : mais toujours rien... J'aurai mal interprété le croisement. Je suis perdu. Je m'enfonce au sud-ouest, dans l'inconnu... Cette piste semble à peine fréquentée depuis une longue distance.

Il ne me reste qu'à prendre un peu de repos avant une ruée suprême.

Je dégage, dans les épines, une place assez ombreuse. Que fourmis, lézards m'envahissent à leur guise : tout m'est indifférent. Je m'octroie un temps de grâce d'une heure. Mes yeux en suivent l'inexorable écoulement sur le cadran de ma montre.

Je médite sur mon destin avec calme et tristesse : aucune chance. Je vais mourir tout près des quatre centres noirs. Je les ai manqués. C'est stupide. C'est sans gloire. C'est indigne de l'audace victorieuse du raid Molopo-Nosop. Il eût mieux valu mourir là-bas, dans la Poche, au fameux camp des lions, par exemple, quand nous perdîmes nos bêtes. Ou parmi les rats. La contrée était réputée infranchissable : y périr était respectable.

Comme là-bas, les images des miens passent. J'éprouve une sorte de honte à leur égard. Mais peu à peu l'affection dissipe tout examen de tort ou de raison : celui qui va partir dit un profond et simple adieu, attendri par la fatigue, à ceux qu'il aime. J'y vais carrément de ma larme... Et puis lourdement, la concentration de volonté nécessaire au dernier bond s'opère.

*

* *

16 heures. — Soulèverai-je ce bloc de courbatures ?

Juste à cet instant pathétique, un meuglement jaillit des fonds du bush. Ce n'est point une bête sauvage, qui a mugi. C'est un bœuf : j'en suis sûr !

Par saccades, je cours. Autre meuglement, toujours du même côté. Je me précipite. Et je vois...

Un noir troupeau défile au loin sous le taillis, cortège d'ombres. Il semble conduit. Effectivement, sur le flanc de ces grands animaux aux cornes effilées et aux brutales feintes de charge, j'aperçois une silhouette mince, bleue, enturbannée de blanc : une femme !

Je crie, j'agite ma torche, dont le nickel étincelle. J'oublie qu'à distance, avec ce semblant d'arme, en lambeaux, un mouchoir enserrant ma chevelure, j'ai l'air d'un fou sanguinaire. Et ce qui est pire : d'un Blanc fou ! Elle fuit.

J'essaye d'adoucir ma voix : ma gorge calcinée s'y refuse. La belle accélère. Car belle je la vois, en même temps que fuyante de cette déroute qui me condamne ! J'éprouve *vraiment* pour elle en cet instant de l'*amour* et de la *haine*.

Mais remarquer sa taille étroite, ses hanches pleines, et le charme de son effroi gracile, c'est une preuve que je demeure sensible — sinon sensuel — et que ma carcasse tient encore ? Allons ! je la rejoindrai, la nymphe, et, par elle, les hommes : je tiens le fil vital.

Sans la gagner de vitesse, je reste à vue. Elle a du jarret, la diablesse, et me donne un mal extrême ! Elle a abandonné ses bœufs, qui foncent en désordre. Accroché à ses trousses, je finis par apercevoir trois huttes, au centre d'une clairière.

Des enclos de branchages entourent une aire à bétail. Des bushmen, probablement familiers de ce petit village de la forêt, errent, nus, auxiliaires commodes pour la garde du cheptel et la chasse. Devant un porche, un jeune Kalahari à luisante musculature travaille un morceau de bois. C'est à lui que va la femme : il est son mari. Je m'approche avec des signes amicaux, à grands pas tranquilles. Il n'est pas effarouché.

Contact en baragouin, où quelques mots anglais ont place : le garçon est en relation avec l'Indien de Lokwabé, et avec le Poste de Tsane. Il a un peu de « frottement » britannique. On m'apporte une jarre de lait caillé, je m'accroupis, et longuement, je refais mes forces. La blancheur du breuvage m'éblouit, sa richesse me comble, ses grumelots m'étranglent. Je n'en puis détacher mes lèvres. Et ces indigènes, connaisseurs en harassements presque mortels, attendent tranquillement que je répare mon mal.

Cependant le temps qui s'écoule, et la baisse du niveau dans la profonde écuelle, finissent par les frapper, et leur révéler que mon effort fut anormal. Ma « consommation » en témoigne mieux qu'un compteur. Je crois que j'ai avalé deux litres...

Un rire cristallin fuse : c'est ma nymphe, qui, rassurée, se pique d'être gentille et m'apporte un renfort de lait frais de chez elle. Mais oui, elle était belle ! Son visage correspond aux promesses de sa taille. Il est plein de séduction, avec des yeux dont le noir mange l'ivoire.

Désaltéré ou repu, comme on voudra, je m'accorde une cigarette en m'allongeant douloureusement sur le sable.

— Deux ânes. Deux schillings. Tsane, dis-je à l'homme.

Il comprend, et accepte. Pendant qu'il sangle ses animaux, en les sellant de peaux plus sales que leur poil, d'atroces femelles bushmen se risquent auprès de moi. Elles, elles sont franchement laides ! Nues, bestiales, lubriques, elles ont d'énormes gorges agitées au-dessus de ventres qui ballonnent et se complaisent à s'exhiber. Finalement, elles éclatent en petits cris rauques, et ricanent. Elles doivent être des bâtardes de leur race originelle avec des trappeurs kalaharis.

*
* *

Les ânes nous emportent d'un pas qui sent l'usage de la baguette. Lestement, nous allons au nord : j'avais dévié vers Lokwabé, où j'aurais abouti, à quelques miles, en continuant.

Remonté par le caillé, nourriture digeste et légère, je goûte une détente dans cette équitation, après ma bagarre à pied de plus de vingt heures, mais dois me gendarmer à tout instant contre l'offensive du sommeil. Je croyais, avec mon *truck* puissant, avoir pris congé des marches à l'épuisement, et aussi des bourricots !

Springboks et duikers jouent ingénument dans la brousse, sous le soleil qui se couche.

Nous mettons trois heures à gagner Tsane. La nuit est noire. Je n'y vois rien. J'entends. Des huttes très espacées dans les chaudes ténèbres, me parviennent des chants de filles, de gamins, de temps en temps une voix d'homme. Des chiens se répondent. Une vaste étendue de jungle habitée me cache sa vie secrète.

La cueillette du bois a décimé les arbustes, car nous traversons une défriche, où chèvres et moutons nous courent dans les pattes. Je cède au charme de cette Afrique que j'aime, à son parfum, à son harmonie spécifiques. Mon conducteur me tire de mon envoûtement somnolent :

— C'est là.

— Quoi ?

— Le *Camel Corps*.

— Ah !

Je ne distingue qu'une haie d'épines. En m'appliquant bien, quelques toits de paille me semblent se détacher sur le ciel. J'appelle. A la troisième exhortation, et après quelques coups de balai de ma torche électrique, un résultat se dessine. Bientôt un géant d'ébène, à face joviale, sort, suivi de quelques hommes aux yeux papillotants.

— *Corporal* Kalabeng, *Post Commander.*

Je n'y vais pas par quatre pistes : je me nomme comme le grand ami de son chef, le major Langley, et dis que venant d'avoir un accident, j'ai besoin ce soir de gîte, et demain d'aide.

Cet homme me fait confiance sur-le-champ : à l'apparence, à la voix, au geste.

Je viens de rencontrer celui dont l'intelligence et le dévouement aveugle auront une incidence inappréciable sur mes entreprises prochaines.

Mon ânier touche son salaire, et s'en va coucher dans une hutte où l'on festoie pour quelque mariée nouvelle. J'entre au Poste. Que d'aventures depuis hier ! Le temps écoulé me paraît un siècle.

« Le trajet est de 8 miles. Le bled fuit devant nous, chauve, et déjà sous les fureurs du soleil. Il est défriché sur d'immenses étendues. Il en résulte cette savane, où le gibier se mèle drôlement aux troupeaux sans surveillance. Je vois un duiker à côté d'une chèvre ! »

CHAPITRE XVIII

LA NEGOCIATION DE LOKWABE

Course à chameau avec Kalabeng — Cheptel de 10 000 bœufs — Un homme à aborder carrément — Une Jeep.

Où est-ce que je m'éveille ? Ma couche est faite de douces peaux de chacal, sur un sol net, dans une hutte circulaire au badigeon blanc, sous un chapeau de chaume conique. Pas d'insectes. C'est vrai : ... je suis au *Camel Corps*.

Je reviens à la conscience des choses, avec sur moi le « coup de bambou » du mort sortant de son sépulcre. Le soleil flamboie aux jointures de ma porte. J'ouvre. Une admirable vision est là...

A mes pieds, le vaste *pan* de Tsane, profondément encastré, ressemble à une mer évaporée dont il ne resterait que le sel. De hauts kameeldoorns s'inclinent sur ses rives, rappelant les pins de Toulon et de Cannes. Des troupeaux défilent aux puits forés en bas du Poste.

Ce Poste occupe une belle plate-forme. Quelques huttes le composent. Une ceinture épineuse l'enferme. De même qu'à Tsabong, pour respecter le sable intérieur, des pierres blanches marquent les parcours à suivre. Et comme s'il épiait mon réveil, voici venir Kalabeng au long d'un de ces tracés.

Du plus loin, il m'adresse un salut militaire.

En le voyant, les détails de la nuit me reviennent en mémoire : son accueil, le souper dans sa case, les huit tasses de thé que j'ai bues, les lettres de Langley montrées tout de même, ma demande pour ce matin de deux bons chameaux, avec lui pour cicerone. Et puis ma retraite vers la case d'officier à laquelle, dans le noir, il m'a conduit... Car il m'a traité en officier. Il a senti mon amitié pour ses chefs, et mon tempérament militaire. Dès lors, il m'a servi. Et c'est dans les mêmes dispositions qu'il m'aborde ce matin : aux ordres.

— A quelle heure le départ, *Sir ?* Les chameaux viennent de rentrer.

— Dès que je me serai lavé.

La corvée apporte l'eau. Deux soldats aux figures ouvertes emplissent une bassine de zinc. Mon bain est un délice. Mes blessures collées s'y dissolvent. Nettoyé, pansé, je réponds, plein d'un joyeux appétit, aux invites du corporal pour un breakfast.

Nous voici revenus dans sa case à l'autre extrémité du Poste. Tous les raffinements d'un sous-officier noir en lointain détachement pendent aux murs : ceintures, sacoches, linge personnel. La réserve de cigarettes occupe l'appui de la lucarne. Les armes, fourbies, ont le coin d'honneur. Le lit de camp est bordé de ces couvertures roses, dont toute l'Afrique raffole. Une table pliante sert à écrire, et à manger. Et nous allons y manger pour vingt-quatre heures, car j'ignore les « suites » qui m'attendent.

Des œufs barbouillent une grillade de mouton. Le thé coule, alourdi de lait et de sucre. Une petite Noire appelée Feïta fait la cuisine, et le soldat Joseph nous sert. Au-dehors, protestation des chameaux, que l'on selle.

J'ai l'intention de courir à Hukuntsi pour voir si Potgrieter y séjourne en ce moment.

— Je le crois, me dit Kalabeng, qui est censé être au courant des allées et venues sur son territoire.

Tsane est cependant un très petit poste, sans *truck* de liaison, sans radio... On y dépend donc des pattes des chameaux, et on les soigne, car on n'en aurait point de rechange : les indigènes n'ont que des ânes.

Les bêtes, qui me semblent bonnes, sont sellées en selle anglaise devant la bosse, le trousquin s'y appuyant, le pommeau se relevant sur un rouleau de couvertures. Une double sangle maintient le tout. C'est du « pratique » au détriment du pittoresque... Où est la *roualla* de nos goums ?

Les pieds du cavalier pendent au droit des épaules. Le crochet nasal est un touret métallique. La rêne, qui s'y attache, passe de l'autre côté de la tête par la sous-gorge. Ce montage classique transforme toujours l'action de la main en effet d'appui, soit contre la joue, soit contre le col, suivant le sens dans lequel on veut tourner.

Le trajet est de 8 miles. Le bled fuit devant nous, chauve, et déjà sous les fureurs du soleil. Il est défriché sur d'immenses étendues. Il en résulte cette savane, où le gibier se mêle drôlement aux troupeaux sans surveillance. Je vois un duiker à côté d'une chèvre !

Ma compagnie enchante Kalabeng, qui bavarde comme une pie. Il est Bangwaketsé, de Kanye, où sa femme demeure. Il répond au roucoulant prénom double de Rapontsheng Nthusang. Cela veut peut-être dire quelque chose comme Jean-Marie... C'est un hercule touché d'obésité, mais étonnant de vivacité physique et mentale. Il a fière silhouette en selle. Et son anglais, bien meilleur que le mien — ce dont il ne tire aucun orgueil — est imagé et lapidaire. Il dit beaucoup en quelques mots, et je m'instruis.

Ce qu'on appelle Lehututu, nom que 99 % des gens ignorent, même en Union sud-africaine, même en Angleterre, et que les géographes informés prêtent à une capitale noire, à une sorte de « Smara » ou de « Koufra » kalaharienne, ne s'applique qu'à un semis de huttes, peut-être cinq cents, dans le bush, autour d'un *pan*. Il y a trois autres *pans* proches : celui de Hukuntsi, où nous nous rendons, celui de Tsane, dont nous venons, celui de Lokwabé, où j'allais aboutir dans ma course d'hier soir. Chacun a attiré autour de lui un village semblable. Donc Lehututu, Hukuntsi, Tsane, Lokwabé, sont *une zone habitée*. Le cheptel local compte 10 000 bœufs.

Les jours ne pèsent pas à Kalabeng. Il a le contrôle de la chasse, et particulièrement de l'activité des Bushmen. Il arbitre ensuite les litiges divers. Les « gros » cas sont réservés aux venues de Fairlie, ainsi que le jugement des crimes — rares. Il est en liaison chamelière périodique — cinq jours de caravane — avec Tsabong, qui est son échelon de rattachement. Les chameaux que nous montons partiront pour là-bas demain.

Les visites d'officiers sont extrêmement espacées, et les responsabilités laissées à ce corporal de couleur l'honorent. Ses moindres paroles reflètent d'ailleurs la fierté de sa mission. Il ne se prend pas pour rien ! Et cette gloriole enfantine est en même temps de très bon aloi, car elle ne reflète que le sentiment de la confiance accordée.

En bavardant, nous restions au trot, mais le grand espace appelle la course, et je propose :

— Veux-tu que nous essayions de la vraie vitesse ?

— Comme il vous plaira, *Sir !*

Et je lui fais une petite démonstration d'effet de rêne à droite, et baguette sur l'épaule gauche, ou inversement. C'est un bond... En soutenant le rythme par des battements cadencés de mollets aux épaules, nous volons. Nos chemises se dilatent. Nos chameaux prennent goût à cet élan, et luttent. Les herbes crissent. Plus vite encore... Atteindrons-nous le galop ? Hukuntsi « arrive » trop tôt...

Autour de son *pan* démesuré, il n'y a pas de huttes visibles : il faudrait des yeux de lynx pour les discerner. Par contre, isolé au centre de la dépression livide, le store de Potgrieter apparaît : trois baraques, un kameeldoorn, un puits, et, cuisant en plein soleil, un *truck* : *Potgrieter est là !*

Il nous a entendus, et vient à nous. A son œil direct, il ne peut être qu'un chic type. Il a mon âge, est bien taillé, et sobre en paroles. C'est un homme à aborder carrément.

— Salut, dis-je : je suis un ami des O'Reilly. Ils ont l'axe gauche cassé à leur pont. Ils sont dans la brousse du côté de Kukong. J'ai fait vingt heures de marche forcée pour chercher secours... et me voici, pour en causer avec vous.

Mes loques illustrent ma déclaration.

— Vingt heures de marche ! fait-il, en ajoutant un mot qui doit équivaloir à « mazette ! ».

Et Kalabeng, fort excité de me produire, de commenter cette mémorable liaison, et mon arrivée nocturne à son camp. Mon cas est valorisé du premier coup.

— Entrez donc !

Tandis que nos chameaux baraquent, je suis mon nouvel hôte dans son réduit. Il m'invite à me restaurer en causant. Beaucoup de porridge, peu de paroles, telle se résume la scène. Potgrieter n'a pas d'axe, ne peut prêter celui de son camion, mais il va me conduire à Lokwabé Store, chez Sayed Saïdu Rasul, le fameux Indien résident.

— Moi, fait-il, je ne viens que rarement, et suis peu équipé. Les Rasul sont fixés, eux, pour leur considérable commerce, et ont ici beaucoup de matériel et de pièces.

Potgrieter est décidément fort sympathique. Il porte un des plus vieux noms boers de l'Afrique du Sud, nom que l'on retrouve dans le livre *Le Grand Treck* (la grande caravane) — au fait, j'aurais pu intituler le récit de ma deuxième expédition : *Le grand Truck...*

Son camion est mis en route. Kalabeng nous accompagne : un gamin du store ramènera les chameaux. Un parcours identique à celui que nous venons de faire, montés, nous porte vers Lokwabé.

J'admire la hardiesse de Potgrieter dans ce sable à chameaux. Il s'y prend mieux qu'Albert, avec plus d'expérience, plus de décision. Il attaque plus franchement et il fignole moins. Il ne franchit en souplesse que les passages pas trop fondants. En zones molles, il écrase l'accélérateur, et gagne centimètre par centimètre par un imperceptible zigzag du volant, qui ouvre la voie aux pneus avant. Il ne ralentit pas pour un tronc d'arbre abattu ! Ses changements de vitesse sont violents ! Mais à tout compter, ce dur régime sans pannes fatigue moins le camion que les nombreux ensablements résultant d'un régime trop doux...

Nous atteignons Lokwabé d'une traite de dix miles, où un conducteur minutieux aurait compté dix enfoncements.

Le store a, dès ses abords, une atmosphère indienne. Indigènes tirant des animaux, portant ou emportant des sacs, des couffins, filles baguenaudant, fébrilité générale, et, dans la foule, ces trois sveltes jeunes hommes, au teint ocré et aux yeux noirs, bien d'Orient, qui lancent des ordres, des questions, des réponses, et qui commandent au remous humain.

Le *truck* s'est arrêté à l'extérieur du mur d'enceinte, bas. Nous fendons à pied le flot bigarré. Un parc d'autos encombre la cour. Sous le *roof* [1] de la demeure, surélevée d'un mètre contre les insectes, un vieillard fume sa pipe, en regardant paisiblement son bien. Il n'a qu'à observer ses fils. Il porte la lévite noire et le fez. Sa peau parcheminée est encadrée de barbe blanche, et sous les sourcils denses brille un sombre regard intelligent. Sayed Saïdu Rasul a un beau geste pour vous prendre la main.

Potgrieter et lui conversent. La voix de Potgrieter martèle ses mots. Le vieillard l'écoute sans cesser de suivre les fluctuations de sa cour. Pas un sac de graine qui rentre, ni une cotonnade qui part, n'échappent à sa vue d'aigle.

— Osman ! appelle-t-il.

Un de ses fils accourt. Il lui dit quelques mots.

— Oui, m'explique Kalabeng ; ils possèdent trois *trucks* Chevrolet, l'un qui sert chaque jour en déplacements autour d'ici ; l'autre qui assure les grandes liaisons, et que l'on prépare pour Mafeking ; le troi-

---

1. Galerie externe ombragée par un prolongement de la toiture.

sième enfin qui est en réserve. Ils vont démonter sur ce dernier l'axe qui vous est nécessaire, et vous le prêter.

— Mais comment le porter aux O'Reilly ?

— Ça, ça reste à voir, me lance Potgrieter, qui série les problèmes.

Ne pressons rien. Je les laisse conférer, et descends dans la cour. Tout de suite, une chose me frappe : à qui peut appartenir cette Jeep que je ne voyais pas, coincée entre deux camions ? Au moment où je m'interroge, un grand jeune homme blond et hâlé sort d'un bâtiment, avec de l'outillage en main. Il se dirige vers la Jeep comme vers sa propriété. Un des frères d'Osman l'aide. Ils remontent le carburateur, veillent aux pleins des réservoirs. Je m'approche et me nomme.

— J... J..., se nomme à son tour le jeune homme, en me tendant une main maculée.

A part le regard, un peu bas, et légèrement fuyant, tout en lui me plaît. Il s'est remis à travailler. Je lui dis :

— Vous aussi, vous habitez Lokwabé ?

— Non : je visite les Rasul pour affaires.

— Ah, bien ! Et d'où êtes-vous ?

— Je suis établi au nord, près de Ghanzi.

— Non ?

— Cela vous surprend ?

— Pas du tout : cela m'intéresse !

Un silence entre nous, car la cour bruit plus que jamais. Mes idées galopent :

— Et vous repartez ?

— Non. Pas encore. Je mets ma Jeep au point.

— Accepteriez-vous de m'emmener ce soir à une soixantaine de miles sur la piste de Kukong, dépanner mes amis O'Reilly ?

Et je réédite pour lui à grands traits toute l'histoire, et celle de mon arrivée, seul, à pied.

Il relève le nez hors de son moteur.

— Seul ? A pied ?

Kalabeng me rejoint encore une fois à point nommé, et décuple les proportions de mon récit. Je crois qu'il vient d'en faire autant auprès de Rasul, qui, escorté de Potgrieter, me cherche avec intérêt... Rasul me dit dans un anglais impeccable :

— C'est de la folie, *Sir,* ce que vous avez fait : un lion, la nuit, suit son homme sur 6 ou 8 miles, et s'il s'entête, l'homme est mort. Croyez-en mon expérience : vous avez échappé au pire.

Potgrieter hoche la tête, approbateur. J... J... est subjugué. Le jeune Indien se passe sur le front un bras graisseux, et me scrute à son tour avec une dévorante curiosité. Décidément, j'ai eu du mal... mais le résultat est payant ! Je me suis acquis une cote.

J... J... se remet à son réglage hâtivement : cette hâte me répond qu'il accepte de me donner satisfaction, et s'y prépare sans plus tarder. Je n'hésite pas à annoncer à Potgrieter, devant lui :

— Mr. J... J... a la gentillesse de me ramener jusqu'aux O'Reilly. En Jeep, ce sera une promenade : venez-vous ?

Le visage de Potgrieter s'éclaire :

— Après tout ? Pas fâché d'aller moi-même tirer ces vieux amis de leur taupinière !

« Quelques jeunes portent sur leurs poitrines d'assez jolies protubérances. Enfin, il y a des exceptions presque attachantes par leur qualité... »

CHAPITRE XIX

SURPRISE NOCTURNE DES BUSHMEN

Une grande envie d'en savoir plus — Concert de chiens —
Une bouleversante Carmen noire — De la vraie eau !

C'est un fou ! La conduite impitoyable, mais rationnelle de Potgrieter était de la guimauve à côté des excentricités de J... J... ! A pleins gaz, sa Jeep bondit, déborde de la petite piste, écrase un arbuste, replonge dans la voie libre, s'enfonce, décolle en sauts.

Les premiers miles nous ont saisis à l'improviste. A ce train, la végétation nous attaque sous la capote sans toiles sur les côtés. Potgrieter tient son casque d'une main, un montant de l'autre, et lâche soit le casque, soit le montant, pour se protéger les yeux. Il a des manches, le veinard ! Moi, bras nus, quand je me voile la face, ce sont mes bras qui prennent...

Cela rappelle les plateaux électrifiés des foires, où le jeu consiste à se caramboler avec de petites autos rondes...

Pour le Kalahari, nous tenons une vitesse inimaginable : l'aiguille oscille entre 20 et 25 miles-heure.

J... J... mâchonne une herbe et manie le volant à grandes prises, comme un gouvernail, ou plutôt comme des commandes d'avion : du pilotage à trois dimensions. Il est à peine croyable que la mécanique résiste à un tel régime !

— C'est incassable ! hurle-t-il. Et amusant, hein ?

A la longue, je me prends à admirer, dans sa brutalité, sa maîtrise. Au fond, c'est un virtuose. Une fois que l'on admet que la démolition ne compte point, on est obligé d'apprécier sa sûreté de main. Il y a des instants où ni moi, ni Potgrieter, je le jure, ne savons plus où nous en sommes. Ecarts et soubresauts, avec projection dans la ronce, nous enlèvent tout contrôle. Juste le temps d'entrevoir l'arbre majeur qui va marquer la fin de l'aventure : J… J… lance un sifflement, et l'évite *in extremis*.

Ce qui complique la manœuvre — puisqu'il tient à aller tambour battant — c'est que cette piste est découpée par des traces de *trucks*, et que leurs sillons sont bien plus écartés que ne l'est une voie de Jeep. Le petit véhicule ne cesse donc de zigzaguer durement de droite à gauche, et inversement.

En tendant des cigarettes à J… J…, et surtout en parlant de whisky, nous arrivons à le ralentir. En outre, le bush s'éclaircit. Une demi-paix s'instaure. Nous avons heureusement songé, au départ, à noter le chiffre du compteur, et je vais apprendre la vraie longueur de mon cross pédestre. Ah ! ce cross, je le lis inscrit dans les épines de cette farouche nature, maintenant que nous roulons moins furieusement.

— Tenez, là : c'était à l'aube d'hier, je marchais sans me retourner, pour ne pas céder à la beauté du soleil levant. Et là : j'ai fait une courte pause. Et là, encore, etc.

Je le commente à mes compagnons.

— Tiens ? des chasseurs, annonce J… J…, m'interrompant.

On voit venir un groupe monté, suivi d'un âne de charge écrasé sous le poids d'une bête pantelante.

Ce sont des Coloureds, dont les visages ne sont pas tout à fait rassurants, mais empreints d'audace plutôt que de méchanceté. Potgrieter leur parle. Nous n'intervenons pas : d'abord, il semble les connaître, et puis, il a une expérience approfondie des populations de ces coins du Kalahari. La conversation, très lente, est enfantine à deviner.

Echange de nouvelles. Examen du wildbeest qui saigne sur un bât. Il est presque entier, et fait ployer les genoux de l'âne. La tête ballotte sur l'encolure. Sur la dépouille noire, plus crineuse que poilue, courent les parasites.

— C'est quand ils ont faim et maigrissent, que les wildbeests foncent comme cela en couleur, opine Potgrieter : le vôtre devait être à bout.

— Oui. Nous avons malgré cela eu de la peine à l'avoir. Les Bushmen nous ont aidés.

Je suis secondé, pour comprendre, par J.... J... L'allusion aux bushmen m'a intrigué, et j'ai envie d'en savoir plus. Potgrieter a repris la parole, et il faut patienter. C'est mon aventure qu'il raconte... L'accident, la marche au secours, le danger, l'arrivée au port. Il provoque des exclamations.

— Comment ? C'est ce *Morena* qui a réussi cela ? Nous avons remarqué son pied tout au long de la piste. Il n'a sûrement pas su que deux lions le suivaient : nous avons relevé leurs empreintes derrière lui, sur plusieurs miles, et à la fin, *très près* : c'est le passage d'un hartebeest à travers la piste qui les a détournés de lui.

L'avertissement après coup du vieux Rasul trouve là sa validation, et mon « exploit » sa consécration... La terreur innée des hommes de couleur pour le lion, qu'ils blessent sans le tuer, et qui alors les tue, opère : nos interlocuteurs me contemplent avec des yeux ronds. J'ai leur admiration. Usons-en, enchaînons :

— Voyons, ces bushmen dont ils ont parlé, et qui chassent avec eux, dis-je, où campent-ils ? Voulez-vous les questionner ? Je suis fort intéressé.

Colloque. Potgrieter se retourne vers moi, j'ai entendu :

— Ils ont le désir de vous être agréable Leurs Bushmen chassent en effet dans la contrée. Après un beau tableau, ils bivouaquent non loin d'ici : les Coloureds allaient les rejoindre ; l'un d'eux nous attendra ici toute la nuit, et si nous repassons à temps, il nous guidera pour les surprendre. Savez-vous que pour un explorateur, c'est une occasion unique ?

Je le pense bien, et les cigarettes que je tends à nos auxiliaires ne sont pas volées ! Ils les reçoivent des deux mains en s'inclinant profondément. L'âne au wildbeest croit que je distribue un coup de poing. Le comique se mêle fréquemment au pittoresque dans les expéditions...

Nous n'avons dès lors en tête que de ne plus nous attarder. Encore quelques mots, et, déchaîné, J... J... se relance dans les buissons.

Voici les *pans* où je courais, m'égarant. Voici, je crois, celui aux bords duquel je me débarrassai d'une harde meuglante, en remuant mon lampion... Maudit J... J... ! Impossible de plus rien identifier : à l'allure où il va, nous avons des ronces plein les yeux.

*
* *

Derrière une croupe, émergent deux drôles de vagabonds gesticulants : les O'Reilly, qui, las de moisir sur notre stock de vivres, ont effectué une sortie vers l'avant. Mon exemple aurait-il porté des fruits ?

Accolades et congratulations ...Ils ne croyaient pas à ce bruit de Jeep, qui pourtant, sous le pied de J… J…, ronflait bien ; et quant à moi, ils me croyaient dévoré : ils s'aperçoivent que non. C'est une nouvelle série d'embrassades…

Il me faut une fois de plus raconter mes aventures, en y incorporant maintenant celle des lions… Mes amis trépignent de joie d'avoir vu juste, et d'horreur en pensant au sort que j'ai — dans leur imagination… — évité. Je continue personnellement à tenir le Roi des Animaux pour un lièvre à l'égard de l'Homme, au Kalahari. Et j'avoue que le renseignement du compteur me passionne davantage : il marque 53 miles : 85 kilomètres. Occasion d'un nouveau triomphe pour Father O'Reilly :

— Vous voyez ! C'est moi encore qui avais raison sur la distance, ou qui en étais le plus près. Quoique je reconnaisse que vous m'avez finalement donné tort, en arrivant !

J'ai bel et bien couvert à pied, d'une traite, dans le sable et la ronce, et pratiquement sans vivres, l'équivalent exact de la distance séparant Paris des Andelys…

Au camion, que nous rejoignons non loin de là, Jim rit d'une bouche béante, et Jeffries, qui se sent morveux, n'ose pas aller à moi tout en voulant me féliciter : c'est compliqué !… Un café monstre se prépare.

Déjà les O'Reilly et Potgrieter — un as en médecine automobile de bled — se sont installés sous le *truck*, se passent des outils, des boulons, travaillent en parlant peu et avec des gestes précis. Quand ils s'essuient les mains, démontage et remontage achevés, il fait nuit, déjà froid, et il reste à décoller sans casser le second axe.

Nous expédions le « jus » et les biscuits, et aussitôt Potgrieter prend la direction des opérations. La difficulté du dégagement n'a pas diminué, seulement on a confiance et la confiance crée le succès.

Pelletages. Savants berceaux d'herbes et de treillages combinés. Tout le monde s'applique. Le rétablissement est obtenu, et le *truck* s'en va regagner la piste dont nous nous étions écartés.

— Il ne fallait pas la lâcher, d'autant plus que vous étiez chargés ! dit Potgrieter. Elle a beau fondre sous le pneu, en insistant, on passe, car elle a quand même de la résistance en profondeur, une couche tassée. Tandis que le bush, uni en apparence, a des poches, où l'on reste : *il n'a pas été « éprouvé »*.

Ces huttes bushmen sont les dernières traces de vie que l'expédition verra avant de pénétrer dans la poche du Kalahari.

FORD
BPX21

Tous les terrains,
tous les moyens.
Toutes les rencontres,
toutes les tendresses.

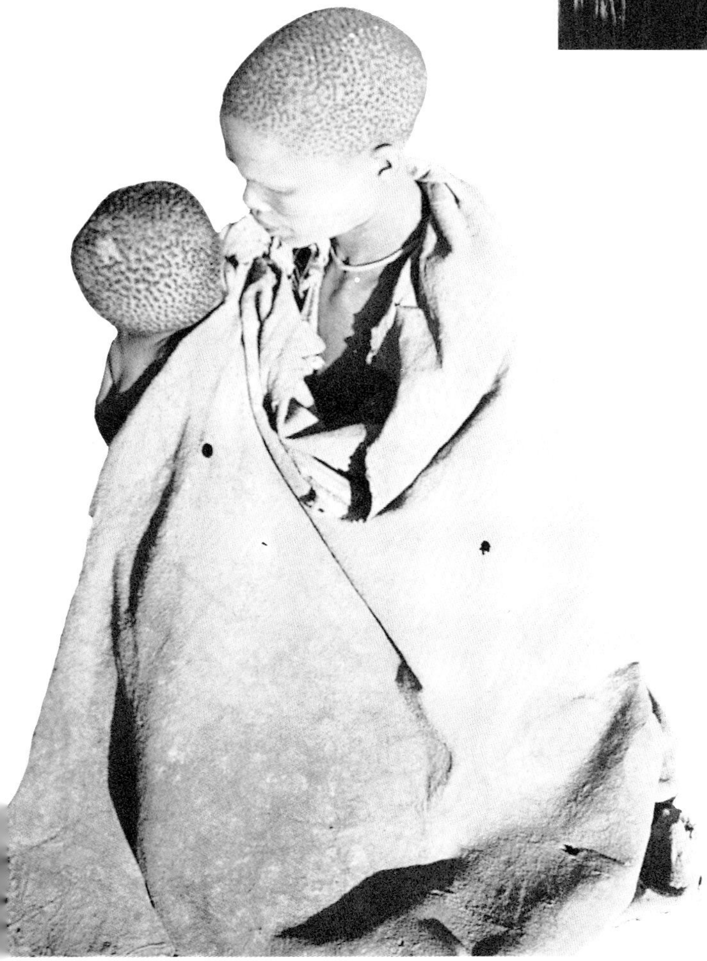

Radio du poste
de Mafeking
annonçant le départ
de l'expédition.

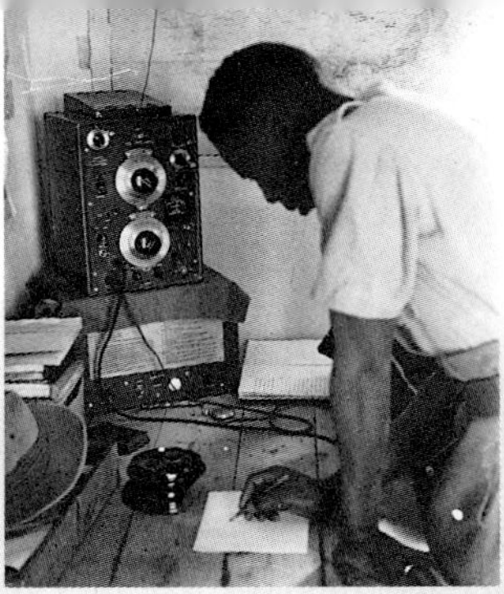

A Tsabong Post, chaque soldat a sa case familiale.

En fin du deuxième jour, revient un bush timide.

La halte
et le bivouac.

A la sortie de la poche du Kalahari, sains et saufs, avec le chien Alip.

Les melons sammas
ont sauvé de la soif
hommes et bêtes.
En haut, le boy John
prépare les rations
de survie pour chacun.

Rencontre avec les chasseurs coloureds venus de Boxpits.

Les ânes pataugent et s'abreuvent dans la première eau retrouvée.

La photo ci-dessus prouve que l'eau est proche, mais quel effort pour y parvenir !

Les fameux Kameeldoorns, ou « arbres à girafes », en bois dur (page de gauche en haut), décharnés ou touffus (page de droite).

A l'ombre d'un Kameeldoorn, leur truck à l'arrêt, avec (de gauche à droite) O'Reilly Senior, Jim et Jeffries, saisis au Leica par François Balsan.

Le soleil se couche sur Kanye.

La forme de ces greniers
de Maun, en chapeau
de paille, pointe en bas,
les protège des rats.

Les abords de Kanye ont
de curieuses plantes
haut perchées.

La végétation reprend ses droits, tout comme reprennent les rencontres.

Le Bushman de Kukong, un Masarwa, se chauffe à leur feu.

« Une assez belle gorge retient mon regard, qui remonte au visage : une Carmen noire m'apparaît, bouleversante... »

« L'homme est, en effet, affreux, simiesque, difforme : un Hercule à modèle réduit, un vrai paquet noueux. »

« ... [ils] rampent, courbés, se redressent, avancent à inégale allure sur le pourtour de l'aire dégagée : ils miment les démarches des grands gibiers. »

« ... une race dont on sait seulement qu'elle est l'une des plus anciennes du monde, et dont nous avons, devant nous, toute la passion, toute la frénésie, toute la nudité. »

Elles sont vêtues d'une rude enveloppe faite de cuir brut.

Le *truck* ira en tête, la Jeep fermera la marche. Les cigarettes s'allument avant le départ. J... J... demande un renfort de whisky. Prêts ? En avant. Qu'il fait froid ! et la Jeep est à tous vents...

*
* *

Au lieu convenu, le Coloured nous guettait. Il sort d'un fourré comme d'une tanière, tousse, salue, et attend.

Les véhicules sont laissés à la garde de Jeffries et de John, avec la recommandation de n'allumer aucune lumière et de ne faire aucun bruit.

Sans armes, nous emboîtons le pas à notre guide. La lune est montée et donne une transparence précieuse aux floraisons du bush, qui semble enneigé. Personne ne parle, ce qui confère à notre cortège un caractère mystérieux.

Le silence total des fauves et des petits carnassiers dénote qu'aussi cachée que soit, dans les parages, la halte de leurs ennemis les bushmen, ils ne s'y trompent point. Mais, lorsque le chasseur nous prévient à voix basse que nous sommes presque arrivés, nous, les hommes, nous ne soupçonnons encore rien...

— Hein ? me souffle Potgrieter. Hein ? Quel art de se camoufler ? Et ils doivent avoir du feu, avec cela !

Rien, impossible de rien discerner.

— Voilà, fait le chasseur, et il nous arrête.

Je fouille passionnément l'écran du taillis. On dirait... Mais oui ! En redoublant d'attention avec Potgrieter et J... J..., serrés à mes côtés, nous remarquons comme une rougeoyante réverbération, qui atteindrait le haut de la ramée. C'est le reflet de foyers, que l'on voit. Et puis éclate un aboi de chien, puis deux, puis un concert.

Nous pouvons avancer. Le Coloured connaît les interjections rauques, capables de bloquer la meute, et c'est tant mieux pour nous, car ces foxs rouges gagnent, à la chasse, plus de hargne que n'importe quel gibier !

Nous pénétrons tous ensemble dans la scène nocturne : elle est bien la plus invraisemblable qu'il soit permis d'imaginer...

Sur une aire non débroussaillée à dessein, des trous coniques de deux mètres de diamètre ont été creusés à la main. Dans le fond de chacun, un feu sans flamme charbonne. Aux flancs des excavations, sommeille, concentriquement au foyer, une étonnante humanité :

hommes et femmes engoncés dans des peaux, enfants nus, pauvres larves littéralement collées aux braises.

Leur repos trouve un peu de tiédeur dans ces poches enterrées. Cette méthode, rapide dans ce sable friable au suprême degré, assure aussi d'un abri contre le vent, et, nous en fîmes l'expérience, permet l'invisibilité.

D'immondes mixtures mijotent. Les œufs d'autruche où l'eau est emmagasinée, luisent. Des *sammas,* léchés eux aussi par le rougeoiement des foyers, composent la réserve de sauvetage.

C'est l'agitation. Ce monde obscur se déplie de rocambolesques positions recroquevillées. Il n'a pas à se lever bien haut : il est petit, difforme... Les hommes ont bougé les premiers, et jaillissent nus de leurs cuirs bruts. Simiesques, d'un jaune noirâtre, ils ont les membres grêles et le ventre bombé. L'éclat des feux que l'on ravive : *Tjih ! Tjih !* (nom du feu en bushman) les badigeonne de reflets cuivrés. Ils poussent de petits cris.

Les femelles, plus circonspectes, se mettent sur leur séant, et comme la chaleur rayonne accrue, elles se dénudent lentement pour s'en faire caresser. Il en est de toutes les sortes. Les vieilles sont atroces : des guenons bosselées, dont les seins pendent comme des vessies fripées. Quelques jeunes portent sur leurs poitrines d'assez jolies protubérances. Enfin, il y a des exceptions presque attachantes par leur qualité...

Depuis que l'arme à feu est entre les mains des Coloureds et des Bechuanas, les bushmen consentent souvent à se grouper autour d'eux, pour profiter de cette nouvelle puissance meurtrière : ces ententes de chasses ont créé des rapprochements, des croisements en ont résulté, dont je devine les traces en reconnaissant dans certaines filles des douceurs de Bakalaharies. Une assez belle gorge retient mon regard, qui remonte au visage : une Carmen noire m'apparaît, bouleversante...

Ces traits purs, cette peau fine parmi ces macaques ? Elle a conscience de son pouvoir, car ses yeux profonds cherchent le fond de mon être. Est-ce intentionnellement ou non qu'elle laisse tomber ses cuirs, pour les remonter, et puis les abandonner encore ? Elle est en tout cas nettement émouvante, et, dirais-je, tentante...

Potgrieter, étonné comme moi, essaye sans succès de lui parler, puis d'interroger à son sujet les Coloureds. Elle doit être une Kalaharie passée dans le bush, ou une sang-mêlé Kalahari-bushman. La tribu

Kalaharie, ou les Bakalaharis (les fils du Désert), sont les plus enfoncés des Bechuanas dans la brousse, et les moins évolués. Les hommes y ont en général deux épouses, l'une prétentieuse et souvent obèse, vouée aux faveurs, l'autre, instinctive et nue, aux basses besognes. Cette seconde est pour nos goûts la plus belle ; et l'on imagine ses rêves d'esclave — ou presque — tendus vers le bush proche, où règnent ces êtres évidemment différents d'elle par la race, laids et cruels, mais libres : les bushmen. Il n'est pas étonnant que certaines de ces « sacrifiées » profitent d'une expédition mixte contre le grand gibier, si on les y emmène, pour demeurer parmi les sauvages. Il y en a qui les rejoignent en s'enfuyant. D'autres qu'on leur prête, ou qu'on leur cède.

Cette beauté au sombre type espagnol, ou sinon elle, sa mère, a dû avoir une histoire analogue. A voir l'empressement des Coloureds autour d'elle, je juge à peu près à coup sûr du rôle qu'elle joue dans le clan. Qui sait si ce n'est pas son attrait qui vaut aux bushmen leurs « associés » à fusils ?

Aux branches, à terre, s'étale le butin sanguinolent, qui lui est peut-être dû indirectement ? Les peaux fraîchement écorchées pendent en tentures aux épines des kameeldoorns. Des quartiers de gemsboks, de wildbeests, dégouttent doucement, léchés par les chiens. Il plane un relent de boucherie.

L'arsenal épars, ou accoté aux arbres, a autant de couleur que ces trophées. Javelots couverts de caillé rouge, lames de curée sorties de l'infernal génie de forgerons improvisés, épieux, lanières, entraves, outils de la Préhistoire. Les pétoires des Coloureds, glorieusement à l'écart, font figure de canons atomiques parmi ce misérable et primitif armement..., malgré leurs raccords de fil de fer, de ficelle, et leurs bretelles taillées dans des croupons.

Et les chiens, les chiens... Rouges, squelettiques, avec des yeux qui parlent. Serviteurs de maîtres sans lois, ils ne sont gouvernables que par eux. Jamais nourris, vivant de morceaux volés, devant dévorer des lézards et des rats pour survivre hors des semaines de chasse, ils ont ce regard calculateur de la bête traquée qui se méfie de tout. Ici, ils sont simplement inquiétants : je ne les verrai beaux que lancés.

Quand passe un hartebeest poursuivi, déjà blessé, et que derrière lui, encore loin, on entend monter leur voix rageuse, il faut s'arrêter, guetter. Leur bande hurlante apparaît, nez bas, sur le pied qui fuit. Alors ils ne sont que ce qu'ils sont : des guerriers nés. Ils taillent droit, se récrient, n'ont d'yeux qu'en avant. Et l'on est encore sous l'impression de leur force déchaînée, quand, un peu plus en arrière, arrivent à leur tour ces autres guerriers des bois : les Bushmen, leurs armes d'un âge révolu aux poings.

— Hélas ! dit un des Coloureds à J... J..., le meilleur chasseur bushman n'est plus !

— Comment cela ? Tué ?

— Non : prisonnier. Il s'attaquait aux élans, gibier protégé. Il a été dénoncé au *Camel Corps*. Le corporal Kalabeng l'a capturé, et arrêté.

Oh ! que voici un précieux renseignement pour plus tard.

— Et d'où viennent ces bushmen-là ?

— Ils sont Masarwas. Le Masarwa est grand. Ils errent au gré de leurs chasses.

Toujours ce Masarwa, que la carte, faute de données, se borne à carroyer sur fond blanc. Combien certains mots contiennent de vertu attractive...

Nous sommes devenus un centre de convoitise avec nos cigarettes, vers lesquelles se tendent des mains d'hommes, de femmes, même d'enfants. Nous en distribuons largement, et une nuée aromatique s'élève bientôt, contrebattant les odeurs de peaux vivantes et de peaux mortes. Victoire du tabac britannique !

Les langues se sont déliées. L'élocution des bushmen donne lieu à des remarques curieuses. Majorité de *clics*. Beaucoup d'expirations, brèves et répétées, avec des « chasses d'air » entre les dents, à bouche entr'ouverte. Il y a d'étranges similitudes avec le parler hottentot, ce qui explique la relative facilité des deux races à correspondre. Le langage *sab* doit être leur base antique commune. *Sab* signifie d'ailleurs bushmen, ou boshiman, et son pluriel *san* a dû jadis désigner cet ensemble de peuplades.

Ce petit et moyen monde accompagne notre retraite, que j'éclaire à la torche. L'ombre est remplie d'un grouillement de pieds nus. Je crois que les Coloureds ont parlé d'une distribution possible d'eau, à l'endroit où sont arrêtées nos voitures…

De l'eau ! *t'koha ! t'koha !* (c'est ainsi qu'ils l'appellent, en leur langage). *T'koha !* De la vraie eau ! Ils en avaient si peu. L'espoir de boire à leur soif — bonheur très rare — les presse sur nos traces. Cependant, une fois en vue du camion et de la Jeep, ils reculent et se tiennent à distance sous le bush. La jolie sang-mêlé est dans le peloton de tête : il faut absolument que je lui cherche un collier.

Potgrieter crie des ordres à Jeffries et à John, dormeurs hagards. Le seau de toile tombe. L'écrou de vidange d'un des réservoirs latéraux est desserré, l'eau glougloute et étincelle, sous les faisceaux croisés de toutes nos torches. Poussée en avant des Bushmen : magnifique scène…

Des femmes tendent leurs œufs d'autruche au filet béni ; d'autres, attendant leur tour, regardent religieusement. Les enfants volent des éclaboussures. Les hommes plus fiers, peut-être parce que les plus forts et assurés de recevoir ou d'exiger leur part ensuite, s'abstiennent, accroupis ou debout, bras croisés. Pauvres chiens, qui n'auront rien, et qui le savent, et qui gémissent, et qui courent, impuissants, parmi les gosses qui les dépossèdent des moindres gouttes…

Au contact de cette humanité aussi valeureuse et aussi libre que la faune, mon âme fait provision d'émotions rares.

Potgrieter pense à tout, et y pense dans l'ordre : j'aime sa connaissance calme de ces mœurs. Quand le plein des derniers « récipients » des Bushmen est achevé, il commande qu'on leur donne l'abreuvoir : *pour faire le plein des estomacs eux-mêmes…* Cette fois, même les chiens peuvent espérer… Défilé devant les deux cuvettes, lappements, déglutitions, ont encore plus de caractère que la distribution précédente.

Mais les moteurs, relancés, se réchauffent. Les bushmen reprennent du champ. Un des derniers rayons de ma torche accroche, dans un groupe, les yeux éclatants de la faunesse : j'ai oublié de lui chercher un collier…

Corporal Kalabeng.

« Je viens de rencontrer celui dont l'intelligence et le dévouement aveugle auront une incidence inappréciable sur mes entreprises prochaines. »

CHAPITRE XX

LE COUP DE THEATRE DE TSANE

Un récidiviste — Dette de bétail — Arbitrage.

Nous avons regagné Hukuntsi au petit jour, et dormons à trois, sur un grabat, dans un cabanon du store, Albert, J... J... et moi. Nous ne disposons que d'une couverture commune, que nous nous volons machinalement, au cours de ce sommeil si froid, que la chaleur de nos corps pressés les uns contre les autres ne nous protège même pas... Potgrieter ouvre la porte en planches, et nous noie de la lumière du grand jour.

— Debout ! *Old boys.*

Lunch consistant, mon premier repas depuis hier matin.

Les décisions se coordonnent : les O'Reilly élisent, chez notre hôte, domicile et atelier ; moi je retourne à Tsane avec J… J… Il est établi que le *truck* Chevrolet de mes amis doit déclarer forfait. Il a eu trop de pannes. Il n'a qu'un axe d'emprunt. Le sable l'a vaincu. Et surtout : J… J… accepte de me conduire avec sa Jeep vers le bush et les marigots du nord !

Cet homme jeune et hardi — sinon soigneux — est attiré par mon aventure. Il a le moyen de me la faire continuer. Il me l'offre, en fonction d'un contrat qui reste à établir.

Il donne des preuves de connaisances mécaniques notoires en refusant l'aide d'O'Reilly pour réparer son moteur, déréglé par la course nocturne : nous rentrâmes boiteux. Le nez dans les fils de la distribution, il manœuvre sa pince sans demander de conseils.

— *I have my self experience !* déclare-t-il.

Et de fait, au bout d'une demi-heure, il arrache un rugissement « guéri » à ses cylindres.

Nous fendons nerveusement le sable, en direction du camp de Tsane.

*
* *

Corporal Kalabeng, et son petit groupe d'ébène, sont à leur parapet d'épines : ils nous ont entendus venir de loin et assistent à notre approche poudreuse.

— Je n'ai jamais vu dévorer si vite le désert ! s'exclame le Corporal, caressant notre capot plat comme une encolure chamelière.

Déjà J… J… nous a quittés — à même allure — pour aller mettre au point quelques « arrangements » avec ses amis Rasul, dit-il. Sa petite auto semble être un pou qui saute…

La paix aveuglante du camp m'entoure. Le farniente y est organisé en besognes de bon ordre : balayages, fourbissages, services d'eau. Le fanion de l'*Union Jack,* agité par un souffle intermittent, préside à la conscience de la petite cellule anglaise.

Je somnole. Je retourne au bain de zinc. Les heures passent, inscrites par le déplacement des ombres sur le sable. Kalabeng m'offre un repas. Nous fumons. Feïta-la-ménagère renouvelle le thé sans cesse.

— Dis-moi, Kalabeng, qu'est-ce que c'est qu'un grand chasseur bushman que tu aurais capturé ?

— Ce qu'il est, *Sir ?* Tenez, là-bas : vous voyez ces deux prisonniers, que Joseph fait travailler ? Le plus petit, c'est lui.

— Un dangereux ?

— Un récidiviste de la poursuite des élans.

Le Corporal m'emmène voir les « pièces à conviction » des chasseurs arrêtés les mois derniers. Baroque musée ! Un fusil de Béchuana au mécanisme antédiluvien porte l'étiquette du fautif : « Melere Moshape Makokan Podise : *Killing* (a tué) 4 élans ». D'autres mousquets ont des mentions similaires. Mais voici le coin des Bushmen, les arcs saisis, au bois ligaturé de fins filaments de cuir, les fers contondants, les javelots. De mon Bushman baptisé Matobe, on conserve une sagaie au manche littéralement effiloché contre les arbres par la fuite de sa proie : on imagine la noble bête se frottant aux troncs, dans sa course, pour se débarrasser du dard trimballé à son flanc, et succombant enfin. Que de souffrances représente ce bois déchiqueté par mille heurts, qui ne faisaient que fouiller plus la plaie!

— Est-il exact que les partenaires de Matobe rôdent aux environs, en attente de la sentence que tu rendras ?

— Oui. Ils le savent purgeant un délai de captivité. Ils demeurent à sa portée. Je vois : vous souhaiteriez les approcher ? Difficile... Impossible... Ils « décrocheraient » rien qu'à la nouvelle qu'un Blanc les recherche. J'aurais peut-être moins de peine à les attirer à la faveur d'une promesse : par exemple, de leur montrer Matobé à la condition qu'ils se rendissent au Poste ? C'est sans garantie...

Il donne des ordres : demain deux chameliers partiront dans la forêt. Il doit lui-même faire une tournée cet après-midi, et prend congé de moi. A peine a-t-il quitté le camp, que le ronflement caractéristique de la Jeep retentit.

J... J... me revient. Déjà ? Pourquoi ?

*
* *

— Donnez-moi une cigarette, Mr. Balsan.

Il a l'air préoccupé. Nous nous allongeons sous ma hutte. Il tripote mes caméras. Il doit avoir quelque chose à dire qui ne sort pas.

— Est-ce que le Corporal est là ?

— Non, pas en ce moment.

— Ah ! j'avais à lui parler.

— Eh bien, bavardons en l'attendant. Racontez-moi un peu votre vie ?

— Oh ! difficile : elle se modifie constamment.

— C'est l'idéal.

— Peut-être ! J'ai bâti, j'élève, je cultive, les voisins sont au diable, au long de la piste venue du Sud-Ouest africain, et qui dépasse Ghanzi en direction de nos exploitations. Voilà. Mais les parcours d'éclaireurs m'intéressent plus que la fixité et les amis : c'est pourquoi votre proposition m'a séduit.

— Vous avez déjà exploré le Kalahari avec cette Jeep ?

— Heu... non : je viens de l'acquérir. Mais avec mes précédentes, oui. Je reprends une cigarette, vous permettez ?

— Une question : vous n'auriez pas par hasard, au cours d'une de vos randonnées, sondé le sud-ouest de Lehututu ?

— Si.

— Auriez-vous entendu parler par les indigènes de la fameuse cité perdue que Farini dit avoir découverte, il y a une cinquantaine d'années ?

— Je l'ai retrouvée.

— Que dites-vous ?

Mon subit et violent intérêt le frappe, et semble lui ouvrir un champ de réflexions. Il se détend, s'allonge, lance des ronds de fumée, et me répond avec une lenteur mesurée :

— Un jour que j'enfonçais une pointe à quelque cent miles au-dessous d'ici, en pleine végétation, j'ai, sans l'avoir cherchée spécialement, aperçu une ruine qui ne peut être que celle de Farini.

Des soupçons m'envahissent :

— Pourriez-vous m'en faire un plan grossier ?

Il dessine sur mon paquet de cigarettes. Application des doigts gourds d'un homme mieux taillé pour manier les outils. Je me contiens : sa figuration concorde, dans l'ensemble, avec le croquis, que faute d'appareil photographique, à l'époque, l'Italien a rapporté...

— M'y reconduiriez-vous ?

— Oh, oui : mais ce serait une autre expédition, et avec un gros aléa de délais. Je n'ai que localisé : il m'a été impossible de me repérer. Je passais sans avoir ce but précis. Et vous savez aussi bien que moi que le bush se ressemble partout à lui-même, et excelle à vous égarer. Il faudrait le fouiller à nouveau.

La tentation me fait flotter un instant, sans que je prenne de décision. Gagnons du temps, et poussons notre interrogatoire :

— Mais dites-moi, quels sont donc vos buts, à vous dans de vrais raids d'exploration de ce genre ? Vous devez bien en avoir ?

Il pêche encore une cigarette, et ricane :

— On ne vous a jamais donné à supposer que certaines zones du Kalahari pouvaient recéler du diamant ? Vu son sol, qu'y aurait-il là d'étonnant ? Admettez que j'y regarde, ainsi qu'à d'autres curiosités.

Dès lors, c'est lui qui prend en main la conversation. Et de fil en aiguille, il en arrive à ceci :

— Mr. Balsan, écoutez-moi : je m'entends avec vous, et je vais moi aussi vous faire une proposition, en échange d'un service, d'un grand service, non par l'importance mais par l'urgence, que vous pourriez me rendre. Mais c'est absolument confidentiel.

— Entendu.

— J'ai des amis assez avancés dans la prospection des diamants au Kalahari : leur travail fut secret, et de larges espoirs sont permis. L'affaire se dessine. Je puis vous y faire place. Je vous demande seulement une petite chose — qui d'ailleurs, si je ne la réglais pas, m'empêcherait de m'engager avec vous pour le nord, comme je le désire tant.

— Et c'est ?

— De m'avancer 350 Livres Sterling pour m'acquitter d'une dette. Une dette de bétail. Nanti de ces fonds, je vous prierais de m'accorder un court délai, et je vous reviendrais libre, prêt à vous emmener.

A mon tour de prendre une cigarette, et tout mon temps pour l'allumer. Je suis partagé. J... J... a des aspects plaisants. Je n'ai pu rapporter tout le détail des propos que nous avons échangés, mais il y a fait allusion à maintes questions qui prouvent un fond de connaissances ; les cités mortes du Zambèze, le problème *swaheli,* entre autres. Pour un type sportif pur, tout cela est bon : car il n'est pas assez cultivé pour tricher par des lectures, et son acquit doit être direct. Je suis donc autorisé à donner créance à l'histoire de la ruine retrouvée. L'histoire diamantaire se défend elle aussi : j'ai oui-dire que le Protectorat s'inquiétait d'un petit avion mystérieux, dont les atterrissages dans le bush furent signalés, sans qu'on s'expliquât ses buts. Cet avion, c'étaient peut-être ses amis ? Mais là où le doute apparaît, c'est avec le coup du prêt...

A qui J... J... peut-il devoir de l'argent par ici ? Il ne réside pas à Lehututu ! Si donc, comme c'est logique, ses créanciers sont ailleurs, comment en « un court délai » les rejoindrait-il du fond de ce désert, les paierait-il, pour me revenir dare-dare ? Et puis, s'il était prisonnier d'une obligation, comment a-t-il pu s'offrir sans empêchement — et pourquoi ? — cette vraie petite expédition qu'est un voyage à Lehututu ? Préméditait-il d'emprunter aux Rasul, Indiens fortunés, en admettant qu'il les connaissait bien ? Etait-ce cela, sa négociation avec eux ? Et se rabat-il sur moi parce qu'ils l'ont évincé ?

J'allais lui répondre évasivement, quand le bruit d'un moteur à la peine s'élève dans l'air étouffant. Métamorphose : la quiétude de J... J... s'envole, son air « concentré » du début le reprend, et il revient à sa préoccupation initiale :

— Mr. Balsan, fait-il, d'un ton haché, puisque le corporal n'est toujours pas rentré, promettez-moi de faire en sorte que je lui parle le premier.

— Le premier avant qui ?

— Avant Saïdu Rasul, dont j'entends le camion.

Etrange ! Mais là aussi les circonstances me dispensent de prendre position : le corporal est sur le siège des Indiens... Soit que Rasul l'ait rencontré, soit que, sachant où sa tournée l'entraînait, il ait été à travers brousse le chercher.

Le corporal saute à terre, s'excuse d'un mot vis-à-vis de moi, et se boucle dans le bureau avec le vieux Rasul et ses fils, Osman et Mohammed. J... J... dévore ses nerfs en silence ainsi que mes cigarettes, qu'il rallume bout à bout. Un coup de théâtre est en train de s'élaborer.

*

* *

— *Sir ? Please ?*

Kalabeng me sollicite en aparté. Il me révèle tout en cascade.

La Jeep n'est pas à J... J... Il l'a achetée 350 Livres à Rasul il y a un mois, sans la payer. Il en a usé largement. Les Rasul l'ont fait menacer. Il est revenu discuter — explication de sa présence à Lehututu. Il ne peut toujours pas payer.

Son acceptation de me piloter au nord a pris, dans ces conditions, l'apparence d'une méthode de fuite, avec nouveau différé de règlement. Il incombe au *Post Commander,* tout Noir qu'il soit, de trancher ce litige entre Blanc et Indien.

— Je comprends maintenant, dis-je, pourquoi J… J… me suppliait de lui prêter 350 Livres : c'était la somme !

— Abstenez-vous ! Je vais entendre Mr. J… J…, mais mon jugement est arrêté : il rendra la voiture à Rasul, et ce dernier devra honorer le contrat intervenu entre son acquéreur défaillant et vous. J… J… avait accepté de vous conduire au lac Ngami : Osmam vous y mènera.

Son contentement transparaît d'avoir à rendre cet « arbitrage ». Avouons qu'il s'en tire parfaitement. Les cervelles simples sont capables d'heureuses simplifications en matière de Droit. Je retrouve l'équilibre des sentences d'Islam, et de celles de certains petits seigneurs éthiopiens.

La chance m'enlève encore une fois à la délicatesse de la situation : j'avais commandé les chameaux en fin d'après-midi pour aller saluer le roitelet de Lehututu, et les voici à point nommé pour m'offrir une sortie… Et quelle sortie !

La savane est léchée d'or, son sable a des douceurs de satin, l'horizon est à moi. J'abandonne hypocritement J… J… à son colloque serré avec le corporal, tandis que les trois Rasul, en attente sur le seuil du bureau, ont des yeux guetteurs d'oiseaux. C'est une fuite à *l'anglaise :* impossible, sous le pavillon de ce Protectorat, de m'éloigner plus dignement !

On verra…

Matobé, le fier et sauvage chasseur d'élans.

« Risquerais-je, mieux qu'après cette vision, une anticipation ethnographique ? Je crois à une ascendance asiatique des Bushmen, quitte à provoquer des remous dans certains milieux scientifiques. Et j'attends la critique avec d'autant plus de calme, que si je ne puis rien prouver, personne ne saurait, dans cet ordre d'idées, m'opposer rien de fondé. »

CHAPITRE XXI

LA FAMILLE DU PRISONNIER

La famille du prisonnier — Le roi de Lehututu —
Danse bushmen — Les O'Reilly rentrent.

Le temps n'a pas de mesure, à Tsane. Radieuse ronde des heures sans coup d'œil à la montre. Les aubes sont nacrées par la blancheur du *pan*. Pendant le jour enflammé, j'ai le choix entre la fraîcheur des huttes et les courses dans la jungle. Les crépuscules sont féeriques. Et dans cette vie déréglée par essence, le sommeil et les repas s'insèrent au hasard de l'action, comme des formalités secondaires.

Je suis « trempé » à cette rude existence, et jouis du repos « sous tension » qu'elle me donne, après les émotions passées, et avant les émotions futures.

Kalabeng m'entoure d'attentions vigilantes. Il est aux aguets de la gestation de mes idées. Il se passionne. Repos aussi que de sentir auprès de soi ce dévouement !

Son « jugement », qui le grise, et dont il ne cesse de reparler, a été sans appel. J… J…, « mis à pied », a regagné Lokwabe Store, où, sans rancune, les Indiens l'hébergent. Où irait-il ? Où mangerait-il ? La partie adverse l'a pris à sa table familiale, avec ce large esprit de magnanimité si caractéristique de l'islam, et peut-être aussi par léger calcul : mieux vaut entretenir son débiteur que de le laisser mourir ? Il a été convenu que le jour où il aura rassemblé les fonds nécessaires, il rentrera en possession de la Jeep.

On ne lui en veut même pas de l'avoir rendue très malade ! La conduite folle se paye, et Osman, qui a accepté joyeusement de faire équipe avec moi, et dont le contrat est passé, n'a même pas eu à soulever le capot pour découvrir le triste état de l'auto… Les quatre ressorts avant-droit sont en morceaux.Le radiateur a reçu le mordant baiser d'un tronc d'arbre.

Avec une patience d'Indien, l'œil rivé aux moindres recoins de la machine qu'il va conduire au nord, les mains adroites, le mégot aux lèvres, il inspecte, ausculte, répare. Il répare avec ce qu'il a : une bûche de kameeldoorn, rabotée aux places portantes, remplacera les ressorts défunts…

Pendant qu'il travaille, je sors avec les chameaux. Ils sont d'ailleurs, sur ce terrain, plus rapides que les véhicules. Belles randonnées avec le soldat « Joseph » pour compagnon. Je ne les relate point ; on ne peut tout narrer. Je dois cependant à ces sorties une riche part de mes observations kalahariennes, et elles me permirent de me préparer à mieux poursuivre cette expédition.

*
* *

Une attirance particulière m'a ramené plusieurs fois à Lehututu.

Ce n'est pas son Roitelet, Moncioua Lesouapé, qui m'inspire. A lui, une visite m'a suffi : celle que je lui rendis au soir tombant, pendant qu'à Tsane, Kalabeng « jugeait »…

Il était assis devant sa hutte, semblable aux autres : une *toukoul* abyssine, entourée d'une enceinte de broussailles fagotées. Son costume seul portait la marque royale : un vieux veston couronné d'un melon (pas un *samma*…), d'un melon, dis-je, gris, d'une fraîcheur déclassée. Son épouse, Insséidi, elle, était entièrement habillée à l'indigène, et étreignait son dernier-né. L'une de ses grandes filles, Karriélée, assistait à l'entrevue.

Des quatre sourires — y compris celui du poupon, fort avenant —, c'est encore celui de Karriélée qui m'eût le plus séduit : il n'était point sans charme. Mais la royale conversation battit les records de nullité, au milieu d'un criard attroupement. Joseph traduisait en déclamant. Sa Majesté ne cessait de reluquer mon étui à cigarettes.

Peut-être que moi je regardais plutôt sa fille... Bref, une expérience me suffit.

Et si je reviens à Lehututu, c'est pour une autre raison.

Le soir de ma « cour » au roi, je m'arrêtai au store de Karra, encore un Indien, de Surate, amené par les Rasul : à quelques compatriotes réunis, ils « trustent » le commerce du triangle Lehututu-Lokwabé-Hukuntsi, dans cette vaste clairière égarée du Kalahari. Près du store, je remarquai un pauvre logis.

— Qui habite là ? demandai-je.

— Là ?... Oh ! le vieil Anglais.

Des sous-entendus m'apparurent dans le ton. Je m'approchai de la porte en planches. Pas un bruit. Je frappai. Pas de réponse. Je poussai. Curieux...

Aux murs pendaient des objets hétéroclites. Sur le sol, de terre battue, traînaient des toiles bariolées. La table, faite en bois de caisses de conserves, s'incurvait sous le poids de vieux, très vieux papiers. Et sur le lit, qui gardait la forme d'un corps couché, un étrange chat noir, défenseur du logis, figurait, pour un esprit enclin aux fictions, sa sombre âme damnée. Crasse généralisée.

Je m'en allai. Je revins une autre fois en profitant du *truck* des Rasul, qui sont obligés à d'assez fréquents voyages laborieux à Lehututu et Hukuntsi pour les relations entre stores, comme à Tsane pour les régularisations avec l'Autorité, personnifiée par Kalabeng. Ils en profitent pour tirer des sprinboks en roulant, ce qui est amusant. Un matin donc où je les accompagne à Lehututu, nous déjeunons au store de Karra.

Je suis aux Indes ! Les sièges sont tendus de jaunes soieries brochées. Une aiguière circule. Du pain blanc, cuit au four en terre, forme, avec des œufs frits, puis des crêpes, le menu du repas. *(Je n'ai pas mangé de pain depuis Mafeking !)* Le thé, de Ceylan, embaume. Un boy diligent circule entre un *retiro* et la pièce de terre battue, nattée, où nous nous restaurons.

Soudain, je sursaute : on marche, en face, dans la maison de l'Anglais, j'y vais.

Cette fois, Howl — c'est son nom — est chez lui. Il est assis sur le lit, et me regarde, l'œil absent : triste œil clair, de la couleur du ciel qu'il a peut-être trop contemplé, en l'implorant vainement... Il a les cheveux tout blancs. Il ne me souhaite pas la bienvenue, ne m'offre aucun siège : il n'y en a pas. Il attend.

— J'ai appris qu'un Européen habitait ici, dis-je : j'ai voulu le saluer.

— Je vous salue.

— Y a-t-il longtemps que vous êtes au Kalahari ?

— Très, très.

— Comme Brown, à Tsabong ?

Il a un geste pour signifier que c'est un autre cas. Il doit connaître tout et tous, mais il est las : las de connaître, las de parler. Il est « lui » sans liens, sans assimilation avec qui que ce soit.

— Et vous comptez rester à Lehututu ?

— Toujours.

— Mais vous ne travaillez plus ?

— Non. J'ai tout perdu. J'avais le store : je l'ai cédé à Karra. Il me laisse habiter près de lui. Je ne demande pas plus. Je suis bien. Bien assez bien.

Il s'anime un petit peu à ce moment, sans doute parce qu'il perçoit vaguement, en moi, une âme attentive à sa pensée recluse et désabusée.

— Ici, je vis de rien, je suis habitué. Je me trouve à l'abri de votre Europe, de vos lois, de vos prix fous, de vos financiers, de vos chinoiseries, de vos inventions... : de la bombe atomique, s'écrie-t-il, haineusement. (C'est un aigri...) Le temps a marché trop vite pour moi, chez vous. Au désert, pas. Lehututu est tel que lorsque j'y vins. A présent, je suis pauvre et vieux mais au Kalahari, la misère et la vieillesse ne me pèsent point. Adieu : laissez Howl à sa mélancolie, merci. Il ne peut rien vous dire de plus.

Son chat, qui avait fui, me sent congédié, et revient. Je suis bouleversé. Ce n'est pas une simple épave, que ce Blanc usé et malheureux : c'est une sorte d'ermite sans Dieu, un découragé lucide, un vaincu dérivé peu à peu vers le mysticisme de la passivité.

— Un pauvre fou ! me disent les Indiens, quand je rejoins le repas.

Ce n'est pas cela : pas tout à fait cela...

Après cette scène, je ne suis plus retourné à Lehututu... Sauf une fois, pour le grand départ, comme on va le voir dans ce qui suit.

*

* *

La Jeep est parée. A Hukuntsi aussi, chez Potgrieter, les O'Reilly ont fini de réviser leur vieux *truck*, qui peut affronter le retour sous l'escorte de Potgrieter, rentrant également : leur direction les amène à passer par Tsane, où il a été entendu qu'une ultime réunion marquerait notre séparation pour des azimuts opposés.

La Jeep d'Osman est déjà rangée sous un des kameeldoorns. Et voici le « ronron » ami du tandem Potgrieter-O'Reilly.

C'est ce moment que choisit Kalabeng pour m'annoncer deux nouvelles sensationnelles :

— *Sir,* la famille du prisonnier approche : elle m'est signalée. Le clan lui-même reste en repli, mes hommes n'ont pu l'influencer, mais une épouse et les enfants de Matobe sont en marche, pour saisir l'occasion que j'ai fait proposer.

Il avale sa salive :

— Et puis, *Sir,* je voudrais vous demander... : puis-je vous accompagner avec Osman ? Au moins jusqu'au Poste de Maun ? Je vous renseignerais sur le pays, les bushmen. *Je vous servirais,* je vous...

Je serre cette énorme main couleur de charbon, où vit une force alliée. Un scrupule me prend :

— Es-tu sûr que ton service te le permette ?

— Pour cela, oui : les reconnaissances et les liaisons en font partie.

La brèche de notre écran épineux crisse, violée par les *truck*s haletants de mes amis. Ils se rangent parallèlement à la petite Jeep, qui a l'air auprès d'eux d'une enfant mort-née... Ces mastodontes fumants, aussi hauts que les huttes, encombrent tout ce coin du poste.

Notre joie claironne : il y a deux jours qu'on ne s'est vus, et nous tenons avant tout — sans nous être donnés le mot — à des adieux gais. Kalabeng frappe ses paumes tels des battoirs monumentaux : deux soldats courent chez Feïta, chercher « grand thé ». Mais ils n'auront pas le temps de revenir : le Corporal, scrutant un point du bush où nous ne voyons que du feu — c'est bien le terme — et quel feu ! s'écrie :

— Voici les bushmen, *Sir.* Préparez vos photographies.

*
* *

Devant nos yeux qui s'accoutument, une incroyable théorie de femmes serpente dans les buissons ardents. En dix minutes elles sont là. Elles pénètrent furtivement dans l'enceinte et forment le rond.

Entre elles, par instants, elles échangent de rauques *clics,* qui ont une signification : étonnement, crainte ? Elles se sont assises sous leurs carapaces de peaux, dont leurs bras et leurs jambes se dégagent avec une fine chair claire. Leurs chevelures à crêpelure courte portent d'archaïques ornements. Les fronts des adolescentes, rasés sur le devant, ont des bandeaux ornés de petites pierres. Je remarque un collier de grosses cosses. D'autres en rangs de cailloux, d'osselets, de billes en bois, de pièces variées de squelettes. Les prunelles ont les brefs éclairs de celles des bêtes capturées.

Kalabeng chasse les soldats qui rapportent le thé, et leur commande des cuvettes d'eau, à la place... Quelle distance ont couverte sans boire ces êtres aux fragiles apparences, et à l'énergie de fer ? Kalabeng connaît les règles du contact avec les Bushmen, et va offrir le présent suprême : l'eau fraîche.

Lentement, les cuvettes circulent. Le bien-être adoucit les yeux : c'est du champagne, pour elles..., et c'est bien une sorte de griserie qui leur monte aux visages.

Les jeunes fils sont de la visite, petits animaux de sang. Le crâne de l'aîné est plâtré d'une calotte d'onguent blanc. Des bambins, tout boudinés, ont des regards de rats.

Un des soldats, qui a quelques rudiments du guttural langage, amorce un début de causerie.

Mais Matobé, libéré du réduit baptisé cachot, sort, ébloui par la lumière. Il est vêtu de ses atours de captif : le maillot barré blanc et rouge. Lui qui n'a jamais eu de costume, il a une certaine fierté à porter celui-ci... Il approche de sa famille sans qu'aucune expansion ne transparaisse de part et d'autre : pas de signes affectueux, se voir suffit. Et pourtant, depuis combien de temps dure la séparation ? Il reste debout, muscles bandés, les pieds crispés dans ce sable où ils courent si bien derrière les élans...

Je lui tends une cigarette. Il la pompe, en longues bouffées. Mais ce n'est pas lui que contemple Albert, qui me pousse du coude :

— Avez-vous jamais vu pareille chose ? me souffle, un peu énervé, ce garçon pourtant calme.

J'ai envie de lui poser la même question ! Les filles ont rejeté leurs peaux, pendant que je m'occupais de Matobé, et nous exhibent des gorges — celle de l'épouse exceptée — absolument invraisemblables... Le sein primaire, demi-sphère impeccable, porte un prolongement cylindrique terminé par le mamelon. Il y a deux seins superposés ! Chez la mère, l'allaitement a dû résorber le prodige, et chez les gamines, il n'est qu'en formation. Que les ethnographes et les médecins confèrent ! En attendant leur verdict sur ce cas dont nous voyons là plusieurs exemples, mais qu'on ne peut généraliser, mon opinion s'arrête à une cause d'excès de consanguinité.

Une danse commence en plein soleil, pour nous remercier. Les charmants visages, nullement nègres avec leurs yeux bridés, sont devenus rieurs dans l'excitation. Les nez sont retroussés spirituellement, les lèvres ont un très pur dessin, les mains qui battent sont d'une finesse extrême. Tous les colliers tressautent et tintent, sur les poitrines agitées. Et les cris, ces cris aigus, ont sur les nerfs un effet lancinant.

Au rythme de cette sauvage harmonie, l'homme et ses fils rampent, courbés, se redressent, avancent à inégale allure sur le pourtour de l'aire dégagée : ils miment les démarches des grands gibiers. Ils honorent ce qu'ils persécutent : ces bêtes, leur raison d'être et leur objectif éternel. Nous n'existons plus ! La figuration les emporte. Et nous assistons, avec respect, au déroulement de ce rite d'une race dont on sait seulement qu'elle est l'une des plus anciennes du monde, et dont nous avons, devant nous, toute la passion, toute la frénésie, toute la nudité.

*

* *

Risquerais-je, mieux qu'après cette vision, une anticipation ethnographique ? Je crois à une ascendance *asiatique* des bushmen, quitte à provoquer des remous dans certains milieux scientifiques. Et j'attends la critique avec d'autant plus de calme, que si je ne puis rien prouver, personne ne saurait, dans cet ordre d'idées, m'opposer rien de fondé.

Ma pensée dépasse d'ailleurs les données objectives.

Les Noirs, comme toutes les races, doivent provenir, par migrations plus ou moins échelonnées et plus ou moins anciennes, d'une zone unique d'apparition de la race humaine, localisable du côté du sud-est du continent asiatique. Il en subsiste, là-bas, en Australie. En outre, les nombreux Dravidiens d'Indonésie, qui possèdent jusqu'au Beloutchistan, par les Brahouis (les « Ethiopiens aux cheveux droits d'Hérodote »), un rameau témoin, offrent des traces certaines de sang nègre. On sait aujourd'hui qu'ils les héritèrent des *Négritos,* population noire primitive, *de petite taille* (je souligne) de ces zones.

En Afrique, on admet bien que les Somalis et les tribus littorales de l'est ont des parentés dans le Pacifique : pourquoi refuserait-on à d'autres peuplades des liens avec l'Indonésie ? Pourquoi vouloir l'unité absolue de la masse africaine ? Pourquoi exclure les hypothèses ? Tous les fils de Cham n'ont pas forcément émigré au même moment, de la même manière, et ne se sont pas adaptés de façon identique. Le sud de l'Afrique, plus tempéré que le Centre, a pu ménager davantage le physique. Si la crêpelure est le seul critère nègre des bushmen, c'est que le soleil agit vite sur les cheveux : mais leur taille, leur visage, leurs *clics,* sont sans rapports, eux, avec le type « standard », massif et bavard, du continent.

Je n'irai pas jusqu'à prétendre, comme certains esprits poétiques, qu'ils soient des épaves de Chinois, envoyés par quelque empereur des débuts de l'histoire, à la recherche de l'or déjà connu (?) au Cap ! Il est par contre raisonnable, et logique, de les relier aux Négritos des rivages sud-asiatiques [1], et de supposer qu'ils arrivèrent soit en ligne directe, par voie de mer, évitant les mélanges et les pollutions de races qui interviennent dans les longs cheminements terrestres ; soit par un itinéraire continental relativement rapide, si l'on retient en faveur de cette hypothèse la découverte récente de squelettes de petits hommes en Espagne.

Ne les extrayons pas du stock rassemblé en Afrique : faisons-leur une place spéciale : ils ont toutes chances d'être *le plus immédiat raccord visible avec la grande souche commune et problématique des peaux noires.*

1. Les Weddas des forêts de l'île de Ceylan ont d'extraordinaires similitudes de vie, de mœurs et de caractères, avec les bushmen d'Afrique.

TROISIEME PARTIE

CAP AU NORD

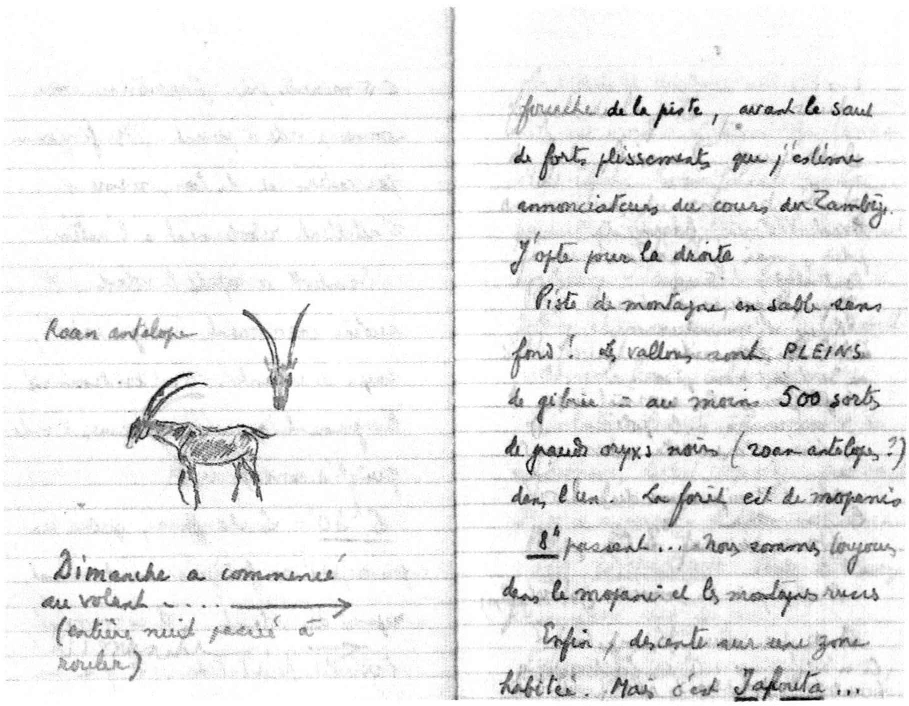

Roan antelope

Dimanche a commencé au volant ... →
(entière nuit passée à rouler)

fourche de la piste, avant le saut
de forts plissements que j'estime
annonciateurs du cours du Zambèze.
J'opte pour la droite
Piste de montagne en sable sans
fond ! Les vallons sont PLEINS
de gibier = au moins 500 sortes
de grands oryx noirs (roan antelopes ?)
dans l'un. La forêt est de mopanis
8h passant ... Nous sommes toujours
dans le mopani et les montagnes russes
Enfin, descente sur une zone
habitée. Mais c'est Taponta ...

Le père d'Osman.

« ... un vieillard fume sa pipe, en regardant paisiblement son bien. Il n'a qu'à observer ses fils. Il porte la lévite noire et le fez. Sa peau parcheminée est encadrée de barbe blanche, et sous les sourcils denses brille un sombre regard intelligent. Sayed Saïdu Rasul a un beau geste pour vous prendre la main. »

CHAPITRE XXII

LE PASSAGE DU CAPRICORNE

Piste brouillée par le piétinement des troupeaux — Le tropique du Capricorne — Okwa, ou les les pierres problématiques.

Nous avons d'un commun accord avec les O'Reilly attendu le soir, moment favorable, pour nos départs respectifs. Les chers amis ! J'ai encore dans l'oreille leurs derniers mots. Les reverrai-je jamais ? O amitiés trop bien nouées, qui se disloquent. Ma pensée « recule » vers eux. Les pauvres ! Je parie qu'ils sont encore en panne...

Et me voici reparti : pilés à trois de front, Osman, le gros Kalabeng et moi, devant un entassement sanglé à triple tour d'essence, d'eau, de sacs, de vivres, nous n'arrivons pas à écraser l'énergie de la petite Jeep. Elle fend le sable vers Lehututu. Lancée en seconde, ou luttant au démultiplicateur, elle progresse.

Pan de Lehututu : nous l'atteignons à 60 kilomètres à l'heure sur ce sol blanc, dans une débandade de bétail. Au puits foré à son extrémité, nous provoquons l'effroi des porteuses d'eau qui fuient, elles aussi, sans laisser tomber une seule goutte des récipients en équilibre sur leurs têtes. Osman s'arrête chez l'Indien Karra.

Devant le store, le bon roi Moncioua Lesouapé flâne à croupetons, toujours en melon gris — sa couronne — et quémande la cigarette que j'ai à la bouche. Son chancelier m'enlève celle par laquelle je la remplaçais. A qui la suivante ? A une jolie fille drapée de bleu, effrontée et ravissante. Mais Osman s'attarde.

— J'attends un guide, *Sir,* pour trouver le départ de la piste.

Nous avons le temps de boire le troisième thé de Karra. Les indigènes défilent pour lui acheter du *kafficorn,* cette jolie petite graine ronde cultivée en Afrique du Sud (comme aux Indes), et dont on fait aussi bien de la bière que du porridge : la bière de kafficorn a assez exactement le goût du *thalla* abyssin.

Mais voici venir un adolescent filiforme, poussé par un serviteur de Karra.

— C'est un berger, nous dit Osman : avec ses troupeaux, il a appris toutes les entrées de bush.

Kalabeng maintient ce cicerone d'une main de fer sur le marchepied, et à quatre, à présent, la chère Jeep nous emporte rugissante.

Le crépuscule baigne les huttes éparses, où mes amies et amis de visites antérieures me saluent de leurs seuils. Je dois accorder deux minutes à l'un d'eux, vieux chasseur, dont le repos du soir parmi les siens est simple et touchant. Il fume dans sa courette barricadée de ronces. L'aire est finement lissée. Sa seconde femme, nue, y taquine à ciel ouvert la marmite du dîner, où bouillent des *sammas* cultivés, qu'on appelle *mekatans,* et qui contrairement à leurs frères sauvages, sphériques, ont , eux, un galbe ovoïde[1]. Tous les marmots, de main droite comme de main gauche, suivent la cuisine. Pas un morceau de toile ne les voile : ce sont de purs chérubins noirs.

L'épouse en titre, *sari* rouge, turban blanc, m'introduit dans le logis. La propreté y est méticuleuse. Tous les éléments de la maigre fortune ont leur place, pendus à des fiches plantées dans la poutraison de bois brut. Des couvertures marquent les couches. Le chaume noirci coiffe la hutte.

La zone rase est immense autour de Lehututu. Bûcherons et chèvres ont poussé loin leur ravage. Nous glissons enfin du sable à la savane, puis à la jungle, et puis à l'orée du bush.

De piste ? Aucune. Le piétinement des troupeaux a tout brouillé. Il nous eût été impossible, sans guide, de trouver le point d'attaque de la forêt. Ce point, le petit doit lui-même le chercher...

— C'est là, fait-il, au bout d'un long parcours.

---

1. De retour en France, j'ai fait planter des graines de *sammas,* et elles donnèrent bel et bien des melons ronds, comme les sauvages.

L'ayant lâché avec un shilling de récompense, et plusieurs miles à refaire à pied, nous plongeons de confiance dans la ronce à la place qu'il nous a désignée.

De fait, les traces s'ordonnent à quelques distances. Au bout d'une demi-heure, nous sommes obligés d'allumer les phares, mais nous tenons le faible et précaire trait d'union entre le *North* et le *South Protectorate*.

Pour éviter de fatiguer le lecteur — comme nous nous fatiguâmes... — dans un trajet de plus, chaotique, semé de crochets, de stationnements, de pannes, je vais seulement résumer les points saillants de cette liaison fondamentale.

*
* *

Nous l'avons franchi dans la nuit de notre départ, à mi-distance, à peu près, entre le 24 °, ou gîte Lehututu, et le 23 °, qui ne coupe que de la forêt.

Rien ne m'annoncerait d'ailleurs, sans une évaluation de position, ce passage mémorable... Nous n'y avons vu que du feu : celui de nos phares, dansant la ronde parmi les épineux aux dards blancs comme des arêtes de carpe, et les chacals apeurés. Les porc-épics ajoutaient leurs dards vivants à ceux de la broussaille...

Aussi n'est-ce pas tant cette démarcation théorique qui compte, que les modifications naturelles qui l'accompagnent. De moins en moins de *pans* et de gibier visible. Transformation lente de la sylve : le bush de grands arbres s'efface devant un taillis, où de nouvelles espèces apparaissent.

Voici en petites touffes le *mopani,* à feuille de noyer, dont Kalabeng m'annonce les grands spécimens dès le Ngami et dans la Rhodésie, où il servit. Le *mocuana,* l'arbuste porteur des rondes baies brunes, aimées des bushmen. Le *mokalla,* mon cher kameeldoorn, est en semi-éclipse, et ne réapparaîtra que beaucoup plus loin, dans la zone lacustre. Je retrouve enfin un arbre que je vis abondant lors de mon premier raid dans la Poche, sans savoir lui donner son nom, à l'époque : c'est le *mohonnon,* une imitation de saule, atteignant six à sept mètres, et qui est sans épines : un phénomène dans ce monde acéré ! Le *mohonnon* est le représentant tendre de la botanique kalaharienne...

Les moutonnements du terrain donnent de jolis aperçus sur des horizons boisés à perte de vue, et mystérieux : le couvert dissimule la vie, qui est certaine. De brusques passages de gemsboks et autres animaux en témoignent : ce n'est pas parce qu'ils se montrent moins, qu'ils sont absents : on verra tout à l'heure qu'il en est de même des bushmen, qui d'ailleurs se manifestent dangereusement par leurs feux.

Je n'ai pas encore vu de feux de brousse au Kalahari : ils commencent. Rien d'impressionnant comme ces aires de cendres et de silence, œuvre de l'homme sans que l'homme se montre. Pesante présence réelle cachée. Ici, la savane fume encore. Là, elle crépite. Et là, sur cette étendue noircie, des chapelets de ballons noirs : *sammas* saisis par les flammes, et cuits sur place...

En montant vers le nord, nous nous rapprochons des pluies. Nous allons au-devant de la saison humide. Elle y est plus précoce que dans le sud, un peu moins avare en eau, aussi : au-dessus de la ligne du Capricorne, il en tombe 35 centimètres au lieu de la moitié, en dessous. C'est dans cette prévision que les sauvages incendient le bush, pour fertiliser des secteurs où le gibier se rassemblera.

*
* *

A mi-route entre Lehututu et Ghanzi, sur les fins de la zone du tropique, il existe un lieu étrange.

Le terrain y est fortement basculé. Au bord d'un point d'eau saumâtre, simple trou boueux, qui vaut un nom à ce coin perdu, Okwa, veillent côte à côte des vautours de ma taille et des bœufs. Aucun de ces animaux ne remue d'une aile ni d'une patte, à ma vue : cet abreuvoir de limon est à eux, et on ne les délogerait qu'à la poudre.

Trois ou quatre huttes occupent l'éminence voisine. Egarés, nous décidons d'y chercher un habitant. La montée est difficile dans le sable. Pendant qu'Osman lie conversation avec un vieil abruti, je jouis de la vue dominante. Un coin de brousse fixe mes yeux : d'énormes blocs rocheux y sont alignés. L'allure de ces pierres est sabéenne. Et leur présence est encore plus anormale que leurs formes dans ce royaume du sable : sont-elles une curiosité géologique, ou bien des ruines, apparentées à la problématique « cité » de Farini ?

Kalabeng pose pour moi quelques questions au vieux qui a fini de s'expliquer avec Osman. Il ne sait rien, ou ne veut rien dire. Il s'en fiche... Et le corporal me dit :

— Il soutient qu'aucune légende n'entoure ces pierres.

Le petit œil malin d'Osman regarde le tableau qui m'intrigue, et le jeune Indien hoche la tête :

— Savez-vous que des Hottentots de mon père lui ont parlé, eux, d'une vraie ville morte, à 100 miles au moins de Lehututu, à l'Ouest, du côté du Sud-Ouest africain ? Il y a longtemps de cela. Mon père s'établissait. Il n'avait pas de raison de s'intéresser à ces racontars de chasseurs : il engageait ces hommes pour lui procurer des peaux, et non des découvertes. Mais si vous reveniez un jour, nous pourrions, avec deux Jeeps, explorer la frontière.

Ce recoupement des allusions de J... J... n'est pas négligeable : si les lieux désignés ne coïncident pas, l'ensemble de la contrée est le même. Je demeure rêveur en commandant de reprendre la piste...

« Quoi qu'il en soit, et suivant les contrées, les Bushmen du désert Rouge, grandis ou demeurés à l'échelle primitive, ceux du bush, ceux du gibier (non pas ceux des centres de sédentaires), nous donnent tout ce que nous pouvions rêver de leur image fabuleuse. Dans leur décor grandiose, leur retraite ultime, ils sont une des dernières forces humaines de la nature primitive. »

CHAPITRE XXIII

LES BUSHMEN DU TROPIQUE

D'une mastication méfiante à la délectation—
Bushmen du bush et bushmen du gibier.

C'est à eux seuls qu'appartient ce Kalahari du nord-ouest : mises à part les trois huttes d'Okwa, aucun Bechuana ne leur dispute ce domaine.

Au sud-ouest d'Okwa on trouve des Magons. Au sud-est de Ghanzi errent des Daggas. A l'ouest, des Makokas. Au nord... Je parlerai du nord ensuite : ce nord semble fantastique.

La chasse est toujours une nécessité et une vocation. Pas une chèvre ni un poulet n'accompagnent ces petits groupes de lutte. Ils ne comptent que sur le gibier. La venaison donne la vraie force. Le sang y gagne sa chaleur. La peau d'un bushman a un contact brûlant. Le froid nocturne ne l'atteint guère. C'est qu'elle porte son feu en elle : celui de l'action, et de puissantes nourritures intermittentes.

La Nature dote ces hommes comme les bêtes nées pour l'épreuve : elle permet, chez le bushman, de formidables développements fessiers lorsqu'il est en période de « vaches grasses », afin de l'aider à supporter de longs jeûnes : qu'on regarde sous cet angle l'anatomie de Matobé dans la photographie que j'ai prise de lui dansant à Tsane.

On est renversé de l'amplitude de leurs raids de chasse ! Ils s'enfoncent, ne comptant que sur les secours du taillis, pourtant rien moins qu'hostile. Ils en connaissent les plus minuscules ressources. Nous mourrons dix fois dans une de ces randonnées. L'instinct intervient à chaque minute. Et je n'ai jamais pu les voir surgir de la forêt, sans songer à des morts jaillis de l'enfer lui-même...

Il est difficile de parler de religion bushman. Moi du moins, et dans ces contrées encore inexplorées, je n'ai rien pu discerner. Je manquais d'ailleurs d'un Hottentot pour me donner le lien de la parole. J'admets que la constante dépendance des grands éléments mystérieux : de la pluie, si rare, qui enrichit le bush ; du feu, tiré des frottements du bois, qui réchauffe, et dont on use en incendies bénéfiques ; de la lune, des astres, témoins et guides nocturnes ; j'admets que les communions intenses avec les lois de l'Univers n'ont pas laissé sans écho même ces âmes frustes. Mais précisément, la sauvagerie ne sait pas exprimer ses sensations obscures : je suis persuadé qu'on croyait, au néolithique, sans extérioriser cette Foi, ni l'inscrire dans la pierre.

Les types humains sont extrêmement disparates : quels dosages sanguins ont sélectionné ici des grandes tailles, là des petites, et quel rapport existe, par exemple, entre ce grand Magon que nous interceptons dans la région d'Okwa, et qui serait aussi bien à sa place en Indonésie qu'en Afrique, et ce malheureux blessé qui, un jour, à notre feu... Mais racontons cette vision émouvante.

*

* *

C'était en une fin de journée gorgée de couleurs rares. Derrière le feu que nous allumions déjà, la ronce s'écarte et un squelette s'approche, un pied mangé par une plaie suppurante. Il s'accroupit contre la flamme.

C'est un bushman de clan Makoka, semble-t-il à Kalabeng, qui lui jette des bouts de pain cuit chez Rasul, et une lichette de corned beef. Mastication méfiante, malgré la faim qui tenaille. Et puis délectation progressive, sous l'effet de la saveur inconnue de ces riches nourritures. Le fond d'une boîte d'abricots met le comble à cette jouissance extatique : l'homme lèche indéfiniment ses doigts, *sans arriver à croire à tant de succulence...*

Quelques bouchées l'ont rassasié. Entassant dans la boîte de métal les restes de ce qu'on lui a donné, il disparaît comme il est venu, emportant son trésor vers d'autres bouches avides : où ? à quelles distances ? Nous supposons qu'accidenté en pleine chasse, il est demeuré très en arrière de la course de ses partenaires, et s'est décidé à aborder notre feu comme un hâvre. Ainsi ai-je vu au Kurdistan cet oiseau farouche entre tous qu'est l'aigle, un aigle dévoré par un mal incurable, se laisser tomber à bout de résistance, et dans un vague espoir, près d'un camp, dont les chiens le tuèrent en une curée abominable.

— Quel « sauvage » ! me lance Kalabeng, grand *Post Commander,* découvrant d'un sourire d'ébène sa denture éblouissante.

Je ne veux pas décevoir ce progressiste néophyte... Mais où est la vraie valeur ? Dans notre civilisation mécanisée, ou chez les plus purs dépositaires encore vivants de notre incarnation préhistorique ?

*
* *

Tous ces bushmen du centre ne répondent pas à l'idée classique qu'on se fait d'une race rigoureusement définie, et décrite en général comme simiesque et malingre. Il leur arrive d'être assez grands, musclés. Ce sont cependant, eux, les authentiques Bushmen, non sous l'angle physique, quand la stature a évolué, mais au sens des qualités originelles.

Il faut entendre le respect avec lequel les bons Bechuanas les évoquent comme de purs sauvages, parfois pas commodes... Entendre aussi les Hottentots, ces connaisseurs en risque, en parler comme d'alliés — ou d'ennemis — qui comptent.

Ils représentent les clans qui ont choisi la liberté : les autres, ceux qu'on a étudiés en Sud-Ouest africain, au Basutoland, en Rhodésie, sont restés les victimes rachitiques d'un complexe d'infériorité. Ils se sont accommodés au contact, voire au joug des nouveaux venus, Noirs et Blancs. J'en ai vu d'horribles, de craintifs. Il en demeure beaucoup de tels dans leurs anciens habitats, qui couvraient une grande partie du sud de l'Afrique. Mais tout ce qui avait le sang vif, s'est rabattu — ou se trouvait — au Kalahari.

Là, encore une fois, le nom de bushmen n'est plus rigoureusement synonyme d'un modèle unique. Mes hommes l'ont aussi bien donné à des gnomes qu'à des types humains normalement constitués et de belle apparence. *C'est le mode de vie qui décide du titre* : c'est le caractère, et aussi l' « allure » et l'attirail : car si les aspects varient, on retrouve toujours l'agile nudité sous les carteuses peaux brutes, les javelots, ou les arcs, et ces meutes de chiens à la dent cruelle.

On connaît vers l'est des lilliputiens tireurs de flèches en os.

Il est probable que dans le nord, où les profondeurs boisées sont sans limites, d'autres indigènes se sont maintenus au moral et aussi au physique : on n'en est encore qu'à soupçonner, ces insaisissables effectifs, certainement très rares, guerriers et peintres rupestres.

Le plus souvent l'existence de course qu'elle s'est choisie a ennobli la race : les chasses, les alliances de chair avec des coéquipiers de tribus noires, l'ont étoffée et embellie, tout en sauvegardant la légende « bushmam », dont se perpétue la formule d'indépendance et de valeur.

Quoi qu'il en soit, et suivant les contrées, les bushmen du Désert rouge, grandis ou demeurés à l'échelle primitive, *ceux du bush, ceux du gibier* (non pas ceux des centres de sédentaires), nous donnent tout ce que nous pouvions rêver de leur image fabuleuse.

Dans leur décor grandiose, leur retraite ultime, ils sont une des dernières forces humaines de la nature primitive.

« Ma blancheur réalise avec le noir de Kalabeng et l'ocre d'Osman une originale union tricolore. C'est le trio Sem, Cham et Japhet...Notre père commun Noë doit se réjouir, du haut du ciel, de voir ses fils en si bonne harmonie : de son vivant c'était l'inverse... »

XXIV

MA BELLE EQUIPE A TROIS COULEURS

L'alliance du cerveau et des muscles — On dort peu, on trime beaucoup — La régulière musique du moteur.

Ma blancheur réalise avec le noir de Kalabeng et l'ocre d'Osman une originale union tricolore. C'est le trio Sem, Cham et Japhet…

Notre père commun Noë doit se réjouir, du haut du ciel, de voir ses fils en si bonne harmonie : de son vivant c'était l'inverse… Et il pourrait bien, en signe de satisfaction, nous rafraîchir de quelques gouttes de son déluge ! Non : il nous laisse cuire… Ingratitude des ancêtres.

Valeureuse équipe : la meilleure que j'aie connue. Sous les peaux différentes, règne un même optimisme, une même tendance à la blague, et cela dans le respect absolu des échelons hiérarchiques : nous sympathisons à tout instant sans que mon commandement en souffre. Je n'ai même pas besoin de l'imposer : il est devancé.

La fatigue est légère quand il suffit d'un bivouac pour faire éclore la bonne humeur. L'inquiétude l'emporterait-elle, tant qu'une cabriole de gibier ou une grimace de bushman arrivent encore à vous faire rire ? Je m'intéresse chaque jour davantage à ces tempéraments, l'un africain, l'autre indien, que l'Aventure m'adjoint et me révèle, à vif, mieux que ne le feraient des semaines sans coups durs.

J'avais déjà éprouvé Kalabeng. Son ralliement le peint. Un fidèle. Le type du soldat colonial, grandi à l'école britannique : servir, être fier de servir, rester fort dans les phases difficiles. Le bled me permet d'approfondir dans les moindres occasions ce dont est capable ce coéquipier modèle.

Le premier levé, nous faisant lever, soucieux des délais et de la sécurité, il exécute lui-même avec une étonnante bonne grâce ce qu'au camp, Post-Commander, il fait faire. De gradé, il se mue en ordonnance. Malgré ses cent kilos, il devient léger pour sautiller dans la ronce à la recherche de bois. Ses doigts sont experts à faire jaillir la flamme. Il cuisine à merveille. Et il ne nous mange pas sous le nez toute sa cuisine, ce que son coffre géant aurait pu laisser craindre…

J'adore les voir se taquiner, lui et Osman ! Ce dernier a plus de finesse, mais la répartie bangwaketsé soutient sa verve. L'Indien conserve, inchangées dans l'émigration — d'ailleurs temporaire — les qualités de sa grande race : distinction, absence de laisser-aller, dans l'épreuve. Le repos même est noble chez lui, et la plaisanterie immanquablement spirituelle.

Quant à son moral, il a des bases solides : respect du chef de famille, sens traditionaliste. Plusieurs années de mécanique — il est le mécano des Rasul — ne l'ont pas émoussé. Les croyances elles-mêmes sont sauves et l'islam maintient sa marque profonde dans cette âme. Ainsi, il refuse mon corned beef (viande morte), et n'accepte que mes sardines, que finalement je lui abandonne. Il « m'avoue » seulement qu'en cas de fatigue il se permet un peu d'alcool : je crois que là, « un peu » est un diminutif, et qu'un certain pli pris se développe — sans drame…

Mais c'est dans l'exercice de ses fonctions qu'il est purement admirable. Qu'on se figure l'odieux des démontages dans les épines et le sable, le puzzle des pièces détachées sur un torchon ou sur une aile, la haine que devraient inspirer ce carburateur qui indéfiniment s'encrasse, ou ce contact caché qui perturbe la distribution, et ces pleins d'essence seulement réalisables par siphonage à la bouche des drommels, laissant un affreux goût sur la langue, après avoir — chaque fois — avalé une gorgée écœurante ! Cela dans les ténèbres, une fois sur deux, sous un simple jet de torche...

L'épuisement est mauvais compagnon pour l'analyse des pannes : pourtant, sans s'emporter, avec des doigts d'horloger, Osman fait face à toutes les tracasseries du moteur. Il sait diriger la puissance de Kalabeng dans les manœuvres de force. Ce petit Indien et ce gros Noir, c'est l'alliance du cerveau et des muscles.

Leur grand thème d'humour est l'imitation. Ils y mettent tout un art : du mime. Il consiste à se renvoyer les noms, les hauts faits, les discours de ceux qui ont entouré ce raid : Potgrieter, Albert, O'Reilly Senior, moi-même..., et à « jouer » nos personnages. Le vieil O'Reilly a particulièrement leur faveur. Son nom est suivi du rappel de ses sentences et pronostics favoris. Ou bien c'est « Mister Potgrieter... Pot... Pot... Pot... Potgrieter », énoncé d'un bloc ou épelé par morceaux, avec la déclamation de ses courts avis lapidaires.

Ils se moquent sans se moquer : ils ne raillent pas, ils s'amusent. C'est de la chanson de gestes... : animer les hommes auxquels s'est rattachée une aventure. Etant acteurs eux-mêmes des événements qui se déroulent, ils éprouvent le besoin d'évoquer les autres acteurs. Et quand je suis mêlé à leur duo sonore, je n'en prends pas le moindre ombrage.

C'est l'Indien qui mène, Kalabeng ne donne que la réplique et singe le jeune animateur. Il y a sûrement un sens ésotérique dans les figurations auxquelles se livre Osman : un fonds de mœurs très anciennes doit lui inspirer son ton, ses périphrases. Subit-il l'influence plus ou moins déformée des vieux arts dramatiques asiatiques ?

On dort peu, et l'on trime beaucoup, dans l'équipe tricolore. Je passerai sur la multiplicité de nos avatars. Ce qui risquait de sauter — les bûches en guise de ressorts — résiste, c'est ce qui semblait sûr, qui lâche : nous n'arrivons pas à trouver la cause de notre carburation explosive, qui n'est bonne que par phases.

La conduite ressortit au grand sport. Osman accélère, ralentit, ou charge, suivant l'état du sable, et sa main droite, inlassable, n'arrête point de changer les vitesses. La Jeep est vraiment tout-terrain, et je vois peu d'obstacles invincibles pour elle, sinon peut-être les rats dont les trous avalaient mes ânes dans la Poche du Molopo, mais qui par chance nous épargnent dans ce parcours. Avec le démultiplicateur et quatre roues motrices, on passe pratiquement partout. Le véhicule ne pèse rien. Et si le nôtre n'était surchargé, il nous donnerait l'impression de voler au-dessus du sol kalaharien, tel un springbok.

J'imagine un nouveau système de pilotage, et l'expérimente au-delà d'Okwa. L'idée est d'essayer de tenir constante la vitesse, en rusant avec le terrain. Les biais, les sinuosités, détours, se multiplient, mais le train y gagne. C'est, en somme, le système J... J... adapté ! Et je retrouve un peu les sensations qu'il nous procura de corps à corps avec le bush.

La régulière musique que je maintiens au moteur satisfait Osman : Kalabeng, lui, s'enthousiasme. Le délire est collectif, quand, atteignant des zones rasées par les feux, j'arrive à prendre presque l'allure d'une charge, 25 km-heure..., et s'il n'y avait les grosses boules herbeuses pour nous faire talonner, le rendement serait magnifique.

Ces zones rasées, où je joue au bolide, nous annoncent des lieux habités : Ghanzi approche. Nous sommes dans un déboisement caractéristique, et également dans une éclosion de sous-pistes : la circulation des indigènes et des troupeaux a marqué le terrain.

Mais malgré l'importance de l'axe septentrional qu'est la piste Whindoek-lac Ngami, que nous atteignons à Ghanzi, nous n'allons trouver qu'un poste anglais perdu, en îlot, dans une dispersion énorme de huttes.

« Des fourmis féodales ! A droite, à gauche, de tous côtés, leurs châteaux. Elles ont planté le bush de leurs remparts, de leurs bastions. Il y a des formes massives, d'autres élancées, des cylindres, des cônes, des reliefs pyramidaux. J'aperçois une réduction exacte — la maquette, en quelque sorte — de la citadelle de Van, en Turquie : là les fourmis sont à la mode seljoukide ! »

CHAPITRE XXV

LA PISTE DU LAC NGAMI
OU LE ROYAUME DES FOURMIS

Repas de lions — Difficile carburation — Questions sous la lune — Plus de projets que de butin.

J'ai couché chez le sergent blanc, nouvel occupant du poste et pas encore familiarisé avec l'hospitalité de bled. L'aube éclaire un verger... L'art des Anglais pour tirer d'un carré de désert des produits d'exposition est notoire. L'arrosage a stimulé même les arbres, qui sont à ceux du bush ce que sont les bœufs gras vis-à-vis des bêtes affamées.

Devant ma résidence, Osman arrache à la Jeep des ronflements améliorés : on peut la recharger. Je ne tiens pas à séjourner, en effet, car rien ne m'attire ici, en dehors des territoires inexplorés qui s'étendent de Ghanzi à l'Angola, réputés comme le fief de Bushmen difficultueux : mais il faudrait un raid spécial, avec trois Jeeps et un armement adapté, pour s'y engager. Ce sont là des perspectives à « mettre en carnet », comme le Masarwa, sans songer à tout vouloir faire en une fois.

Il est tôt. Cependant Marr, le District Commissioner, est déjà levé. Sympathique avec sa peau brique sortant d'un ensemble blanc — chemise, short, bas et souliers — il est, à l'inverse du sergent, « liant » et même agité. Il me force à partager son breakfast et à reprendre contact avec des aliments soignés.

Une pelouse de cette ravissante petite herbe dure, le *kikuyu,* bien tondue et bien arrosée, accole un carré vert à son bungalow : on fait gazon de ce que l'on a. Des pétunias chantent en mauve. Les orangers ont leurs fruits, éclatants. Si ermitage il y a, il est bon.

Je prolonge mon séjour au poste jusqu'à l'heure de l'émission de Mafeking. Bulletin de service. Puis mon passage est signalé au Major Langley.

Des captifs en maillot de *convicts* trient des graines au ralenti, sous la garde d'un soldat en tenue de combat. Marr m'offre ses vœux devant ce soldat, subitement figé et saluant.

*
* *

La piste de Windhoek au Ngami, que nous prenons à présent à l'est de Ghanzi, commence assez bien : la vitesse y est presque possible. Quelques fermes, qu'elle relie au Sud-Ouest africain, la jalonnent, et celle de J... J... doit en être, mais je ne la cherche pas. D'ailleurs, et pour cause, J... J... n'y serait point...

A 13 heures, nous arrivons en vue d'un lac baignant la jungle : est-ce possible ? Que de changement ! Des chevaux sont au bain. Quelques arbres aussi. Le lieu est exquis. Une tente, cernée d'un cordon de cailloux, occupe une bosse sableuse.

Un Afrikander en dévale avec ses serviteurs du type noir « malin ». Ils entourent le frugal repas que nous prenons sur nos garde-boue, si commodément plats : l'armée américaine en a fait de petites tables sur chaque roue... Ce Blanc est contrôleur de la piste, et l'entretient comme il peut. Quelques paroles sans grande portée sont échangées, pour le bien qu'elles font : pour parler...

Les lions viennent de croquer cinq ânes : lamentation connue, et qui ne m'émeut plus. Ne faut-il pas qu'ils mangent ces lions, voyons ?

Un bushman, ami du camp, grapille nos miettes : c'est un Makogo.

Une très jolie fille, à laquelle sa robe de cotonnade irait mieux si elle l'ôtait, doit être la cuisinière du pionnier. L'expansive fermeté de sa gorge menace la solidité de son tissu.

En retrait de la tente, l'équipe des Noirs s'est édifiée de frêles abris de joncs, grâce auxquels le lac est habité momentanément : Gray's Pan est le nom de ce *pan* en eau, mon numéro un en cette situation.

L'eau persiste plus ou moins régulièrement dans le bush qui lui fait suite, réalisant une forêt sur miroir, ahurissant et ravissant tableau : quel Frégoli que ce Kalahari, selon le caprice de ses zones et ses saisons !

Au Kobe Pan, où quelques bâtiments se dressent sur une étendue noyée, l'eau ressemble à du mercure. Des bœufs errent librement. Kobe Pan parque la fin des concessions, de la terre des hommes : notre quiétude, elle aussi, n'est pas loin de s'achever…

*

* *

Des troupeaux de pintades caquetantes se resserrent devant nous. D'imperturbables pauws, les grandes outardes azurées, déambulent en pions. Dans la végétation, le petit *mopani* s'insinue de plus en plus. Mais ce n'est ni lui, ni la basse-cour, ni même l'eau qui vont constituer la grande innovation : ce sont les fourmis.

Des fourmis féodales ! A droite à gauche, de tous côtés, leurs châteaux. Elles ont planté le bush de leurs remparts, de leurs bastions. Il y a des formes massives, d'autres élancées, des cylindres, des cônes, des reliefs pyramidaux. J'aperçois une réduction exacte — la maquette, en quelque sorte — de la citadelle de Van, en Turquie : là les fourmis sont à la mode seljoukide !

Ces édifices aux blanches silhouettes, parfois monumentaux, donnent un aspect irréel au paysage boisé. Si l'on accepte l'illusion, on se croit dans une forêt géante dominant des forteresses truquées. Je ne vais disposer que de trop peu de temps pour m'enfoncer à pied dans ce décor de contes de fées !

Pétarade. Bruyante fuite des pintades, comme si nous venions de leur tirer une rafale. Après avoir fait le vide autour d'elle, la Jeep se tait, en panne, et ensablée par-dessus le marché.

Des tripotages au hasard — car aucune cause n'est décelable — nous restituent d'atroces explosions : un embrayage sur démultiplicateur nous arrache dans des crépitements. 5 miles… Répétition. D'arrêts en arrêts, nous tombons en panne complète vers 16 heures.

Osman va mettre quatre heures à refaire ce qu'il faut pour repartir — il ne sait au juste quoi. Je l'assiste pendant une heure. On démonte ceci, on remonte cela. Le moral de mes deux hommes me renverse ! Collaboration. Loquacité : chez eux, le travail met tout en branle, y compris la langue ! Ecoutez-les :

Osman — Mister Potgrieter… Mister Pot…grieter, grand mécanicien ! grand storeman ! Donne-moi la clé, Kalabeng.

Kalabeng — Yes ! Yes ! Mister Pot… Pot…grieter, un chef. Attention, l'essence fuit.

Osman — Et le vénérable Mister O'Reilly O' O' O' RRReilly, plein de sagesse… Ecarte-toi.

Kalabeng — Forte intelligence aussi… Veux-tu que je souffle dans la tuyauterie ?

Etc. Etc. C'est la chanson rituelle à deux voix accompagnant leurs manipulations. Soudain, Osman s'absorbe sur un détail de montage, et Kalabeng continue le palabre tout seul, sur son thème favori : le Jugement de Tsane, les fourberies de J… J…, et le verdict du Post Commander… Redondant et pompier, il force la voix, comme s'il prenait à témoin les arbres et les fourmis.

Je les laisse pour une visite à ces dernières, et bien du temps s'écoulera avant que j'entende, au loin, le ronflement de moteur me rappelant.

Mes pas s'égarent dans la débauche de lumière du jour baissant. Les déboulés de gibier m'amusent. Je me penche sur herbes et trous. Mais ce sont surtout les fourmilières, chacune accotée à un arbre qu'elle dévore par le pied, que je ne me lasse pas de contempler, en raison de leur diversité : certaines font une botte au tronc, d'autres un fourreau montant jusque sous les branches maîtresses. J'erre dans un monde de fiction. Et avec cela, ces fourmis blanches — l'espèce *white end* — sont terriblement secrètes, car aucune ne sort de leurs murs de ciment, sans issues visibles : j'ai beau frapper, peine perdue.

Quand j'aurai rejoint mes hommes, dix minutes seront encore nécessaires pour obtenir une carburation continue et non des explosions isolées ; mais nous ne la réalisons qu'à emballement maintenu : le moindre ralentissement fait caler la Jeep, malgré tous les nettoyages des gicleurs. C'est donc d'un bond que nous ressautons en avant.

*
* *

Plus question de rien voir en dehors du tube lumineux des phares. Il n'y a d'ailleurs rien à voir : les Bushmen Mencals du Nord et les Daggas du Sud ne chassent que dans les arrière-plans de cette piste trop fréquentée pour eux, aussi peu qu'elle le soit.

Quelques huttes bechuanas surgissent quelque part. Il nous est impossible d'arrêter notre moteur, au risque de retomber en panne, quand nous questionnons les indigènes, et nous forçons tout le monde à hurler : le vacarme est affreux dans la nuit majestueuse.

Ces abords d'un des systèmes marécageux les plus vastes, et les plus curieusement équilibrés du monde, offrent un grand intérêt. La nuit claire fait ressortir les contrastes.

Et c'est presque tout d'un coup que l'embrassement griffeur du petit bush nous lâchant, le terrain passe du sable à la ferme consistance des étendues alternativement inondées et découvertes.

La succession de mouillages et de cuissons a durci ce sol, qui, dénudé à perte de vue, apparaît d'une teinte laiteuse sous la lune.

De grands kameeldoorns, évidemment stimulés par le régime hygrométrique, reviennent décorer le paysage de leurs hautes et nobles silhouettes.

Heure unique... Toute la faune est au frais. Des feux follets dansent : leurs yeux. Chats sauvages. Porcs-épics, aux courses de pelotes d'épingles. Springboks innombrables, soudain fauchés par les phares et décollant en sauts de puces.

Cependant la Jeep, violant toutes ces merveilles, poursuit sa course cacophonique. Les cylindres se passent la parole, sans jamais tous donner ensemble. Il ne faut pas mollir sur l'accélérateur, sinon nous resterions inertes.

Les étendues blanchâtres ne cessent pas sur notre gauche. Sur notre droite, les kameeldoorns, escaladés par de gigantesques herbes sèches, se succèdent. Dans un mois, tout ce monde minéral et végétal recevra un bain général : le Ngami sera un grand lac.

La queue de ce qu'on appelle proprement ce lac touche la piste au carrefour d'Itoua. Un store s'élève là, devançant le centre de Maun. Nous arrachons de son lit le Grec qui en est propriétaire, et le soumettons à nos questions, en chemise, sous la lune.

Il nous dit qu'entre son établissement et Maun, il n'y a personne, et cinquante miles nous restent à couvrir dans un terrain infernal et trompeur : mais puisque nous tenons à continuer, pour user les dernières énergies de notre Jeep, dont les ratés jettent sur pied tout le store, il nous indique comme premier repère un ponton à Toteng.

Toteng n'est qu'une hutte indigène : y capitulerons-nous ? Tentation... Nous sommes exténués, et le moteur est une mitrailleuse. Ah ! les moteurs à explosion, je sais ce que c'est, à présent ! Non : le nôtre ne repartira plus si nous coupons le contact, et il faut le pousser jusqu'à son dernier râle, puisque nous ignorons son mal. Allons !

Cependant vers 2 heures du matin, la conjuration est par trop flagrante, et même déflagrante, entre la piste et la machine : nous devons nous rendre. Depuis Toteng, les zones de débordement, ou flats ngamiens, ont cédé la place à une croupe sableuse s'allongeant, sous taillis, entre les rameaux du système lacustre ; le mauvais sol est revenu et nous happe : ne marchant plus que sur deux pattes, la Jeep y reste.

— Demain matin, à la lumière, je trouverai ce qu'elle a : puis-je arrêter ? m'implore Osman.

Allez donc refuser ! J'allume ma torche : Kalabeng est blanc de poussière ; de moi, le rétroviseur donne, sous la crasse, une image de nègre ; quant à Osman, il a les yeux enfoncés d'un cadavre, et la bouche secouée d'un tremblement instinctif. Il était temps...

Le feu est vite allumé : le bush a été incendié et s'arrache aisément à la main. C'est du charbon de bois... Les arbustes s'empilent entiers avec branches et ramilles, tout cela prend avec une allumette, et crépite bruyamment en nous rappelant la Jeep... Les flammes dépassent le taillis ! Nous y voyons aussi clair qu'au Vélodrome d'Hiver pendant un gala nocturne. Et une grande, une fraternelle amitié surclasse la fatigue.

Je n'oublierai pas ce dernier repas, ni sa valeur de rapprochement entre races.

L'émotion y est sous roche, parce que l'équipe était de qualité, et que sa fin est proche. Les coups durs ont abondé. Ils ont été supportés et traversés sans un éclat : entente rare. Or, la dislocation est forcée : l'engin qui soudait notre trio est au bout de ses forces et ne dépassera pas Maun.

Kalabeng et Osman savent qu'il y aura une suite, pour moi, parce que je renonce difficilement à mes buts : mais à cette suite, leurs chances d'être associés sont nulles. Et nous conversons en gens qui se quittent...

— Quel âge as-tu, Osman ?

— Vingt-trois ans, Sir.

— Mais tu as un anneau ? Serais-tu marié ? Je ne t'ai pas vu de femme, à Lokwabé ?

— J'ai une femme aux Indes.

— Quand la vois-tu donc, mon pauvre ami, et comment fonderais-tu une de ces nombreuses familles de ta race ?

— Nous rentrons chez nous pour quatre mois, chaque année, mes frères et moi. Le bateau ne met que treize jours. Seul mon père, qui se fait vieux, après cinquante-quatre ans d'Afrique, et qui s'y est remarié, se retire à Moshupa à la saison chaude.

Et d'évoquer les migrations de ses compatriotes vers la Terre Natale, où leurs cœurs restent, et où leurs économies repartent. Ils ne se sont expatriés qu'en séjours de travail, de seul travail : je me rappelle les ruches actives qu'étaient les stores de Rasul, de Karra...

— Karra, me dit Osman, forme le projet de s'arrêter cet été (notre hiver) à Madagascar, au retour : il y entrevoit une possibilité de commerce.

Mais tandis que Kalabeng attise le feu, il repense à notre séparation imminente :

— Reviendrez-vous au Kalahari, Sir ?

— Sûrement : j'en emporte plus de projets que de butin.

— Vous savez que vous me trouverez toujours à vos ordres. Si vous m'avertissez, vous aurez, où que vous le désiriez, un, deux, trois véhicules.

— Je n'en doute pas, je te remercie : la Jeep, quand elle n'a pas au préalable fait de stage entre les mains d'un J... J..., est l'outil-roi pour ce bled.

L'allusion à J... J... nous attire cinq minutes de discours de Kalabeng sur les cas qu'on présente aux Tribunaux du *Camel Corps,* et sur les magnifiques sentences qu'on y édicte.

— Et où retourneriez-vous, Sir ?

— Tout reste à faire, Osman : le Masarwa, et le bush inexploré de la frontière nord-ouest, et la contrée plus vague où gît cette ville ruinée dont les chasseurs Hottentots parlèrent jadis à ton père...

J'arrive à associer le jeune Indien à mon attirance pour les vestiges d'hommes disparus. L'aventure, qui ne s'appelait pour lui jusqu'alors que gain et que progrès, prend des couleurs nouvelles : une porte s'entrebâille sur les mystères du passé. Nous rêvons quelques instants ensemble en silence, à la ville morte, peut-être tapie quelque part, ainsi qu'une bête rare.

Fairlie, à Tsabong, en doutait. Kalabeng, à Tsane, n'en avait jamais rien ouï dire. J... J... m'ouvrit un horizon. Ce que m'a dit un jour Osman, à Okwa, des souvenirs de son père, est un indice supplémentaire. A la chaleur du brasier, je me reprends à considérer l'existence possible de cette cité perdue...

Me voyant songeur, mes deux compagnons repartent dans leurs prosopopées Potgrieter, O'Reilly, Balsan... Mais l'épuisement fait tomber le rideau. Des crépitements, encore ? Est-ce la Jeep ? Est-ce le feu ? non : c'est le ronflement de Kalabeng...

« Une portière s'échancre sur une cour où, se présentant de dos, une longue femme mince frappe, d'un mouvement cadencé, le fond d'un cul de tronc. Je la photographie sans qu'elle m'entende. Un cri d'enfant l'avertit, elle se retourne, et par une curieuse pudeur, recouvre sa poitrine. Elle est Batawana, comme tous les sédentaires du Ngami. »

CHAPITRE XXVI

MAUN, CŒUR FIEVREUX ET PALPITANT DES MARECAGES

Escorte d'enfants nus — L'attaque à la cordialité —
Le raid était dans le journal ! — Causerie au Poste.

Nous avons réussi à relancer le moteur à froid, alors que cette nuit, tout brûlant, il était irréductible. Mais quel ronflement haché et précaire...

Les marigots du Thamalakane ne sont pas longs à étinceler en contrebas, sur la droite. De notre surélévation je les entrevois très africains équatoriaux : ourlés de végétation, envahis de joncs, à travers de splendides premiers plans de beaux arbres.

Je salue le baobab *(mohana).* Il mêle ses stèles massives aux kameeldoorns, si élancés qu'aucune *kameel* (girafe) n'en pourrait atteindre les feuilles... Des baliveaux déjà énormes poussent entrelacés comme des amoureux, un petit contre un gros. Certains ont fini par se souder. D'autres ont des formes morbides. Inventions de la flore exacerbée par l'humidité permanente et ses miasmes.

De grands gibiers galopent dans cette vraie futaie. Une femelle *kudu* [1], blessée par quelque sagaie, promène sa course douloureuse entre les troncs : nous l'approchons à la toucher. D'innombrables per-

1. Strepsiceros.

dreaux et pintades trottinent, avec une préférence pour la coulée de la piste, douce aux pattes. Nous franchissons au bond des racines qui ne sont pas des serpents, et manquons des serpents que nous prenons pour des racines.

La fièvre est dans l'air. Kalabeng a son mouchoir en main pour chasser la moindre mouche ressemblant à la *tsé-tsé,* qui pullulera lors des pluies.

Nous traversons vraiment le plus beau décor de jungle en eau que l'Afrique puisse créer, dans l'atmosphère perfide qui lui sied.

Le moteur cogne et râle : il va expirer.

— Un *truck* va devant nous, dis-je, regardez : le sable est fraîchement labouré, et tenez, là, il y a eu un feu, et là encore, cette tache, c'est de l'huile.

— Oui, mais je ne le rattraperai pas ! se lamente Osman : il eût mieux valu l'avoir dans notre dos.

Une panne de plus, sous un soleil démoniaque, nous bloque dans un fond. C'est brusquement le silence, avec l'arrêt du moteur. Non, pas le silence : il y a le chant des insectes, et puis ce bruit scandé, au loin ? On dirait un bruit de vie humaine, un pilon ? Je pars avec mon Léika, en me dirigeant à l'oreille.

Plus je m'enfonce, plus la Jeep et mes hommes perdent de valeur pour moi : une curiosité supérieure m'ensorcelle et guide mon pas. Ecartant le taillis, tournant autour des troncs, je m'avance sans savoir où la surprise m'entraînera.

Un étang envahi de joncs, et d'arbres, et certainement de crocodiles, m'oblige à un crochet assez long. Mais fidèlement, mon pilon me remet sur la bonne voie. J'arrive enfin sous la ramée à une vaste enceinte de roseaux.

L'écran en est si épais, qu'aucun coup d'œil ne peut s'y glisser. Je ne suis pourtant séparé que par quelques mètres de l'homme ou de la femme qui moud. Pas un être au-dehors. Chaleur lourde de milieu de matinée : les chasseurs doivent être à la chasse, tandis que les familles sont prostrées — le pilonneur excepté. A force de longer la palissade, j'y trouve un défaut : un étroit boyau de roseaux sinue entre des parois dorées. Je le prends. Emotion de cette découverte à l'intérieur d'une cellule humaine, dont j'entendais de si loin le cœur battre...

Des enfants nus sont les premiers à me voir : partagés entre l'effroi et l'intérêt, ils m'escortent à reculons. Une portière s'échancre sur une cour, où, se présentant de dos, une longue femme mince frappe, d'un mouvement cadencé, le fond d'un cul de tronc. Je la photographie sans qu'elle m'entende. Un cri d'enfant l'avertit, elle se retourne, et par une curieuse pudeur, recouvre sa poitrine. Elle est Batawana, comme tous les sédentaires du Ngami.

Dès cette femme batawana, dès ce village de paille, apparaît la différence entre les Batawanas et les autres tribus de la grande famille béchuana. On sent ici l'effet d'ambiance. La région lacustre, et ses grands bois, qui font des hommes des pêcheurs et des traqueurs, ont étoffé et épuré le type : il offre une prestance et une distinction nouvelles, pour moi. La lutte pour la vie, la pirogue, ont adapté ces corps au mouvement. De beaux yeux, des traits nobles, aucune obésité. Et on ne quémande pas…

Le matériau de l'habitat est, lui aussi, inspiré par les lieux : les eaux fournissent le roseau, on l'emploie. Il donne aux cases ce fini, ce doré et cette netteté enchanteresse, en comparaison des séparations « fagotées » des Béchuanas méridionaux, et des tons sales de leurs huttes.

Je circule sans être inquiété. On me regarde un peu craintivement. C'était l'heure favorable pour « enlever » la position, laissée au sexe faible, aux anciens, aux enfants… Les bons chiens eux-mêmes sont à l'action : il ne reste que les brèches-dents.

L'ingéniosité des hameçons, la simplicité des récipients d'argile, des lits de paille, le labyrinthe des communications, me retiennent longuement. C'est un village d'exposition.

Cependant, ce n'est que prudemment que la pilonneuse a atténué, à force de m'observer, l'hostilité de ses yeux éclatants. C'est elle, ce sont ses compagnes qui cultivent alentour les défriches de la forêt. Elles, qui confectionnent ces ravissants greniers en chapeaux de paille renversés, pointe en bas, afin que les rats n'y montent pas. Elles, qui moulent le grain, ensuite, à la demande de la consommation.

Ici, les terres sont fortes, nourries par l'entrelac des marigots, et séparées par les centaines de miles des frontières où rôdent les Blancs. Maun ne m'a été dépeint que comme une antenne anglaise perdue : je m'explique donc que les Batawanas, isolés dans ces parages de bois inondés, s'y soient préservés. Je ne vois trace de pacotille sur les corps, presque tous demi-nus. La loi de la nature a encore seule régné.

On s'abandonnerait volontiers à cette existence, si simplement réglée, à laquelle les aventures de futaie ou d'étangs apporteraient un aliment quotidien. Les hommes doivent être expérimentés et aguerris. Leurs épouses sont douces. Leurs petits pleins d'espièglerie.

Avec ces jeunes compagnons, je parcours les halliers avoisinants. Ils m'y conduisent à présent fièrement, tandis que je me rabats en direction de mon auto. Bientôt, je me trouve abandonné par eux : avant les abords de la piste, ils ont reculé, et seul un chien me surveille encore d'un trot capon.

Comme je me rapproche de la Jeep, je l'entends « parler », et je hâte le pas pour profiter de ces velléités : Maun est à quelques miles, et ce serait une malchance que de ne pas y arriver dans la journée.

*
* *

Baobabs, kameeldoorns, opulence sylvestre à pied sec ou mouillé, lagons. Mariage de terre et d'eaux dans un décor paradisiaque. Avec les soubresauts du moteur à bout, les poussées et les rebondissements, la fatigue et le soleil nous ferment les yeux... Nos bouches se dessèchent à côté d'inondations empoisonnées où il est défendu de se désaltérer...

Tout d'un coup, les bois s'écartent.

Une plage d'or s'orne de jardins, de huttes et de quelques établissements européens. Nous prenons comme point de direction le plus important de ces derniers, au bord du Thamalakane.

Sous un hangar tôlé et blanchi, encombré de camions, un vieil homme aux yeux myopes s'extrait d'un capot. Ses boys lâchent l'outillage qu'ils lui préparaient. J'ai sauté de la Jeep qui s'est tue, sur un ultime crépitement :

— Bonjour ! Quelle chaleur ! Comment allez-vous ? Moi, j'arrive de Lehututu après cent pannes. Ma Jeep est cassée. Je compte sur vous pour m'aider à atteindre Livingstone.

C'est l'attaque à la cordialité. La brusque éclaircie de Maun, tout ce que je sens et ne puis détailler dans la joie qu'elle me donne, en marquant le terme de cette première grande liaison, m'a poussé à une prise de contact-éclair avec ce premier Blanc rejoint.

Il fixe sur moi son bleu regard limpide, contrastant avec la noirceur de ses mains : un regard étonné... Je dois être en fait étonnant, balafré d'insomnie, barbu, ignoble... cependant souriant. Aussi un sourire me répond-il. Je dis :

— Je suis français : Balsan.

Mon interlocuteur réprime un sursaut :

— Mister Balsan ? L'explorateur français qui a traversé la Poche du Kalahari ? Oh ! enchanté, Sir, enchanté : nous avons lu votre raid dans le *Star*. Venez voir avec moi Mr. Riley, mon patron.

Dire qu'il y a des gens qui ne lisent pas les journaux, ou qui prétendent qu'ils ne servent à rien ! Derrière mon allié, je m'engage entre les bungalows. Malgré le voile tendu sur mes yeux par la réverbération et l'épuisement, je discerne des merveilles : d'impeccables badigeons à la chaux, des fleurs. J'entends battre une pompe, et j'entrevois, par une porte entrebâillée, le blanc d'une salle de bains...

Deux panneaux de treillage anti-mouches retombent : nous sommes sous un *roof*, puis dans un petit bureau, qui s'aère sur cette galerie. Un homme écrit.

— Mr. Riley ? Voici Mister Balsan, l'explorateur français, qui s'en retourne vers Livingstone. Il a démoli son auto.

La conversation part comme si l'on se connaissait. Appréciable rondeur du tempérament anglais nettoyé par le bled. L'interview du *Star* fait aussi son petit effet.

— Vous n'avez qu'une chance de pouvoir continuer vers la Rhodésie, fait Riley, après un bavardage. Une seule, pas très brillante : à vous de décider. Un *truck* appartenant à un Noir, venu du côté de Ghanzi, va poursuivre sa route vers Kazangula, où il doit livrer un chargement de peaux.

— Parbleu, c'est celui dont les pneus nous devançaient ?

— En effet : il est arrivé depuis peu. Ce Sambok me semble un homme sérieux. Je vais essayer de négocier pour vous un arrangement. Kazangula n'est pas loin de Livingstone, et il vous y porterait, moyennant une indemnité : sur de pareilles distances, on peut bien allonger un peu son trajet ! Laissez-moi faire, et allez vous baigner, déjeuner, vous reposer. Mais vous n'avez pas le choix : mon garage-hôtel est unique dans l'endroit. C'est donc la carte forcée...

*
* *

Soudaines délices... L'eau coule — chaude : à la température du Thamalakane, dont elle provient. Elle se couvre de mousse, alors que le sol s'est couvert, lui, du sable tombé de mes équipements. Je ne pense plus à rien, et je vois tout en beau.

Des fleurs sanglantes de crotons entrent par les vasistas. J'aperçois l'envolée de palmiers et de baobabs géants. La glace de la salle de bain m'envoie l'image d'une face d'assassin, qui peu à peu reprend des traits de chrétien.

Mes premiers pas dans le patio, au centre du carré formé par les bungalows très bas, m'offrent un régal artistique de frangipaniers, papayers et jakarandas. Feuillages dentelés, lobés, fleuris. Les oranges brillent dans le potager voisin.

Osman et Kalabeng errent au bord de cet éden, éberlués... Ils se précipitent pour me dire leur joie de tout cela, ainsi que de l'amical préjugé sympathique que leur vaut leur arrivée avec moi : aux nouvelles du *Star,* ils ont ajouté, d'ailleurs, des développements aussi passionnés que gratuits, puisque dans la Poche ils n'étaient point...

Osman a confiance : sa Jeep a trouvé un médecin chez Riley, et il pense qu'elle pourra rentrer. On a déjà décelé une fine fente au chapeau du Delco, qui explique nos pétarades. Et la pièce de rechange existe. Mais que d'autres maux ! Si la bûche-ressort est demeurée, tout l'abdomen de l'auto a été râpé par le bush : câbles et tringleries sont enchevêtrés. J'informe mes hommes que, de mon côté, j'ai déjà bon espoir d'avoir un nouveau moyen de poursuivre mon chemin.

J'entre d'un pas gaillard dans le petit bar de Riley. Le District Commissioner, Atkinson, s'est déplacé pour me serrer la main. Le médecin de l'hôpital installé contre la fièvre jaune habite l'hôtel et est également là. Un chasseur de lions de Johannesburg est en séjour. Quatre femmes jouent aux cartes sous le roof : deux Anglaises, une Sud-Africaine, une Grecque, allégrement résignées à cette marécageuse partie de campagne, et organisées contre ses inconvénients. Le soir, la pompe de Riley leur envoie par un mince tuyau, qui filtre hippopotames, sauriens et moindre vermine, l'eau du Thamalakane dans un bassin, où elles s'ébattent indéfiniment.

Le médecin me parle des méfaits de la fièvre jaune, et de la tsé-tsé, qui ravage la population. Il dispose d'un bon *truck* et pousse des pointes jusqu'aux villages atteints.

Le chasseur en est à son cent cinquantième lion. Sa forte silhouette évoque, en blond, le héros que Gérard a immortalisé pour nos enfants.

Le vétérinaire, un barbu, arrivé entre-temps, est fervent photographe et m'interroge sur mes appareils.

Le District Commissioner, Atkinson, m'invite à venir causer avec lui au Poste, où se trouve son bureau. Après le déjeuner et la sieste, il m'envoie son auto.

L'emplacement militaire est vaste et bien tenu. Le District Commissioner y occupe une drôle de construction ronde, dans la verdure, qui fait plutôt songer à une rotonde de l'Amour qu'à un bureau. Cartes, photos, documents, ont vite fait d'orienter la conversation sérieusement.

Nous nous entretenons très longuement. C'est de cet entretien, et de ceux que j'ai eus avec le sergent Dyer, remplaçant au poste de lieutenant Broocks, absent, et avec les trois autres résidents Blancs de Maun, que j'ai pu tirer un aperçu général de cette contrée, dont on ne sait que peu de chose, et où la part d'inconnu demeure importante : j'ai résumé ces indications dans le chapitre suivant. Cependant le régime exceptionnel de ses eaux peut réserver un avenir illimité au royaume ngamien. Mystères d'aujourd'hui, possibilités de demain : un grand territoire africain.

La présence européenne y a été réduite, jusqu'ici, à quelques hommes en poste, ou à de rares géographes ou ingénieurs venus étudier le mécanisme du Marais.

Les liaisons pistières sont du ressort du risque, et terriblement étirées : 700 km pour Francistown ; 600 pour Livingstone ; 1 000 pour Windhoek. Le petit avion, auquel est destiné l'aérodrome miniature ratissé dans la clairière, a cessé son service le mois dernier, pour tout l'été : le contact avec Bulawayo est coupé pour six mois. La solitude va commencer. Et au milieu de ces grands arbres, de cette masse liquide, qui s'animera bientôt, elle pèse particulièrement.

Atkinson a résidence au bord du Thamalakane, vers lequel son jardin descend doucement. On vient d'en brûler les accès, à cause des serpents. Maintenant, le moindre *typhlop* — un maître en venin — se trahirait immédiatement. Du roof, nous contemplons l'eau qui clapote gentiment, en agitant ses roseaux. Le petit voilier du résident, gaiement, y danse.

— J'imagine vos sommes sur ce bateau, entre ciel et flots ! dis-je.

— Sauf quand l'hippopotame qui rôde alentour s'obstine à m'accompagner... Il ne me lâche plus alors !

« Le grand miroir s'étale, varié : en criques, en lacs, en goulets. Des arbres baigneurs y plongent leurs chevelures de racines, ou y inclinent leurs frondaisons. Le peuple ailé vocalise. Le peuple nageur demeure, vue la chaleur, aux niveaux frais de la profondeur des eaux. »

CHAPITRE XXVII

UN MYSTERIEUX DOMAINE LACUSTRE

Prise de contact aérienne et nocturne — Les lois de l'eau — Mésaventures nautiques — Ne pas choir dans une chasse à la girafe — L'homme qui s'est enfoncé — W. N. L. A. Ltd ou les abonnés du risque.

Du point de vue indigène, Maun, à cheval sur le détroit solide qui isole les marais de l'Okovango et du Bongo de ceux du Makarikari, n'était jadis rien : quelques huttes sans rassemblement marqué. C'est l'attention anglaise qui a valorisé le lieu. Le Poste, le petit aérodrome, l'hôpital, et l'établissement Riley ont poussé. Attirés par ce centre civilisé, aussi réduit qu'il fût, les Batawanas se sont accrus en nombre sous les grands arbres.

Paillotes et enceintes jettent leur note indigène à portée d'une poignée de bungalows. Un peu de compagnie en résulte. Les clôtures sont toutes de *mochesi,* une plante grasse à croissance rapide, qui se laisse volontiers guider, composant d'épais écrans verts, nourris d'une sève laiteuse qui ressemble à celle de l'euphorbe. Le poétique chardon du Kalahari, affolé par le sol providentiellement humide qu'il trouve ici, effectue des grimpées records, et hisse très haut ses chapelets de grosses boules.

Les indigènes se vêtent exclusivement de couleurs provocantes — ils en sont encore au stade du clinquant —, et aiment à circuler. Leurs femmes sont des fleurs mouvantes parmi ce grand jardin des bois.

Maun est ainsi devenu le centre vivant d'un domaine invisible, d'épineux et de marais : un domaine lacustre, hanté par la malaria, et où pourtant, de temps immémorial, des populations autochtones se sont adaptées au milieu. Le bush est giboyeux, et le poisson succulent.

*

* *

Dans l'avion qui m'emportait de Leopoldville à Johannesburg, nous survolâmes au début de la nuit un extraordinaire tableau. La lune se réfléchissait dans une série de marigots, en nous les révélant. D'obscurs éléments étaient les morceaux de terre ferme. Bientôt des feux y luirent, rougeoyants, disséminés : des feux *typiquement* sauvages. Leur nombre me surprit.

Ainsi ces contrées de Déluge comportaient une vie. Au milieu de l'inondation, campant sur des îlots, des hommes existaient, probablement, certainement coupés de tout contact avec les grands pays borduriers, puisque notre survol nous entraînait toujours sans que cessât ce paysage de roman.

A l'atterrissage, je questionnai le capitaine, un jeune officier de guerre belge, très allant :

— Ah ! moi, me répondit-il, je ne connais que des coordonnées : l'identité des lieux me causerait de la distraction, elle ne m'intéresse pas. A quelle heure situez-vous votre observation ?

Ma précision le fixa. Il pointa son parcours, d'après le moment donné. Nous regardâmes la carte : les marais de Maun et du Makarikari avaient, devançant symboliquement mon voyage vers eux, défilé sous moi...

Et je me rappelle m'être désolé de n'avoir pu, par le moyen de quelque miraculeux parachute, descendre tout droit dans ce décor dont tant de délais me séparaient par des voies normales : le chemin de fer, puis la piste, et les accidents possibles... Autant de retards, alors que le Destin m'avait conduit juste à sa verticale !

Rêves de voyageur d'*Air Lines,* souffrant de l'incomplet miracle de la navigation aérienne, qui donne toutes les vues, et aucun contact... Je dois pourtant au hasard de ce survol une chance folle : être passé au-dessus de la fameuse région ngamienne, l'avoir saisie dans son mystère nocturne, avoir pu en apprécier les dimensions et la nature. J'ai connu ainsi l'objet de mon attrait, et, l'ayant connu, je l'ai désiré avec plus de force...

*
* *

Toutes les eaux dérivées des fleuves du sud de l'Angola : Kubango, Okovango, Kwito, Kwando, descendent vers le Kalahari, et le Ngami en est le premier déversoir. De là, par des chenaux divers, le courant gagne un tronçon collecteur dit Botlélé, qui le mène au second déversoir du sud-est : le Makarikari.

Tel est le circuit, lorsque dominent les pluies en Angola. Mais si certaines rivières rhodésiennes, directement nourricières du Makarikari par l'est, ont reçu plus d'eau ou l'ont reçue en avance, le principe des niveaux joue en sens inverse, et le courant se retourne du Makarikari vers le Ngami. Echanges alternés de grands bassins d'équilibre. Lente et puissante bascule, que la forêt contemple en se mirant dans les jeux hydrauliques. Maun en est le pivot.

La saison humide y est marine. On ne circule qu'en bateau. On peut, en pirogue, rallier le Zambèze sans reprendre terre, à travers les joncs et le peuple des bêtes amphibies. Liaison qu'en cette fin sèche d'hiver j'affronterai, moi, en camion...

*
* *

Un jour, en saison de pluies, un gradé blanc du Poste a voulu faire une exploration en bateau. Il le peut : tout est soudé par les eaux. L'essentiel sera pour lui de ne pas s'égarer au fil sinueux des marécages. Mais le soleil est guide. Notre Anglais a des provisions, ses armes, et le temps. Et il chantonne ses airs favoris en appréciant les joies de la vie exotique, cependant qu'à la rame ou à la gaffe, son milicien propulse leur bateau.

Il admire la beauté du paysage lacustre. Le grand miroir s'étale, varié : en criques, en lacs, en goulets. Des arbres baigneurs y plongent leurs chevelures de racines, ou y inclinent leurs frondaisons. Le peuple ailé vocalise. Le peuple nageur demeure, vue la chaleur, aux niveaux frais de la profondeur des eaux.

La friture du soir est pêchée. Une gazelle, égarée sur un îlot, a été manquée d'une balle, mais il y a plus amusant que de l'avoir tirée, c'est de l'avoir vue fuir, en sautant les bras de marais. Et voici l'heure de camper. Le milicien, une recrue Batawana, connaît même les lieux de cette carte marine où il n'est jamais allé : il propose un mouillage attrayant, où il voit du bois sec, et un abri sous un kameeldoorn.

— Va ! fait le gradé.

A peine a-t-il prononcé ces mots, que l'onde s'agite autour de la frêle embarcation. La douceur vespérale séduit les hippopotames : de toutes parts surgissent petites oreilles et yeux perçants. Remous. Dans l'obscurité, ces remous sont inquiétants : il reste trois cents mètres à parcourir avant d'accoster.

Le malheur veut que les hippopotames soient en bonne humeur, ce soir-là, enfin en humeur de jouer : ils font une conduite à ce flotteur intrigant. Et puis, se piquant au jeu, ils s'énervent de ne pas l'identifier, s'approchent, le poussent du muffle, le soulèvent, enfin l'attaquent à la dent. En un tournemain, occupants et matériel sont à l'eau... La curiosité des grosses bêtes devient de la rage, et parmi les approvisionnements épars, l'embarcation est broyée, déchiquetée dans les bouillons.

Le sergent et son homme se tirent de là à la nage. L'excursion est finie... Adieu la croisière vers le Zambèze ! Ils sont sur leur îlot, sans une allumette sèche pour y faire prendre un feu. La longue attente commence, jusqu'à ce que des pêcheurs, passant plus tard par là, les sauvent, affamés, et enrhumés pour plusieurs années...

La vie de ces pêcheurs, vivant à moitié sur terre, et à moitié en bateau, offrirait un thème d'études encore à peine amorcées. Le professeur Wellington, de Johannesburg, se cantonne dans l'hydrographie ; l'Anglais Wiland dans la géologie ; un autre Anglais, Vernay Lang, s'est concentré sur le Ngami. Ces recherches ont pris le pas sur l'ethnographie.

Le Poste de Maun a pourtant recueilli des documents, d'où il ressort que ces tribus, pacifiques n'opposeront point de résistance le jour où, avec tact, se développera l'investigation. Les Batawanas ne présentent pas de danger.

Tel n'est pas toujours le cas des bushmen, hôtes eux aussi de ces régions. J'ai pu constater combien les renseignements étaient pauvres à leur sujet. Ces primitifs sont plutôt retirés en haute forêt. On n'approche guère que les grands Matenikoués. D'autres errent absolument hors de portée des pistes. Les Batawanas les redoutent et leur prêtent des coutumes mystérieuses : danses, inscriptions.

*
* *

Cette histoire est faite pour prouver qu'il ne faut pas se fier aux Bushmen...

Or donc, moins de six mois avant ma venue, deux officiers aviateurs britanniques quittent la Rhodésie du Sud sur leur avion, pour regagner l'Angleterre. Ils ne sont pas partis depuis deux heures, que leurs moteurs leur donnent des difficultés. Atteindront-ils l'escale de Léopoldville ?

Les doutes font place aux craintes, les craintes à la sévère réalité : coûte que coûte, il faut se poser. Ils n'en ont pas le temps : ils tombent.

On les imagine détachant brusquement leurs yeux des commandes, du tableau et des leviers, pour se rendre rapidement compte du terrain vers lequel ils plongent : des arbres à perte de vue, manteau touffu, exclusivement sauvage, et, non loin sur la gauche, d'immenses plans d'eau. Perspective gaie...

La chute s'accélère. C'est le choc, avec rebondissement et culbute dans les épineux, le bois cassé dans l'appareil et sous lui. Et deux hommes absolument seuls et nullement préparés pour ce genre de plaisir se trouvent égarés dans la grande végétation de la rive orientale du Makarikari.

En somme, ils ont à peu près réalisé, sans le vouloir, ce dont je rêverai dans le DC-6 qui m'emportera en sens inverse d'eux...

Tout est démoli. Que faire ? Le pays est abondamment pourvu d'eau. Ils prennent quelques vêtements, quelques sandwiches, pas d'armes — ils n'en ont pas... — et choisissent une direction.

Ils n'ont pas à aller loin. Des cris rauques retentissent. Une girafe passe, blessée. D'autres l'ont devancée. Mais c'est en arrière de sa fuite que s'élèvent les éclats de voix gutturaux.

Les officiers se sont arrêtés, hésitants. Des chiens surgissent, haletants, furieux, sur la voie chaude. L'excitation de la poursuite évite leurs crocs aux Anglais. Mais voici une autre meute, humaine, hurlante, nue, hérissée de javelots.

En un clin d'œil, ce flot les submerge et les cerne. Les bushmen, dans l'ardeur, abrègent leur décision : quelques-uns d'entre eux, les moins jeunes, restent autour des aviateurs, tandis que tous les autres continuent la partie engagée. On ne tarde pas d'ailleurs à entendre, à faible distance, la curée du plus noble animal de la forêt : rugissements des criminels qui la lardent, plaintes de la bête éventrée, égosillements des chiens.

C'est fini. Le clan chasseur retraite avec la dépouille pantelante, et, suivant sa coutume, campe sur place dans les feux et dans le sang.

Le sort des Blancs est seulement alors discuté. Il me semble pas menaçant : il y a incertitude, au moins. On ne les empêche pas de se tailler des lambeaux de viande et de la griller. S'ils continuent à faire l'objet de concertations, ils ne sentent pas sur eux l'attention directe de l'assemblée. Sauvagerie de la scène ! Grimaces, festin de l'âge des cavernes, palabres gutturaux... Peuvent-ils interpréter ces interjections et ces mimiques ? Sont-ils aux mains d'hommes, ou de lutins ?

Ils ont du flegme. Ils allument leurs bouffardes et devisent tranquillement de l'imprévu des longs vols de liaison. Une belle histoire à raconter !

Une belle histoire... Les sagaies y mettront fin un soir suivant, pareil à celui-ci, pourtant.

Ils sont restés chez les bushmen. Les tambourinages de troncs creux, télégraphe de la forêt, leur ont fait croire qu'on les annonçait. En fait, les sauvages hésitaient, différaient, jusqu'au jour où brusquement le chef de chasse — un sage... — prit son parti : la girafe est protégée par le *Camel Corps,* et il est préférable de supprimer ceux qui pourraient témoigner qu'on l'attaqua.

On les a attendus des semaines : là-bas aussi, les tam-tams avaient donné de l'espoir. Dangereux...

Finalement on interrogea des Batawanas chasseurs, que leurs incursions cynégétiques rapprochent des bushmen : ils rapportèrent la nouvelle du meurtre.

*
* *

Il a planté sa tente à Nokanen, à 80 miles au nord-ouest de Maun, au bord des eaux qui descendent de l'Angola. Un coin perdu, où seuls les fous du W. N. L. A. Ltd [1] — dont l'histoire viendra en son temps — vont le visiter.

1. *Witwatersrand Native Labour Association.*

Il a un semblant de store. Il brocante avec les indigènes. Il ravitaille au passage le W. N. L. A. Il a de l'adresse, de l'audace, et ces parages qu'il a choisis le tentent sans l'effrayer. Il s'y enfonce, longuement.

Des étendues qui l'entourent, il est seul à pouvoir parler. Il n'est d'ailleurs pas homme à coordonner des récits : il ne voit et ne sent que dans le mouvement, toujours en quête d'un but précis, homme ou gibier. Et ses souvenirs sont débordants d'images animées.

Il a fréquenté les grands Bushmen lanceurs de sagaies, et les petits pour lesquels l'arc à minuscule flèche d'os est une arme moins lourde à traîner. Il ne parle pas avec eux, il ne peut pas, l'intonation n'a pas dans sa gorge les moyens qu'il faudrait : mais il les devine, et les comprend.

Il a beaucoup vu sans tout voir. C'est si grand ! De Nokanen aux frontières du Sud-Ouest africain s'étend un secteur de 300 km sur 400, inviolé. Il sait cependant ce qu'il faudrait chercher : les peintures au sang sur les pierres, en particulier. Et il y a ces deux montagnes qui font bosses de 1 000 pieds au-dessus du plateau marécageux, et dont les flancs doivent recéler des secrets.

Il ne peut qu'inspirer la passion d'en savoir plus, l'homme qui s'est enfoncé...

*
* *

Le W. N. L. A. Ltd pourvoit les mines anglaises d'Union sud-africaine en cette matière première qui se raréfie de plus en plus : le Noir. J'ai été l'hôte à Johannesburg, à côté de la Bourse, du luxueux immeuble de la *Chamber of Mines*. On y voit de flegmatiques gentlemen parcourir des statistiques et des courbes. Leur cœur bat, cependant : l'extraction est menacée de manquer de bras. Quand on cause avec eux autour du thé, que les boys montent dans chaque bureau, ils vous tiennent, d'un air bourgeois, des propos téméraires.

Un fait est là : les Noirs perdent leurs illusions et fuient avant l'expiration de leur contrat de deux ans. Or, on ne peut les payer mieux : le prix de vente du métal jaune n'est pas libre, comme celui de la laine et des agrumes, la finance mondiale le fixe exactement, et l'on doit le respecter, pour cela le réaliser. Il faut donc aller recruter de plus en plus loin, dans des *hinterlands* de plus en plus arriérés.

On a épuisé les réserves voisines de l'Union. Même au Mozambique, l'accord passé avec les Portugais ne fournit plus, et l'on n'en importe plus, faute de volontaires, les contingents autorisés à « tant » le sujet pour la Colonie. A Tsabong aussi, j'ai vu, dans les huttes batlaharos voisines du Poste, les offres transmises au *headman* — le chef de clan — recueillir peu de succès. Et c'est alors que l'aventure se dessine au bout des raisonnements les plus paisibles.

Où trouver l'appoint ? L'idée est venue des fonds de l'Angola couverts de forêts, et que protège l'immense barrage lacustre dont j'ai esquissé le dessin. Un accès infranchissable pour un but très audacieux : eh bien, le W. N. L. A. Ltd n'a pas reculé.

Il a commencé par s'établir à Francistown.

C'est là, au seuil du Kalahari septentrional — et en réplique à sa porte d'entrée méridionale de Lobatsi —, une base curieuse, et curieusement animée. Elle frémit à perpétuité des expéditions en préparation. Fortes figures des conducteurs : des risque-tout. Grouillement de leurs équipes, enflammées au jeu. Pour ramener vingt-cinq sujets par camion, pas plus, il faut affronter des centaines de miles de terrain complètement vierges sur ses fins : donc s'organiser remarquablement.

En arrivant sur ces frontières indéterminées, dans les épineux et les marais, on retrouve les rabatteurs, noirs ou métis, avec ou sans les hommes enrôlés : certaines recrues ont été touchées depuis des semaines, mais elles ont cent ou cent cinquante miles parfois à faire à pied, pour se rendre au point de rassemblement. On les attend. Et puis c'est l'enfournement entre ridelles du chargement humain, qu'on retourne déverser, si la piste est favorable, là-bas, dans l'Union, au fond des fosses de 8 000 pieds, où s'extrait l'or de la Civilisation. Combien reviendront à leur forêt ?

Le trajet s'appuie d'abord sur Maun, dont le rôle d'échelon avancé est accentué par ce trafic. Le W.L.N.A. Ltd y fait figure de puissance. Les pistes qu'il a ouvertes grâce au cran de ses pionniers sont sa *propriété*. Ses camions bardés d'armes passent comme le dernier cri de l'équipement motorisé. Ses chauffeurs révèlent des rudiments de données sur des zones où le *Camel Corps* ne s'est pas risqué. L'atmosphère déjà haute de Maun y gagne une tonalité supplémentaire.

On monte ensuite à Nokanen, et, de là, droit à travers bush, on pique sur Grootfontein, en sautant la fameuse frontière de ronces occidentale.

Restent à couvrir encore 400 km dans les fonds impénétrés du Sud-Ouest africain, territoire sous mandat récent. Pendant mon propre voyage on y découvrit des bushmen inconnus même de nom, et qui semblaient posséder un système numérique barbare. Grootfontein et le pôle terminal *officiel :* mais c'est autour de ce point qu'en fait les opérations rayonnent, très loin, et plus ou moins occultes, jusqu'aux réserves de l'Angola.

Une des cartes que j'ai vues à la Chambre des Mines portait une flèche vers Muhembo, sur la languette interposée entre le Bechuanaland et le territoire portugais : tampon théorique de terres détrempées, où personne ne va excursionner... Il est un corridor de libres liaisons pour les tempéraments audacieux. Il reste encore des tiroirs africains fermés. Et du grand sport...

— Ce qu'il faut éviter, raconte un chef d'expédition, c'est de tomber en panne. Ce n'est ni prévu, ni recommandé ! Toutes les ronces qui vous enserrent peuvent vous lâcher des fauves ou des sagaies, ou de ces petites flèches bien plus sournoises, parce que mieux dirigées. Je me rappelle pourtant avoir été une fois dans ce cas. Quelle réparation sous tension ! Il faisait nuit, et nous étions hantés par la crainte constante que notre lumière ne nous attirât le mauvais coup... Vous saisissez ?

Propos de bar, sous la fumée des cigarettes, et qui se dispensent de développements, mais où perce la satisfaction : on aime tous les métiers, quand on les a choisis librement.

Moi, je sais, le jour où je me lancerai par là, quel moyen de protection j'emploierai : une bonne enveloppe de treillage métallique tendue sur des Jeeps à claire-voie. L'aération passera, peut-être avec les tsétsés, mais une flèche, pas.

— Ce n'est pas si bête ! me dit un des « durs », à qui je parle de ma combinaison.

« La blancheur saline de l'immensité me renseigne : nous sommes dans le Mobabe Pan. En saison de pluies doit régner ici une nappe digne du Père Noé, sans mont pour recueillir son arche. Arche qui ne manquerait d'ailleurs pas d'animaux à ramasser sur place... »

CHAPITRE XXVIII

DANS LE ZOO DU MOBABE PAN

Cris d'adieu — Le chant du marigot — Pas de cric — Le Zambèze approche.

J'ai offert à Kalabeng un réveille-matin acheté à Riley... Je vais être responsable d'insultants tapages matinaux, dans la brousse, lors du retour de la Jeep, et du viol de la majesté du camp de Tsane... Osman a reçu deux bonnes bouteilles de Brandy, qu'il n'avait pu se procurer lui-même : l'alcool étant refusé aux gens de couleur, auxquels, non sans injustice, on assimile les Indiens.

L'un comme l'autre, je ne les oublierai jamais. On voudrait dédier des pages immortelles aux hommes qui ne vous devaient rien, et qui vous ont tout donné. Quel est ce miracle des dévouements spontanés ?

C'est par un soir splendide que Sambok se décide à entreprendre la seconde partie de son voyage vers la Rhodésie. Son camion arrive du village indigène, avec son chargement de peaux surplombant la cabine, et empestant. L'équipe tient là-dessus grâce à des prodiges d'équilibre. Drôle d'équipe, point rassurante.

Des gaillards d'ébène de tout acabit, hommes de l'Ouest, de Windhoek à Ghanzi, à l'accoutrement constitué de rebuts sinon de rapines. Ils ont de brillants regards cupides. Le conducteur contraste toutefois avec eux par sa correction. Quant à Sambok, pour terminer par le chef, c'est un athlète d'airain, dont le costume de toile et le large sombrero accusent un souci d'évolution. L'œil, lourd, me demeure encore impénétrable.

Mais je n'ai pas le choix, je marche. Et, faut-il l'avouer ? je trouve un élément d'attraction à me livrer à cette poignée d'aventuriers, ajoutant leur risque à ceux de l'expédition elle-même : cela complète le programme…

Le petit volume de mes bagages fond encore devant l'énormité de l'entassement de peaux serré entre ridelles. Je suis en short, mains libres. Mon seul viatique, ce sont des bouteillons de thé. Pas de nourriture. Je partagerai ce qui s'offrira à la dent de l'équipe. Le Blanc qu'on soupçonnait encombrant, et que l'on accueillait sans enthousiasme, est à bord en deux minutes. Une lueur favorable passe dans les six paires de prunelles qui le fouillent.

En milieu noir aussi, on avait ouï dire mon équipée dans le sud, et je sens que ce contact, qui tourne à mon avantage, suffit pour y faire croire, et pour faire admettre, qu'en tout cas je suis d'attaque…

Riley et son vieux mécanicien me serrent la main. Le monumental camion a tiré son plein d'essence à leur citerne et s'éloigne en labourant le sable.

Le soleil s'est éteint. La grisaille d'avant la nuit a des douceurs de voile pour envelopper les choses. Nous courons vers les limites de la clairière de Maun. Des gosses, des chiens, nous honorent de bouts de courses. Toutes les huttes fument, avec de bonnes odeurs. De jolis groupes d'hommes et de femmes devisent devant les cases. Les lurons de Sambok, qui ont dû retrouver ou faire ici des conquêtes, échangent quelques cris d'adieu avec ces indigènes.

Voici atteinte la forêt. L'obscurité est immédiate. La piste, quittant l'aire foulée, s'ensable. Les blagues cessent. Le visage sérieux du chauffeur prend l'expression de la lutte. Les phares sont allumés. La partie s'engage.

Nous recoupons quelque part le débouché de la piste du W. N. L. A. Ltd venant de Francistown. Cloué à un kameeldoorn, un simple petit écriteau : *« Private track »* l'indique… Cette discrète marque de possession signifie : défrichement, efforts, brèche taillée à la serpe et au pic. Qui donc irait la contester et prétendrait user de cette voie ouverte dans l'oppression végétale et les dangers de ce tunnel d'arbres mutilés ?

La nuit est chaude en son début, et sa tiédeur va se prolonger jusqu'à une heure avancée : je me suis insensiblement rapproché de l'équateur depuis Lehututu, et même depuis Maun, où passait le 20° de latitude, sur lequel nous avons déjà gagné un demi-degré.

L'eau brille partout. La piste la côtoie, l'évite, la retrouve. Un arrêt pour faire le thé nous remet en contact avec elle. Un murmure puissant éclate : le concert de la gent aquatique.

Notre moteur le couvrait. Il emplissait pourtant les ténèbres haletantes : à présent que nous sommes immobiles, pauvre petit groupe humain sous la voûte des grands arbres, il nous cerne, nous assourdit, nous assaille... Et plus il s'amplifie, plus nous nous taisons, dominés.

C'est tout autour de nous une succession ou une interférence de bourdonnements, chevrottements, grincements, voix sourdes ou aiguës, et, brusquement, un déchaînement de crécelles. Orchestre à mille instruments, dont la plupart des exécutants — animaux ou insectes — savent mordre ou piquer... Parfois monte le point d'orgue d'un lion en chasse. Petits et grands musiciens du Ngami se déchaînent.

Minutes inoubliables et fortes. Resserrement du groupe humain, isolé au sein de la nature hostile.

Et voici, affolé autour du feu qui a pris, et qui éclaire, tout le bataillon des phalènes et moustiques : battements d'ailes cotonneuses et de transparentes élytres, vols mous inoffensifs ou vrilles perfides. Tourbillon énervant, qui, plus loin, sur l'eau malsaine, totalise un énorme ronronnement.

J'écoute, empoigné, le chant du marigot, je subis sa violence exaspérée et sa suprématie nocturne...

La nuit s'avançant, nous sommes sortis des parages lacustres. Quand on n'est pas soi-même au volant, surtout dans une telle progression en secousses, les yeux se ferment.

Je m'éveille désorienté... Il fait clair. Une vaste plaine dénudée s'étend dans le jour levant. On distingue encore, derrière nous, l'orée de la forêt dont nous sortîmes.

Le camion est arrêté, et c'est cet arrêt qui a dû interrompre ma torpeur, accoutumée aux chocs. Les hommes travaillent à un pneu crevé. Je saute en dehors de la cabine.

La blancheur saline de l'immensité me renseigne : nous sommes dans le Mobabe Pan. En saison de pluies, doit régner ici une nappe digne du Père Noé, sans mont pour recueillir son arche. Arche qui ne manquerait d'ailleurs pas d'animaux à ramasser sur place...

Deux troupeaux noirs de trois cents têtes défilent à cinq cents mètres, en rubans sinueux. Ils coulent dans l'herbage, marquent des temps de pause pour brouter, et repartent en tumulte. Le spectateur inexpérimenté jurerait qu'il s'agit de bœufs. En fait, ce sont bien des bœufs, mais sauvages : des wildbeests.

Tout le profil des troupeaux est bossu. Je n'avais encore jamais vu ce nombre ! Il reporte aux âges d'avant l'histoire, quand notre terre était l'apanage des grandes espèces animales.

Notre bruit d'outillage finit par inquiéter ces sombres bêtes : elles s'ébranlent pour de bon, et je vois leur poussière se dérouler. Mais aussi, pourquoi mes « mécaniciens » font-ils ce vacarme ? Je me rapproche d'eux, et il me faut me retenir pour ne pas éclater de rire…

Ce que je croyais être un bruit de cric rebelle ne l'est pas : *il n'y a pas de cric…* Sambok n'en a pas ! J'avais déjà pu constater que le *démarreur lui-même était mort* depuis des temps immémoriaux, car un hercule bas sur pattes, à longs bras musculeux de gorille, était préposé à son remplacement et officiait à chaque arrêt dans un affreux bruit de chaînes, l'explosion obtenue le bousculant, en consacrant son succès. Je l'ai appelé « *Starter* ».

Faute donc de cric, les gaillards sont en train de faire supporter le *truck* par des longerons sur un calage, et de creuser le sable sous la roue malade jusqu'à ce qu'ils puissent l'extraire… Heureusement pour eux qu'ils roulent toujours dans le sable !

La fosse béante s'achève sous le pelletage des mains noires. Le temps ni la sueur ne comptent. Vient la réparation de l'enveloppe, nécessaire, *car ils n'ont pas non plus de roue de rechange !* Une pluie de crachats sert à déceler les trous. Tout le monde y va de sa salive et de son mot. A chaque trouvaille, congratulations et commentaires. Le temps passe. Midi. Aucune importance…

Au départ, la brousse brûle. Aucun écran. Le Mobabe nous envoie au visage sa caresse de flamme.

Il n'est pas uniformément chauve : des buissons s'échelonnent, suivis à quelque distance par une nouvelle lisière forestière. L'un de ces buissons doit fasciner la « plate-forme », car du haut du chargement, d'où l'on voit mieux que nous, de l'intérieur de la cabine, les coups pleuvent sur notre toit de tôle.

Le conducteur arrête. Il sait quatre mots d'anglais :

— *Wild !* me dit-il (Gibier).

Nous regardons. Une lionne montre le bout de son nez derrière un bouquet d'épines. Elle devait guetter les gnous que nous avons dérangés. J'entends le craquement d'un fusil qu'on arme au-dessus de nous. La scène va valoir la peine d'être suivie. C'est que je connais le fusil... Je l'avais remarqué : il date de 1886 ! Le canon a été consolidé par un fil de fer. Et le grain de mire est une canine de rat... Mais ces Noirs sont bons tireurs, et je suis curieux de juger quel usage ils vont faire de cette pétoire, dont Marius assurerait qu'elle est à trajectoire courbe...

La lionne est-elle, elle aussi, piquée de curiosité, avant d'être éventuellement piquée d'autre manière ? Elle doit se demander qui nous sommes, la brave bête, et, pour le savoir, s'extrait complètement des ronces. Un lionceau l'accompagne. Ils sont à 120 ou 130 mètres.

Pan ! Raté de 0,50 m, trop à gauche. La cible se retire dans le buisson... mais ressort à l'autre extrémité pour se rendre compte.

Pan ! un peu en arrière. Lionne et lionceau ne comprennent pas, et ne bougent pas.

Pan ! Entre les pattes. Là, un sentiment d'inconfort se manifeste, car d'un joli trot souple, mère et marmot, s'éloignent.

Eh bien, pour un modèle 1886 à fils de fer et osselet, ce n'est tout de même pas mal !

L'entrée dans la nouvelle forêt — des kameeldoorns, mes amis — nous change des bêtes : ici, basse-cour ! Mais basse-cour folle. Nous roulons littéralement dans la pintade. Ces gros oiseaux ne livrent pas passage. Ils courent, s'accolent, criaillent, et ce n'est que chassés par le capot qu'ils décollent, mal. De temps en temps une grande outarde pauw profile sa silhouette de cigogne teinte, et ouvre un bec monumental.

Tout un autre monde d'oiseaux, auxquels je ne sais donner de noms, mais dont la grâce et les plumages m'enchantent, trottine ou vole. Les arbres traversés par des rais de lumière s'en renvoient à la douzaine.

Des herbes desséchées de quatre à cinq mètres de haut, et d'un or éclatant, grimpent aux arbres et les vêtent de robes de paille. Elles sont le résultat des périodes d'inondation : l'eau, en brassant la savane, la fait s'enrouler et s'accrocher aux troncs en torsades, qui, après le retrait des nappes liquides, demeurent, pareils à des drapés de grands couturiers.

Un petit étang pose sous la forêt branchue et compliquée sa nette surface lumineuse. Il semble impossible. Le lieu s'appelle Kosororra, dit notre guide, un gaillard incapable d'écrire, mais dont la mémoire tient du prodige. Les hommes boivent, se baignent, se lavent.

Notre chargement de cuirs nous enveloppe d'une asphyxiante odeur, qui finit à la longue par me paraître l'atmosphère même de cette dernière partie de mon expédition. Je m'y accoutume si totalement, que mes souvenirs de ces jours-là ne manquent point de me revenir parfumés à ce relent obsédant…

Le *mopani,* entrevu en arbuste avant Maun, est ici un grand arbre. L'hiver lui a laissé ses anciennes feuilles, réalisant l'aspect d'une futaie de noyers à l'automne : vieux ors et veines sanguines.

De puissants baobabs, dominant les mopanis, rehaussent l'architecture générale.

Nous avons dispersé des sangliers, des hartebeests, des *impalas,* gracieuses gazelles aux bois annelés en forme de lyres. L'*impala* [1] m'annonce, en se montrant en nombre — j'en compte neuf en groupe —, que la région du Zambèze approche.

Comme pour se venger du repos que nous avons pris, le Désert devient redoutable aussitôt après le petit lac. Son sable à fine mouture nous absorbe, nous déporte, nous fait chavirer. Sa chaleur s'attaque à nos pneus, au plus fort des torsions et des chocs qu'ils subissent. L'un d'eux s'affaisse. Juste à ce moment, coups redoublés sur la cabine : qu'ont-ils encore, là-haut ? Une nouvelle lionne ?

Nous sommes ceinturés d'une jungle arborescente, imitant à s'y méprendre un taillis de Sologne. Je me hisse sur la plate-forme : surprise de classe...

Deux girafes nous contemplent.

Leurs cols pointent du bush comme des obélisques à oreilles, et, pour l'une d'elles, à cornes.

— *Kameeles ! kameeles !* murmurent nos hommes frémissants.

Ils sont médusés et navrés : ce gibier est interdit. Et je suis là, accusateur certain dans le cas où la trop belle occasion étoufferait la conscience... La main de leur tireur attitré se crispe désespérément sur la crosse du vieux flingot.

La beauté de ces royaux animaux saisis en pleine brousse est incomparable. Ils sont, ici, bien eux-mêmes : palpitants, l'œil inquiet, jouets merveilleux de leurs réflexes. Moins de cent mètres nous en séparent. Ironie des choses : il n'y a plus de kameeldoorns dans le bush pour créer le tableau complet : des animaux sous les arbres familiers dont le nom leur est dû...

1. *Alpiceros melampus.*

J'ai eu le temps de tirer ma caméra et de filmer la fuite des grandes coureuses.

Elles s'arrêtent à très peu de distance de là, pour nous regarder encore : l'intérêt qu'elles nous portent contrebalance leur crainte... Derrière elles, un énorme élan [2] passe comme un trait.

Sambok roule à plat et attend une clairière pour examiner les pneus. Les clairières sont nombreuses : on les doit au feu des bushmen. Feu plein de caprices, du fait que le vent s'en mêle ; et dès lors les plaies de la forêt sont importantes et disséminées.

Dans celle-ci, un nouveau petit étang, appelé Je-Je, retient une eau permanente. J'erre dans ses joncs, pendant que l'équipe s'affaire autour de l'*unique* pompe.

Le « maître » de Je-Je, un grand, gracieux et fin flamant blanc, se lève. Ces oiseaux n'étant jamais inquiétés par les indigènes sont peu farouches, et se reposent après avoir décrit une orbe de salutation. Mais la pompe va m'offrir plus de distraction que ce planeur plein d'élégance...

Elle est en progrès sur le cric, car elle, au moins, existe : *seulement elle est cassée*. C'est un poème ! Nous autres, nous y regardons à deux fois avant de nous lancer en auto de Paris à Marseille : les Noirs, eux, s'embarquent pour des parcours acrobatiques avec des machines infirmes, et sans trousse. Et cela dans une jungle parcourue de bêtes sauvages !

Un malin démonte le piston, ôte le joint « cuit » et se fait fort d'en tailler un dans une des peaux du chargement...

— C'est impossible ! dis-je.

Une rondelle plate ne prendra pas la forme conique, à moins de la forcer en plissures, par lesquelles l'air fuira. Il faudrait pouvoir emboutir. Le moricaud me décoche, en réponse, un regard vindicatif. L'attention est passionnée autour de ses doigts de singe. Je sifflote, en me disant que je suis pour longtemps l'hôte de Je-Je et de son flamant...

Découpage, taillage, morsures, ahanements, modelages, serrages, et inévitables crachats. Enfin l'œuvre d'art est remontée. Simagrées ridicules et odieuses ! Ah ! vieux flamant, nous aurons le loisir de lier connaissance... Je guette le *pshitt* du pompage qui foire.

---

2. *Taurotragus*.

Pas de *pshitt*... Ça marche ! c'est trop fort...

Je n'y ai rien compris encore. Il y a de la sorcellerie sous ce dépannage ! Notre homme me toise d'un air goguenard. Je lui tends une cigarette, sans rancune : nous lui devons ce départ. Et je le baptise, dès ce moment : *Pomping*. Il en est très fier !

A chaque expédition, François Balsan exécutait des esquisses prises sur le vif qui, au retour, lui servaient à peindre des aquarelles. Une facette ignorée de son talent qui, par ailleurs, a le mérite d'illustrer quelques-unes de ses nombreuses autres explorations.

Ethiopie 1935 : traversée des bambous de Didessa.

Trombe d'eau en Abyssinie aux environs d'Ambo.

« Je suis passé là le 1er avril 1935. On sort de l'immense vallée du fleuve Didessa, affluent du Nil Bleu, pour grimper aux rudes escarpements qui conduisent au village d'Abbassena, premier village de la rive gauche. La vallée du Didessa disparaît sous un manteau de forêt sauvage pleine de gibier... »

Sur la route de Hakari au sud de Van : nuit passée en altitude au camp kurde de Nebirnao (3 000 mètres). Turquie 1939, voyage en compagnie de son épouse Marie-Laure.

Chameliers et cavaliers béloutches.

Rencontre nocturne au Béloutchistan, 1937.

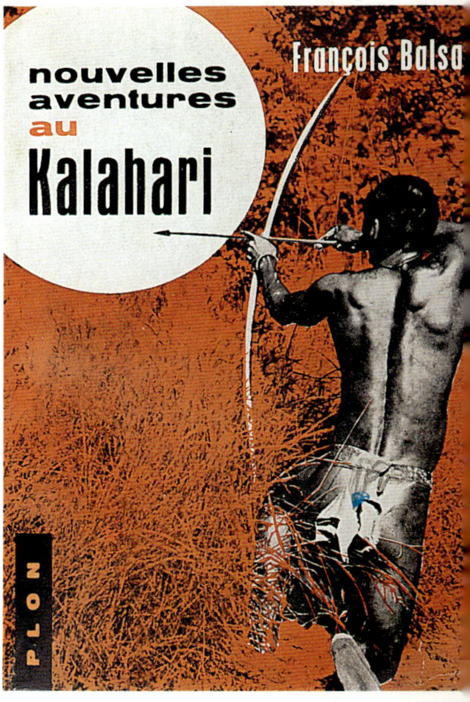

Les trois expéditions de François Balsan en Afrique australe lui ont inspiré plusieurs ouvrages très divers, du livre d'études aux récits de voyage pour tous les âges.

BIBLIOTHÈQUE DE L'AMITIÉ
Yambo enfant de la brousse
F. Balsan

Nouvelles aventures au Kalahari
par François BALSAN
DDBj

FRANÇOIS BALSAN
l'expédition
PANHARD * CAPRICORNE
Une grande aventure française,
à la recherche du plus vieux peuple du monde
AMIOT-DUMONT
Paris

Impalas et Bushmen photographiés en 1951, durant l'expédition Panhard-Capricorne plus orientée vers la recherche ethnographique, avec la participation du professeur Tobias.

« Les dernières bêtes ont fui : plus un gemsbok, pas même un oiseau, pour nous égayer d'une course ou d'un vol. Il faut le stupide entêtement des hommes pour s'acharner dans la direction qui est nôtre... ! Hélas ! nous n'avons pas, pour nous sauver, la célébrité du gibier. »

CHAPITRE XXIX

DANS LE FEU

Pleins gaz pour échapper au feu — Il n'y a que la foi qui sauve.

Plus loin, plus tard, à une cinquantaine de miles de Kazikao, nous arrive cette dramatique histoire, qui, comme tous les bons scénarios, ne livre d'abord que des prémices peu alarmantes.

L'homme qui nous sert de guide marmonne quelque chose à Sambok. J'interroge ce dernier.

— Il dit, me répond-il, que voici, avant les pluies de printemps, le retour de la saison des feux.

— Et alors ? On le sait !

— Oui, mais nous risquons d'en rencontrer, et entre le Makarikari et le Zambèze, les bushmen sont *très* sauvages, et ne contrôlent pas leurs incendies.

En somme, un danger commence. Ma cigarette ne m'en semble pas moins exquise. Toutes ces inventions me colorent la route. J'aime ces pures terreurs. Je connaissais celle du lion : voici celle du feu. La vie est belle ! Charme des bobards... A demi assoupi, et passablement abruti par nos zigzags et nos trépidations, je laisse errer mes yeux sur la noblesse du paysage.

Au-delà du manteau d'arbres qui borde la clairière où nous roulons, des monts se soulèvent, bleutés par l'excès de lumière. On les devine tapissés par une végétation absolument sauvage. Comme les gazelles impalas, eux aussi annoncent une contrée nouvelle : celle où coule le Zambèze, grand fleuve.

Peu à peu, il me semble que le brouillage lumineux tamisant ce décor est accentué par de la *vraie* fumée. Jeux d'optique ? Les halliers nous reprennent, et il n'est plus question de vues lointaines.

Au débucher suivant, la vérité éclate : j'ai bien dû voir de vraies fumées, car me voici en plein devant le feu qui en était la cause : très loin, très beau, il s'avance à notre rencontre.

A cette distance, peut-être deux kilomètres, il a l'aspect d'une vague, dont les ailes se perdent à droite et à gauche. Ardent ourlet, soufflé par le vent, et couronné de flammes. Tableau silencieux, dont on ne perçoit pas encore le tonnerre.

Nous avons le temps d'aviser, quoique les vitesses du *truck* et du danger s'ajoutent, étant de sens opposés. D'ici, nous embrassons l'ensemble de la situation générale : or, la partie droite du feu semble plus confuse que la gauche.

— Je vais essayer de le tourner par là, fait Sambok.

D'un pénible crochet à droite, le conducteur nous hisse hors de notre ornière sableuse, à l'assaut du bled. Les cylindres ronflent. Les roues talonnent sur les souches et les mottes d'herbes cousues de radicelles. Les ressorts encaissent. Là-haut, l'énorme charge de peaux ballotte et nous balance.

Les dernières bêtes ont fui : plus un gemsbok, pas même un oiseau, pour nous égayer d'une course ou d'un vol. Il faut le stupide entêtement des hommes pour s'acharner dans la direction qui est nôtre... ! Hélas ! nous n'avons pas, pour nous sauver, la célérité du gibier.

Comment tiennent les hommes, en haut du chargement ? A quoi se raccrochent-ils ? Pourquoi hurlent-ils ? Nous ne tardons pas à le comprendre.

Un rideau de bois nous cachait — parce qu'il le retardait —, le feu que nous supposions moribond sur ce secteur : or voici les flammes, surgissant de cet obstacle dévoré, décuplées par l'appoint qu'elles y trouvèrent. Maintenant, les crépitements nous parviennent !

Le danger s'accentue rapidement sur l'extrême droite, et nous gagne en mouvement enveloppant. Nous pensions tourner : nous allons l'être. A gauche toute ! A pleins gaz !

C'est de la démence : le *truck* va se rompre. Et puis, il faut réfléchir : où nous ruons-nous ? Pendant le temps que nous cherchions l'issue d'un côté, le feu a avancé de l'autre, et nous sommes aussi encerclés à gauche.

L'on distingue à présent la danse des flammes. Des bouquets d'arbustes les ralentissent et, quand elles en sont venues à bout, leur résurrection triomphe. Dans les zones rases, elles s'élancent en pointes.

Vacarme, vacarme de mort, de ce fléau qui passe : troncs qui éclatent, branches qui s'affaissent, agglomérats de pierrailles qui sautent.

Roulant en rond à présent, cahotés par le sol sauvage, nous errons sans découvrir le salut nulle part. Un trou nous arrête. Que faire ? La position est désormais grave.

— Attaquons de front, en envoyant des hommes éteindre un passage, dis-je.

Sambok penchait déjà pour ce parti, et l'adopte. J'ai choisi un secteur de moindre intensité. Les pelles tombent, les hommes galopent, le camion les suit par soubresauts à deux cents mètres de distance. Par miracle, le mauvais pneu ne s'est pas tout à fait redégonflé dans notre gymnastique effroyable ! Pas encore...

Il est précieux de pouvoir, aux pires moments, trouver un soulagement pour l'âme dans une vision apaisante : les montagnes lointaines, reparues derrière le mortel rempart, me procurent ce bienfait. Leur douceur de formes et de couleurs, devenues violettes, contrastent avec la rage incendiaire. Elles offrent un fond de sérénité à cette toile funeste et une apparition de paix au-delà du péril. Elles me sont un gage de sauvetage...

Je filme à la hâte le travail de la « brèche ». Les hommes s'y adonnent avec un grand courage. Affrontant la chaleur, ressortant en courses brèves, ils dominent peu à peu, par projections de sable, une largeur de dix mètres, où les braises se raniment dès qu'ils s'interrompent une seconde. C'est le moment. Je crie à Sambok :

— Approchez ! En avant !

Sans se soucier du terrain, le chauffeur lance le 3 tonnes. L'aspiration d'une étincelle au carburateur va-t-elle enflammer notre essence ?

Non. Victoire. Ruisselants, les hommes entourent la machine hoquetante. Le piège est derrière nous. La fatigue muselle les grosses bouches, d'ordinaire fécondes en commentaires : on « en » reparlera plus tard ! *Pomping* a été un lion... Quant à *Starter,* ses bras de sinanthrope l'ont classé as du pelletage.

D'abord boire. Puis regonfler le pneu malade, qui cette fois s'écrase sous sa jante. La pompe recasse. Réparer la pompe. Oh !... dormir...

*
* *

Durant notre halte, le sol s'est refroidi. Pourtant bien des braises vivent encore. Il règne une exquise odeur de brûlé. Mais le feu avait dû serpenter, car nous sortons bientôt de ses traces fumantes.

Deux hardes de huit grands élans chacune nous passent par le travers, comme si elles fuyaient quelque chose ? Des chasseurs ? Ou le feu, encore ?...

Hélas, oui : d'autres feux, distincts du premier, ou rameaux détachés de lui et l'ayant égalé, vont nous rebarrer le chemin.

Deux scènes du genre de celle que j'ai décrite se répètent, tandis qu'avec l'obscurité elles atteignent au grandiose.

Pas un instant l'inquiétude ne se relâche, car nous sommes dans l'ignorance des cheminements de l'incendie : peut-être qu'en nous en dégageant en un point, nous retrouverons l'encerclement ailleurs ? Les sautes du vent sont constantes. Mais la Foi sauve...

Et dire qu'à trente ou cinquante kilomètres sur notre gauche, le Chobe ou Linyanti, axe marécageux qui relie — sans le relier — le Zambèze au Ngami, étale une véritable mer, quand il pleut, et a certainement encore beaucoup d'eaux en ce moment même !

BECHUANALAND PROTECTORATE

P E R M I T

Permission is hereby granted under Section 1 of Proclamation No. 36 of 1920 for Francois Charles Auguste Balsan to make Cinematograph Films portraying scenes of native life in the Bechuanaland Protectorate.

GOVERNMENT SECRETARY

GOVERNMENT SECRETARY'S OFFICE
4 AUG 1948
MAFEKING
BECHUANALAND PROTECTORATE

REPUBLIQUE FRANCAISE

AGENCE CONSULAIRE DE FRANCE

WINDHOEK, S. W. A.
PHONE 077 - P. O. BOX 339

W 34/48

ARRIVEE
Date 30-3-48
No. 68/AF
Classement Divers

24. Mars 1948

L'Agent Consulaire de France
à Windhoek
à
Monsieur
Le Consul de France
Box 4936 Johannesburg

Monsieur,

j'ai l'honneur de vous remettre une lettre, original de l'Administration du Sud-Ouest ref. le voyage de Monsieur Franscois BALSAN, que je recommandai dans ma lettre W 26/48 du 10.cr.

Je vous serais tres reconnaissant pour une reponse laquelle j'écrirai a S.E. l'Administrateur en bon temps pour arrenger les préparations etc.

AGENCE CONSULAIRE
DE FRANCE
WINDHOEK.

J. M. W. HENNES
Agent Consulaire.

« Soudain, il s'interrompt au milieu d'une confidence, et s'écrie : — Mais j'oubliais : qui êtes-vous, monsieur l'explorateur ? Avez-vous des papiers ? Excusez-moi une fois de plus. De papiers, je n'en ai que trop. Il me les rend vite. »

CHAPITRE XXX

CACHE-CACHE AVEC LES ELEPHANTS

Les risques d'une route de nuit — Une Camargue à l'échelle africaine —
La piste des pachydermes.

C'est à Kachikau — ou Kazikao — qu'est la première antenne des bordures rhodésiennes.

Depuis Maun, la contrée que nous avons traversée mérite un « diplôme ès sauvagerie ». Elle n'a pas d'habitants béchuanas, aucune tribu n'en revendique l'apanage. Seuls les bushmen y errent... avec feu, et sans loi... Sur ce territoire vierge, la Grande-Bretagne a écrit *Crown Land.* A partir de la Rhodésie, elle y a poussé quelques centres hors-frontière : Kazikao en est le plus avancé, à 60 miles du Zambèze.

J'y fais halte, dans le store de deux frères grecs, qui, avec leur concurrent, un autre Grec, sont les seuls Blancs du lieu. Ils ont tout fait de leurs mains, et plus ce fut difficile, plus les soins furent scrupuleux. Chaumes passés au peigne, torchis enduits à la chaux, fenêtres « à la suisse ». Et pourtant, pas de femmes pour conseillères, car, au Kalahari, il faut être célibataire...

Des filles noires passent, jolis animaux silencieux, sur le sable de plage qui veloute les intervalles des cases.

— Elles sont malades, corrigent mes hôtes.

Quand ce n'est pas de fièvre — par la *tsé-tsé* —, c'est d'un mal héréditaire, pire... Elles viennent des huttes voisines, qui sont en relations avec le store. L'indigène des environs cultive, élève, vend ou échange ses cuirs, son bétail et ses grains contre nos merveilles élémentaires : fer, lanternes, allumettes, savon, café, sucre. Ces factoreries aventurées sont l'arsenal de l'essentiel, sans l'ombre du superflu. Je les apprécie en homme qui maintes fois organisa des caravanes et contracta l'habitude d'éliminer plus que d'accumuler.

Je mange dans une pièce attenante à la réserve, les conserves proviennent des tablettes d'à côté, et la consommation que j'en fais — gratuite : pas question de payer ! — va fausser l'inventaire.

— Je traverse les lieux perdus, dis-je : mais vous... vous y restez ?

— Nous sommes deux.

— Beaucoup de travail ?

— Ce n'est pas ce qui manque.

A ce moment repassent les filles contaminées, aux jolis yeux soumis.

— Les distractions sont comptées, dis-je.

— Il n'y a que la chasse.

Ces deux frères sont de valables spécimens de pionniers. Où que je sois allé, la légende des Grecs fainéants, noceurs et louches, s'est avérée menteuse : je les ai vus, au contraire, là où d'autres n'osent pas aller, travailleurs et scrupuleux. Et durant la guerre, dans leur patrie, n'ont-ils pas prouvé leurs qualités ?

— Savez-vous, me disent-ils, que Mr. Moore, le District Commissioner de Kasane, est en tournée : il campe à proximité d'ici.

J'atteins sans peine Mr. Moore, un Irlandais de vingt-huit ans, lui aussi non marié. Il « campe », le mot n'était pas péjoratif, dans le poste situé un peu au-delà de Kazikao. Des cordons de cailloux blancs ont beau en tracer l'accès : y loger, c'est camper, tant on a construit de façon rudimentaire.

A mon arrivée nocturne, le District Commissioner boit son café dans une tasse ébréchée.

— Vous excuserez ce pitoyable accueil ! mon vrai home est mon *truck*, je n'ai comme vivres que ce que j'ai emporté avec mon boy et mon fusil, et je n'ai plus rien, ou presque rien... Je vais cependant vous faire préparer du café... Mais vous n'aurez pas ma tasse pour le boire. Cela vous convient-il ?

Gentillesse, jeunesse, simplicité d'un étudiant d'Oxford.

— Au fait, non : il me reste un fond de brandy : peut-être en avez-vous perdu le goût depuis longtemps ?

La fête brille par la modicité de ses éléments et par toute cette sympathie. Mes hommes se sont accroupis dans les proches ténèbres, créant une sourdine de voix. La nuit plus douce du 18 ° de latitude est brillamment constellée. Nous bavardons en inconnus surpris de nos affinités.

Moore n'a aucunement le sentiment de se morfondre au *Crown Land*. La solitude l'enchante et l'enrichit. Je songe au moine manqué qui est aussi en moi... Il me dit les deux moitiés de sa vie de colonial : l'une de décisions rapides, l'autre de longues méditations. Tantôt l'action trépidante, et tantôt les phases vides, celles où les matérialistes s'amollissent et où les intellectuels trouvent leur profit. Alors, il lit, ou bien, en tête à tête avec la nature, il goûte — à qui le dit-il ? — la joie de la contemplation... Je lui sens une ardeur, une âme, une foi...

Son *truck*, arrêté de travers devant la bâtisse, son fusil en position instable contre un mur, son mépris pour les questions alimentaires, et ce bouquin, ce bouquin surtout, emporté en pleine brousse, et qu'il feuilletait quand je vins, sous la tremblotante lampe tempête, complètent son portrait.

Soudain il s'interrompt au milieu d'une confidence, et s'écrie :

— Mais j'oubliais : qui êtes-vous, monsieur l'explorateur ? Avez-vous des papiers ? Excusez-moi une fois de plus.

De papiers, je n'en ai que trop. Il me les rend vite.

— Et où allez-vous, ainsi ? D'abord, où couchez-vous ?

— J'avais l'intention de gagner Livingstone en étape de nuit : le trajet ne doit plus être bien long ?

— Non : 120 miles, mais il est infernal. Vous n'arriverez pas d'une seule traite. Vous avez la ressource de vous arrêter à mi-route, à notre poste de Kasane : chez moi. Réveillez le sergent à toute heure de la nuit. Il est Blanc. Dites-lui que nous nous sommes rencontrés, et que je vous ai adressé à lui.

Il est bientôt 21 heures. Je relance Sambok et mes hommes, je veux dire les siens..., quoique avec la propension qu'ont les Noirs à accepter l'autorité de l'Européen, c'est en fait moi qui commande une équipe qui ne m'appartient pas !

Moore rallume sa pipe.

— Naturellement, me dit-il, vous connaissez les risques d'une route de nuit dans ces parages ?

— Oui.

— A partir d'ici, l'éléphant pullule, et ses réactions devant les phares sont diverses : il peut très bien attaquer l'insolite rival en poids qu'est pour lui un gros *truck*... Or le vôtre est le double du mien, et se pose un peu là !

— Parfaitement.

— Eh bien... alors, parfait ? Good luck !

J'ai été affirmatif, parce que j'ai automatiquement classé les périls « éléphantins » au rang des vieux périls « léonins ».

*
* *

Il n'y a pas à se tromper sur la piste : elle est bien découpée, car elle sert de jonction assez usuelle avec la Rhodésie. Et puis, il n'y en a pas deux...

Cependant les dérivations dont la complique le trafic des indigènes exigent de l'attention, au début.

Dès la fin des zones habitées, la lecture du sol se simplifie, tandis que notre progression devient plus difficile : la forêt, vite haute et serrée, déborde de ses bras noueux sur l'étroite coulée.

Les baobabs se découpent sur la lune. La densité des petits épineux obscurcit le terrain. On n'a de clarté qu'en levant les yeux, mais alors, si l'on conduit, on risque de percuter les buissons... Sans nos phares, nous n'irions pas loin. Malheureusement l'un d'eux, démoli par notre « cirque » dans les feux de Bushmen, darde à 50 ou 60 ° en l'air son pinceau éclairant ! Je commande de le réparer : Sambok, qui est au volant, refuse, prétextant qu'il y voit bien assez.

De fait, il a des yeux de lynx. Moi pas. Si bien que j'ai la constante impression de rentrer dans un arbre, quand au contraire nous le frôlons.

— Eléphant ! annonce Sambok.

Paraît-il... : je n'ai rien aperçu. J'ai dû m'y prendre trop tard, et d'ailleurs le pachyderme n'a fait que passer dans le bush ténébreux, sans franchir la piste.

— Eléphants !

La voix de Sambok est moins assurée. Les mille bœufs boucanés qu'il a en chargement ne lui sont d'aucun réconfort contre ces gros « Messieurs » ! Je feins de ne pas remarquer son appréhension : d'abord, personnellement, je continue à ne rien distinguer. La peur fait peut-être rêver mes gens !

La seule chose que je consente à constater, c'est le changement de la sylve : elle est bien « à éléphants », avec les fourrés où ils aiment se frotter, et les arbres moyens qu'ils cassent, en jouant.

Des bêtes diverses sautent le faisceau de notre phare. La piste tourne à chaque instant pour éviter des baobabs, dont nous illuminons les piliers romans. Tout d'un coup, juste après un de ces virages, nous nous butons à un dôme de verdure effondré. Le passage est bouché hermétiquement.

— Eléphants !

C'est de l'obsession. Dans sa terreur des monstres, Sambok confond avec eux trois tonnes de ramée. Mais éléphants ou non, il faut descendre pour juger comment manœuvrer.

L'inspection de la position me révèle qu'il n'y avait pas invention... Ces bois éclatés, tordus, ces écorces qui bavent, ces feuillages hachés rendant un suc poisseux d'une odeur écœurante, sont l'œuvre de « Messieurs les Poids Lourds » de la Forêt. Encore quelques pas en me protégeant les yeux dans le taillis avoisinant : pas de doute, ce sol défoncé, ces fourrés piétinés, ces lourdes laissées, c'est signé.

Le parti à adopter exige prudence et circonspection ; l'obstacle est infranchissable et impossible à déplacer.

Des éclaircies s'accusent sur notre gauche : c'est la direction du Chobé. Son eau doit se frayer une voie large : est-ce elle qui ouvre le couvert de ce côté ? Et si c'est elle, y aurait-il moyen de trouver un passage en la longeant ?

J'emmène Pomping. De m'avoir « eu », et de la satisfaction qu'il ressentit à ce que je l'avoue, il me garde une reconnaissance qui s'est muée en attachement : il est toujours collé à moi. Le gars est un singe débrouillard, avide de se distinguer. Il faut en user : c'est le moment.

Nous trouvons l'eau. Ses aires de débordements — ses *flats* — s'étaient malheureusement sur la rive opposée. Sur la nôtre, il y a juste, juste de quoi rouler pour un camion.

Je reste un instant admiratif devant la beauté de cette échancrure taillée par les inondations dans la végétation. La lune l'argente d'un halo. Je songe aux nuits claires de Camargue..., d'une Camargue où les bœufs seraient des wildbeests, voire des éléphants, et les guardians des bushmen fuyants...

A présent, Pomping va reconnaître les possibilités de trajet vers l'avant. Moi, je cherche déjà le *truck*.

Quand, serré contre Sambok sur la banquette, je reviens au Chobé, Pomping revient lui aussi, époumoné. Il a la langue pendante comme un chien après une course, et une partie de sa chemise est restée dans les buissons.

— On peut rattraper la piste, *Morena,* ce n'est pas plus difficile que ce qu'a fait le *truck* pour arriver jusqu'ici : ce sera seulement plus long.

Plus long, en effet ! Je revois par le souvenir notre chargement d'hommes, d'outillages et de peaux, tressautant ou rampant parmi les géants de la forêt, avec perpétuellement sur nous le risque de se heurter à des pachydermes. Je m'attends à chaque instant à les recevoir dans le flanc. Il sera dit qu'ils nous écraseront de leur présence, sans montrer un bout de trompe. J'aurais préféré, à la fin, en voir un une bonne fois !

Leurs ravages continuent tout le long de la piste que nous avons rejointe, après le détour par le Chobé.

Vers 2 h 30, des cultures annoncent une zone peuplée. En leur centre, l'agglomération de Salandella semble en feu : nous voyons, en y arrivant, que cette impression provenait de l'état de nombreuses forges.

Un vieux somnambule nous indique que le camp de Kasane n'est plus loin : encore 10 miles.

A 3 heures du matin, nous touchons au but. Tout le monde dort, même les sentinelles...

Faut-il forcer l'entrée ?

« Enfin la grande, la suprême merveille de l'Afrique : les chutes de Victoria... Le fameux abîme où, poursuivis jadis par leurs ennemis Matabeles, les Batokas préfèrent se précipiter, plutôt que d'être pris... et massacrés : entre deux morts, ils choisissaient peut-être la moins cruelle. »

CHAPITRE XXXI

L'EAU TRIOMPHALE

Une brousse de transition — Une forêt de cornes —
Les éclaboussures des *Victoria Falls.*

C'est le camp qui vient vers nous en la personne d'un homme de garde, péniblement sorti d'un gourbi. Il arrive, titubant de sommeil, à la barrière, dont le double trait blanc raye la nuit.

Il fronce le sourcil à la vue d'un équipage nègre comme lui, à cette heure : mais devant le Blanc qui saute du siège, il rectifie la position. Les phares me découvrent derrière lui, étendue sous le roof du bâtiment central, une forme blanche.

— Est-ce le Sergent ?

— Oui.

Quatre marches à grimper, voici la galerie, entre le treillage-moustiquaire et la paroi du logis proprement dit. Sur un lit de fer, auprès d'une table chargée de cigarettes et d'un flacon d'*enot frut salt,* le Chef de poste, allongé, a cependant les yeux ouverts : m'ayant vu venir, il m'attendait flegmatiquement.

Mon affaire est vite résumée. Je donne les nouvelles de Moore. Je déclare vouloir gagner Livingstone : mon moteur tire bien, je continue. Seulement, comme les peaux sont à destination de Kazangula, tout près d'ici, mais pas sur mon chemin à moi, et qu'elles pèseraient inutilement et dangereusement sur l'atroce piste que le District Commissionner m'a décrite, il serait commode de les décharger en attente, au poste, où Sambok les reprendrait après m'avoir conduit.

— Well ! Well !

Le sergent a consciencieusement écouté, et n'avant pas d'objections à formuler, il acquiesce, en bon Anglo-Saxon : en économisant les mots.

Les gars claquent des dents autour du *truck*, dont ils ont laissé tourner le moteur sans doute parce qu'il rayonne un peu de chaleur et que sa chanson les tient éveillés. Ils espéraient que je céderais à la tentation du camp, et ma décision les désenchante.

— Il y aura 2 schillings pour chacun si tout est enlevé en une demi-heure.

C'est la ruée, et, pour moi, une demi-heure de cure à *l'enot frut salt* au chevet du sergent : un sympathique jeune homme d'Union sud-africaine, incorporé, comme d'autres de ses compatriotes, dans les cadres anglais de la Police du Bechuanaland, qui manque de Blancs.

Son âme est simple, sa vie facile. La saine activité quotidienne suffit à sa vigueur juvénile.

Il dormait en chemise courte et short blancs, et s'assoit à mes côtés en cet appareil. L'eau un peu trouble, fouettée par l'*enot frut salt,* mousse : j'en boirais plutôt six verres que deux ! Pendant que nous bavardons un peu, les peaux tombent du *truck* sur le sol, comme des plaques de carton. En haut, mes hommes se découpent sur le ciel en noires silhouettes : ils ont l'air de livrer un combat de fous. Sambok les commande d'en bas, et sa cigarette marque un point de feu. Ils vont trop vite… : j'ai encore soif !

— Est-ce à vous, Sergent, l'excellent *truck* léger Ford que j'aperçois dans ce coin de cour ?

— Non : il assure la liaison postale.

— Avec Livingstone ?

— Oui : il est arrivé aujourd'hui.

— Mais pas tout seul ?… Où est son conducteur ?

— Ici.

C'est le paquet blanc couché sur un autre lit de fer, à l'autre bout de la galerie, et qui a si peu bougé durant notre colloque, que je ne le remarquais pas.

— Un bon dormeur, fais-je !

— Pas étonnant, après cette piste : vous m'en écrirez des nouvelles ! Allons ! Je vous la souhaite quand même bonne : vos hommes ont terminé.

Délesté, mon camion a grandi de 25 centimètres. Starter l'attaque à la manivelle. Le moteur part du premier coup. Un bon clair de lune nous invite. Le factionnaire nous guide vers la piste du Zambèze, comme un pilote de port escorte un paquebot vers le large : je le gratifie d'une cigarette. Nous abordons l'ultime étape.

Il est 4 heures du matin : deux heures à geler dans le noir, et ce sera le réveil de la brousse. J'espère atteindre les chutes aux premières gloires du soleil.

*
* *

Des coups inquiétants à l'arrière du *truck* nous font bloquer les freins au bout d'un mile à peine. Qu'est-ce que cette canonnade de pièces en débandade ? A plat ventre, nous éclairons l'abdomen du camion.

Toutes les lames du ressort arrière droit sont cassées, et s'épanouissent en feuilles d'artichaut : évident résultat de notre course dans le feu... En charge, la caisse reposait sur le pont, et écrasait le désordre qu'à présent elle nous découvre.

— Il faut retourner à Kasane, dit Sambok.

— Jamais de la vie ! Peut-être que sous 3 000 kg de peaux ce dégât aurait empiré : mais sans poids, il ne présente aucun risque.

— Je vais tout casser ! C'est impossible !

— Bah ! Il faudrait plus que la minuscule distance à couvrir pour achever des articulations de cette force ! Elles sont solides !

Cet argument porte — j'en suis surpris moi-même. Evidemment ces hommes habitués par hérédité à exploiter l'animal jusqu'à l'usure, sont impressionnés dès qu'on invoque la résistance d'une machine. D'autant plus que ce *truck* est à eux, qu'ils en sont fiers, et qu'en misant sur lui, je les flatte... La promesse d'une prime générale balaye les dernières hésitations.

Mais quelle course en musique, irrespectueuse pour le sommeil de l'Afrique ! Le sable est atroce, et nous étreint par saccades.

La forêt à éléphants est finie. Une brousse de transition, diversement composée, nous accompagne : ce qui ne veut pas dire qu'elle soit sans pachydermes.

Heures très pénibles, sous la menace d'une panne irréparable loin de tout secours : la « plate-forme » dort malgré les soubresauts, mais la « cabine » veille de toutes ses prunelles.

Un calage a obligé Starter à descendre : comme il opère en somnambule, sans précautions, il se fait projeter en l'air et hurle. Un dégonflement dérange Pomping qui, pour se donner du cœur, dégoise une ritournelle : en nous berçant, il m'endort…

Je me réveille en sursaut, inconfortable, lorsque nous repartons. Personne, personne dans cette grande nature vierge… On est pourtant tout près de la Rhodésie du Nord, déjà vieille colonie ? Comme il est encore désert et inconnu, par endroits, le Monde… Cela console, du reste…

De m'être assoupi une première fois me rend vulnérable au sommeil ! Je perds conscience des choses et ne me rappelle plus ce qui se passe, jusqu'à ce que Sambok me tire de rêves opaques.

Une aube blafarde s'étend sur un décor qui monte. Ce relief, en sable pur, est couvert de *mopanis,* dont la belle venue et les troncs forts tiennent du miracle : tout à fait la forêt « préhistorique » des estampes ! On cherche le bison ou l'auroch. Des buées traînent. De secrets vallons s'ouvrent vers la droite et vers la gauche.

Mais Sambok ne m'a pas secoué pour admirer le paysage : son motif est qu'il n'y a plus de piste, et qu'il me consulte. Son « guide » des jours précédents n'est plus valable, à présent, car ses connaissances s'arrêtent à Kasane et Kasangula : et c'est à moi de décider.

La vue étant plus jolie à gauche, je désigne cette direction…

Nous ne tardons pas à retrouver un semblant de piste, un labour en plein sable, où l'on enfonce exactement de quarante centimètres. Et nous nous mettons à escalader la montagne, heureusement douce. Un homme au pas nous gagnerait de vitesse…

Les calages se succèdent, dans la magnificence du jour levant. Les rayons orangés transpercent la futaie. Dans les branches, des oiseaux de muséum saluent notre marche lente.

Bien des montagnes russes, bien des ensablements, bien du mal, et toujours pas l'ombre d'une hutte ni la trace d'un indigène. Mais je vais manquer le plus beau cliché de ma vie…

Descendant d'une crête molle, sous la voûte d'or des *mopanis,* nous piquons sur un vallon de plus : défriché par des feux répétés et enrichi de pluies récentes, c'est un éclatant écrin vert. En son milieu, paît un dense troupeau. Le bétail, probablement libre sur des milliers d'hectares sans maître, aura afflué vers ces primeurs jardinières…

Au fur et à mesure que nous perdons de la hauteur et approchons en tangages, j'observe plus attentivement ces bêtes. Notre bourdon, qui leur parvient, suspend leur repas. Des remous se dessinent au sein de la mer brune. Des divisions s'y creusent. Il y a un groupe d'aile marchante, et un tourbillonnement au centre. La paix bucolique a été brusquement troublée par l'homme.

Un détour me supprime quelques instants la vue du troupeau, et quand elle m'est rendue, nous sommes presque à son contact : c'est une formidable réunion de *roan antelopes* [1]...

Il y en a six à huit cents : une forêt de cornes en dagues recourbées. Les bêtes ont la taille de chevaux, des queues équines, des croupes nerveuses, des robes chocolat au lait avec une lune blanche peinte sur les fesses.

Mon excitation se communique en éclair à tout le camion. Un film documentaire présenterait cela, que l'on crierait au truquage ! *Or j'oublie que j'ai une camera* — d'ailleurs réempaquetée à Kasane : pouvais-je escompter cette tardive aubaine ? J'oublie aussi mon Léika. Je ne crois pas moi-même à ce que je vois... Je consacre ces secondes exceptionnelles à la vue , rien qu'à la vue : et plus tard, je regretterai...

Car tel est presque toujours le dilemme : ou jouir voluptueusement d'un spectacle sans se gêner en le photographiant, ou le photographier et nuire à sa contemplation.

Nous passons *en plein* dans le troupeau. Toutes les *roan antelopes* de cette rive droite sont là, sous la conduite d'un vénérable vétéran à barbiche, un vrai cheval. Ses « sujets » ne nous quittent du regard que pour chercher ses ordres — hiérarchisation animale que j'aime toujours à observer, et qui donne une valeur psychologique aux mœurs du gibier. Est-ce un troupeau, ou une tribu, que nous pourfendons là ? Au-dessous du chef évoluent ses seconds : les chefs de hardes. Les lois de la forêt, chantées par les fables et par Kipling, vivent pour un instant sous mes yeux.

Et parce-que la bonne grosse bête pataude qu'est notre *truck* n'interrompt pas sa marche, elle n'effraye point : à peine par quelques galops s'écartent-ils de notre passage. Le général reste : la troupe ne fuit pas...

C'est nous qui fuyons, trop vite, le grand, l'exceptionnel rassemblement. Il demeure derrière nous dans le trésor du vallon vert, et nous rentrons sous les *mopanis*...

J'ai une nausée des *mopanis* pour les avoir trop fréquentés : ils sont réguliers, banaux, surabondants, ils m'ennuient. La matinée est fort

---

1. *Hippotragus equinus.*

avancée, quand une descente, la dernière, et raide, m'en extrait : un horizon libre surgit, la Rhodésie.

Nous y descendons en plongée moyennant une longue glissade et une menace de culbute : c'est brutal, comme retour à la Civilisation ! Au bas de la pente, le *truck* se trouve nez à nez avec une voie ferrée… Derrière elle, une route…

A quelques miles, de coquets miliciens en short indigo et fez noir à gland sortent d'une construction de vigie. Devant un bureau, un civil en tweed, dont les bouts de cigarettes et le verre vidé dénotent le service sinon ardu, du moins prolongé, m'interroge. Il est ahuri. Des clients, il en a bien quelques-uns sur cette route, mais jamais sortant du sud, des *mopanis,* et du Kalahari !

Mes papiers, avec leurs visas lointains et leurs tampons de soldats, ont bientôt raison de son ardeur, assoupie aux approches de midi :

— Emportez tout cela. Passez. On vous fera « rentrée » à Livingstone — si on le veut bien…

Nous arrivons un petit peu plus loin à une gare, ébouriffée de fleurs, à un bijou de cité de plaisance toute pomponnée de jardins : Victoria.

Enfin la grande, la suprême merveille de l'Afrique : les chutes de Victoria… Le fameux abîme où, poursuivis jadis par leurs ennemis Matabeles, les Batokas préférèrent se précipiter, plutôt que d'être pris… et massacrés : entre deux morts, ils choisissaient peut-être la moins cruelle.

Des arbres tropicaux, des palmiers, un gazon épinard surgissent sous une nuée flottante que transperce le soleil : ce n'est point un brouillard, mais une pulvérisation de gouttelettes. Tout l'air en est irisé.

Les éclaboussures des *Victoria Falls* retombent à des centaines de mètres des lèvres des rochers noirs du gouffre : on est trempé bien avant d'y atteindre…

Notre *truck* s'est immobilisé. Pèlerins éperdus, mes hommes contemplent ce qu'ils n'imaginaient point. Nous sommes statufiés ! La fine pluie qui nous inonde prouve cependant que nous sommes en présence d'une réalité…

Le Zambèze arrive en face de nous, là-bas, paisiblement étalé sur deux kilomètres de largeur en un labyrinthe d'îlots et de végétations. La verdure des plantes, l'encre des pierres et les neiges de l'écume s'y entremêlent.

Tout d'un coup, il rencontre la fracture de cent cinquante mètres de gueule, sur cent vingt mètres de profondeur, qui l'ensevelit : il plonge, se casse, se tord, bouillonne, éclate, en un furieux tumulte. De la gorge s'élèvent des colonnes pulvérisées, génératrices du nuage qui nous enveloppe. L'eau qui tombe se croise avec celle qui rebondit. Ses jeux de lumière tranchent sur les ténèbres abyssales.

Et puis tout se discipline. Sur soixante kilomètres de parcours, la longue fissure venue, à de mystérieux âges géologiques, intercepter le Zambèze, le bouscule et le drosse captif, en aval, vers un niveau de sortie naturelle.

Mais je me rends compte que peu à peu, ce sont mes hommes que je regarde... Leur naïf étonnement est à la hauteur du tableau lui-même : il est pictural. Ces êtres nés dans les terres brûlantes, et habitués à compter avec le liquide, rare, et presque toujours invisible, découvrent cette profusion, cette pureté, cette force... Pour leur vie entière, ils s'emplissent les prunelles.

Pour moi aussi, eau triomphale, comme tu couronnes mon interminable série d'étapes et d'aventures dans la sécheresse hostile ! Et comme il y a loin du jus avare des *sammas* au volume liquide que tu gaspilles !

Pomping et Starter, la main dans la main, comme des gosses, errent dans la fougère arborescente. Les autres tripotent les palmes. Sambok caresse son cou, ruisselant d'humidité fraîche... Tout ruisselle. Nos vêtements sont imbibés. A quelques centaines de mètres, la nature resplendit de soleil à travers le brouillard.

Livingstone n'est qu'à 3 ou 4 miles plus loin. La route longe le débouché du fleuve en delta sur ses chutes. Une flottille de pêcheurs accoste aux îles, veillant à ne pas être emportée. Des vols d'oiseaux décorent cette palette.

Depuis les chutes, cette route goudronnée, et son galbe brille : jamais nos Noirs n'ont vu un sol aussi parfait. Le conducteur n'en revient pas... *N'ayant pas souvenir d'avoir dépassé les 20 miles-heure* au compteur, même sur les meilleures pistes, *il n'ose pas* se lancer sur ce billard insolite.

— Mais marche donc, voyons !

Impossible ! Il ne peut se décider. Il a peur. Je m'exaspère et m'amuse à la fois à nous voir dépassés par les autos qui font le va-et-vient entre le site touristique et la ville.

Livingstone, c'est une rue de trois kilomètres bordée d'habitations et de boutiques. Je fais stopper devant *Fairment Hotel.*

Mon camion lacéré, cabossé, fait honte aux élégants cabriolets qui stationnent. J'entre dans le hall miroitant.

D'affriolantes Misses vont du hall à la salle à manger. Des jeunes hommes au teint rose arrivent de leurs bureaux : Livingstone est principalement peuplé de fonctionnaires. Malgré ma crasse, aucun regard réprobateur ne me vise : au contraire. J'ai l'impression qu'on comprend que je sors d'une partie très rude. On a beau jouer à la ville, ici, le désert est aux portes, et parfois se manifeste…

Un jeune aviateur civil, qui cause avec la caissière, tandis que je retiens une chambre, est interpellé par un sexagénaire affolé, entré dans l'hôtel au pas de course :

— Vous enfin ! Je vous en prie, préparez-moi un appareil : mon enfant vient d'être tué par un éléphant, à ma ferme.

J'apprendrai ce soir, au bar, les détails de ce triste accident, peu fait pour me surprendre après mes expériences en pachydermes.

Mes hommes ont campé sur le seuil du bel hôtel. Ils ont allumé des brindilles et font le thé… Cela, sous les fenêtres où l'on sert du poulet au carry ou du plum-pudding… Les nuances leur échappent ! Fils de la brousse, ils le restent, et, sirotant leur mixture, ils regardent passer les dames blanches, qui, dans un autre « genre », les captivent autant que les chutes du Zambèze…

Personne ne s'oppose à leur humble bivouac. L'Aventure a droit de cité, ou de tolérance, à Livingstone. Elle s'y achève cependant pour moi…

Certes, la Rhodésie, puis le Congo belge, m'intéresseront : mais qu'est-ce que cela, à côté de l'étreinte du Kalahari ?

Jamais je n'oublierai.

Serais-je cloué dans un fauteuil pour toujours, que je reverrais encore Lukas Kartsee scrutant les paysages de la Poche, Alip se creusant des « formes » fraîches dans le sable, Albert O'Reilly s'épuisant sur son *truck*, son père se commandant des chatteries avec des boîtes de conserves, et mon fidèle Kalabeng, mon malin Osman, mon Pomping… Et je serai heureux, et triste…

APPENDICE

Ceux de mes lecteurs qui auront sympathisé avec ce récit, sympathie inséparable d'un commencement d'affection pour les hommes qui l'animèrent, se demanderont peut-être ce qu'il advint des O'Reilly, dans leur retour vers Mafeking ?

Cette question, la première que je me posai naturellement dès mon retour au calme, je n'en eus la réponse que plus tard, en Europe, par une lettre qui m'attendait. Des nouvelles laconiques, comme peuvent l'être celles de gens peu amateurs de la plume, et d'autant plus précieuses de ce fait. Le mot qui me sauta aux yeux tout de suite, fut celui de « lions... » Mais qu'on lise plutôt ces simples lignes.

« Cher Monsieur Balsan,

« Si heureux d'avoir reçu de vos nouvelles, d'avoir su votre retour, et surtout que les lions n'aient pu vous atteindre.

« En rentrant, nous avons pu tuer un lion. Ce lion venait de manger deux ânes appartenant à un indigène. Nous l'avons poursuivi, et au moment où enfin nous l'atteignîmes, tous nos boys ont pris la fuite — ils étaient dix — et nous restions seuls, mais néanmoins nous l'avons tiré, et bien tué, de quatre coups. Albert s'est octroyé la peau.

« J'ai été si désolé le soir où nous avons cassé notre camion et que vous nous avez laissés ! J'étais persuadé que les lions vous dévoreraient. Avez-vous remarqué alors les larmes dans mes yeux ? »

Si je les avais remarquées !...

POINTS DE REPERES BIOGRAPHIQUES

François Balsan est né le 25 juin 1902, à Châteauroux ; et a fait toutes ses études au collège Franklin. Il est décédé à Paris, le 25 novembre 1972.

1920-1923	Ecole centrale.
1924-1925	Sous-lieutenant d'artillerie à Bourges.
1935	Raid dans l'ouest éthiopien.
1937	Caravane nord-sud à travers le Baloutchistan oriental.
1939	En Arménie et au Kurdistan turcs.
1940	Volontariat en Finlande.
1948	Raids au Kalahari.
1951	Commande d'océan à océan en Afrique du Sud : l'expédition Panhard-Capricorne.
1953	Arabie du Sud, dans les ruines himyarites.
1955	Raid au Baloutchistan iranien. Découvre l'atelier préhistorique de Tahlab.
1957	Au Yémen. Découvre une citadelle himyarite à 3 000 mètres.
1958	Raid diagonal au centre Kalahari. Première traversée des marais du nord. Découvre les Bushmen Maboukakoué du nord-est.
1959	Colonne au Mozambique à travers les monts Oïzoulou. Découverte d'un ancien port arabe près de l'embouchure du Rovouma.
1962	Raid depuis le Barotseland à travers le sud-est d'Angola.
1964	Caravane dans le hinterland du cap Gardafui. Retrouve en place les arbres à myrrhe et à encens de l'ancien pays de Pount.
1966	Prospecte l'ancien royaume de l'or du Monomotapa (Rhodésie et Mozambique).
1967-1968	Au Bashakard inexploré du Baloutchistan iranien.
1970	Sud-Ethiopien : découvre l'emplacement probable de l'Ophir de Salomon.
1971	Premières traversées du désert du Registan (Afghanistan méridional).
1972	Colonne au centre de l'Hindou Kouch et découverte de châteaux des Turcs Touquié du VIIe siècle. Caravane dans la pointe inconnue du Badakhchan (Afghanistan septentrional) : Tribu Tadjik.

Membre de l'Académie des sciences d'outre-mer.
Membre de l'Académie des sports.
Ancien président de la Société des explorateurs.
Ancien vice-président des Sociétés de géographie et d'ethnographie.
Croix de guerre de Finlande.
Officier de la Légion d'honneur.
Commandeur de l'Ordre de l'infant Henrique (Portugal).

BIBLIOGRAPHIE

OUVRAGES DU MEME AUTEUR :

Poursuite vers le Nil Blanc (Susse).
Les Surprises du Kurdistan (Susse).
De Kaboul au golfe Persique (Peyronnet).
L'étreinte du Kalahari (Boivin).
(Grande médaille de la Société de géographie)
L'expédition Panhard-Capricorne (Amiot-Dumont).
A travers l'Arabie inconnue (Amiot-Dumont).
Dieu parle dans les déserts (Amiot-Dumont).
La Colline mystérieuse (Presses de la Cité).
Nouvelles aventures au Kalahari (Plon).
Terres vierges au Mozambique (Plon).
(Couronné par l'Académie française)
Inquiétant Yémen (La Palatine).
A pied au Nord-Somali (La Palatine).
L'or du Monomotapa (La Palatine).
Les explorateurs (La Palatine).
Chez les femmes à crinières du Sud-Angola (Fayard).
Arabie du Sud (Nathan).
Capricorne Noir (S.C.E.M.I.).
Etrange Baloutchistan (S.C.E.M.I.).
(Couronné par l'Académie française)
Poursuite au Wallèga (Ed. du Temps).
Les Briscards (France-Empire).
Au Régistan inexploré (Berger-Levrault).

POUR LA JEUNESSE :
Yambo enfant de la brousse (Ed. Amitié-Hatier).
Les contrebandiers du Baloutchistan (Ed. Amitié-Hatier).
Aventure au Yémen (Ed. Amitié-Hatier).
Embuscades en Ethiopie (Ed. Amitié-Hatier).
La fiancée rouge (Ed. Amitié-Hatier).
Issa le Somali (Magnard).

SOUS LE PSEUDONYME DE JACQUES TERMANT :
Forges obscures (Crès).
Parmi les autres (Crès).

EN COLLABORATION :
Les splendeurs de l'or (Hachette).
Les femmes à travers le monde (Hachette).
Les hommes à travers le monde (Hachette).
De la banquise à la jungle (Hachette).
L'aventure notre vocation (Amiot-Dumont).
Exploration Outre-Mer (La Documentation Française).

L'ensemble de l'œuvre de François Balsan a reçu le prix du Centenaire du maréchal Lyautey de l'Académie des sciences d'outre-mer.

TABLE DES MATIERES

L'aquarelle figurant en 4ème de couverture, qui illustre une danse nocturne au Kalahari, est de François Balsan.
L'éditeur remercie la famille Balsan et tout particulièrement madame Marie-Laure Balsan, femme de l'explorateur, ainsi que leur fille, madame Marie-Hélène Bizot, pour leur cordiale et efficace collaboration à cette réédition augmentée et enrichie.

Cet ouvrage a été imprimé par Aubin Imprimeur Ligugé (86).
I.S.B.N. 2.7373.0657.4 - Dépôt légal : octobre 1990
N° éditeur : 1958.01.05.10.90